国家出版基金项目
"百部好书"扶持项目
"十三五"国家重点图书出版规划项目

明清实录藏族史料类编丛书

名誉主编◎顾祖成　　主编◎孔繁秀

清实录藏族史料类编

第三集

孔繁秀　主编

·广州·

版权所有 翻印必究

图书在版编目（CIP）数据

清实录藏族史料类编．第三集／孔繁秀主编．—广州：中山大学出版社，
2019.10

（明清实录藏族史料类编丛书／孔繁秀主编）

ISBN 978-7-306-06695-4

Ⅰ．①清… Ⅱ．①孔… Ⅲ．①藏族－民族历史－史料－中国－清代
Ⅳ．①K281.4

中国版本图书馆 CIP 数据核字（2019）第 196189 号

QINGSHILU ZANGZU SHILIAO LEIBIAN DISANJI

出　版　人：	王天琪
策划编辑：	嵇春霞　孔颖琪
责任编辑：	孔颖琪
责任校对：	罗梓鸿
封面设计：	林绵华
装帧设计：	林绵华
责任技编：	何雅涛
出版发行：	中山大学出版社
电　　话：	编辑部 020-84110779，84111996，84113349，84111997
	发行部 020-84111998，84111981，84111160
地　　址：	广州市新港西路135号
邮　　编：	510275　　传　真：020-84036565
网　　址：	http://www.zsup.com.cn　E-mail：zdcbs@mail.sysu.edu.cn
印　刷　者：	常州市金坛古籍印刷厂有限公司
开　　本：	787mm×1092mm　　1/16
总 印 张：	176.375印张
总 字 数：	2800千字
版次印次：	2019年10月第1版　　2019年10月第1次印刷
总 定 价：	1350.00元（全九集）

如发现本书因印装质量影响阅读，请与出版社发行部联系调换

○《清实录藏族史料类编》编辑委员会

顾　　问：杜建功　扎西次仁
主　　任：欧　珠　刘　凯
委　　员：邹亚军　扎西卓玛　史本林　袁东亚　王沛华　张树庭
　　　　　顾祖成　索南才让　张宏伟　王斌礼　陈敦山　袁书会
　　　　　丹　曲　徐　明　孔繁秀

○《清实录藏族史料类编》由西藏民族大学承编

名誉主编：顾祖成
主　　编：孔繁秀
编辑人员：赵艳萍　张若蓉　崔　苠　陈鹏辉　顾浙秦　李　子
　　　　　马新杰　冯　云　马凌云

目录

审理洮州番民控告土司案件 / 591

班滚悔罪蒙赦，对瞻对案内获罪官员的惩处 / 593

珠尔默特那木扎勒事件，西藏地方行政体制的改革 / 597
  珠尔默特那木扎勒纵恣逞威，疑忌达赖，陷害其兄，虐使部下，清廷密为防范 / 597
  珠尔默特那木扎勒调兵防堵，谋为不轨，被诛；驻藏大臣傅清、拉布敦殉难，七世达赖平息余乱 / 611
  策楞率兵进藏，办理善后事宜，奉旨酌定西藏善后章程，废除藏王制，授权达赖喇嘛掌管西藏地方政务 / 620

准噶尔奏请派人进藏朝佛熬茶、延聘喇嘛，清廷对其防范、限制（续）/ 641

杂谷土司与梭磨、卓克基土司构衅，川督策楞用兵进剿，改土归流，清廷的异议 / 651

果洛克滋扰及对其防范、镇慑 / 664

松潘口外化番制度及其停行 / 674

调解孔撒、麻书两土司争产构衅与金、绰、革、德等土司逞私妄祖 / 675

上尔扈特差人赴藏，禁俄人乘机同往；渥巴锡等由俄回归 / 679

设中甸同知，中甸、维西改隶丽江府管辖 / 680

七世达赖圆寂，第穆呼图克图摄政；认定七世达赖转世灵童，遣官进藏照看坐床 / 681

金川与革布什咱、党坝等兴兵构怨，清廷"以番攻番"，九土司会攻金川 / 683

二世哲布尊丹巴之呼必勒罕益西丹白尼玛于里塘访获，清廷特派大臣护送库伦坐床 / 701

巴塘喇嘛民人抗掠土司事件 / 704

镇慑噶噶地方民人起事；查处竹巴笼等地"夹坝"窃劫 / 707

大小金川之役，第二次用兵，两金川平定 / 711
  僧格桑、索诺木攻掠邻封，清廷谕令先办小金川，阿尔泰、德福、董天弼抚剿不力，遭降旨严行申饬 /711
  温福、桂林、阿桂等接理军务，分路进剿，攻占约咱、巴朗拉、日隆宗、达木巴宗、卡丫、资哩 /750
  索诺木借兵与小金川，僧格桑拟逃往金川，清廷筹议进剿金川，分兵收复革布什咱 /810

驻藏大臣制度的完善与驻藏大臣及其他进藏官员的任免、奖惩 / 832

朝贡与封赐 / 847
  七世达赖 /847
  六世班禅 /847
  摄政第穆呼图克图 /848
  西藏其他僧俗贵族 /848
  四川、甘青土司，头人 /849

布鲁克巴头人 /854

拉达克汗 /854

赈灾、免赋 / 856

审理洮州番民控告土司案件

○乾隆十四年（己巳）八月乙巳（1749.10.10）

又谕（军机大臣等）："洮川［州］番民善巴策凌、朱瓦策凌二人控告伊杨姓土司残虐番民、私藏军器一事。伊等讦告本官不无过甚其词，在寻常叩阍之案，竟可不必办理，但此事颇有关系。虽属一面之词，而所言款迹未必无因。且番众万人同怀怨忿，令伊二人前来叩阍，该土司之不能善抚其下，平日之不能安静奉法可知。如但为伊刻削番民，不过自相侵暴，则又土司常有之事，安能一一禁止？但又有私藏军器等语，若置之不问，而该土司怙势作威，不但番民受其戕害无所控诉，亦恐日益骄纵，驯致不可禁戢，又成金川前辙。均当防微杜渐，折其萌芽。况二人之叩阍，该土司知与不知固在未定，而一经督、抚查办，若稍有不慎密，伊必备细闻知。在该督、抚办理此事，果其轻则议处，重则更置，可以操纵在我，该土司未必不知畏服。如其办理不行，难于措手，恐转为所轻，藐视国法。此间斟酌轻重，全在该督、抚等善为查办。著将该犯递解回陕，所有原词口供抄录发交该督、抚等，令将实在情形密行察访具奏。或伊二人挟仇虚捏，毫无影响，则坐此二人以罪，斯甚易矣；如不尽虚，其该土司应作何处置方为妥协，著该督、抚详悉会商，奏闻办理。伊二人又称另有番民赴地方官控告，不知果有其事与否，地方官员如何办理，亦著奏闻。该督、抚等固不可专事姑息，存大事化小、小事化无之见，酿患于日后；亦不可张皇急遽，激成事端，难于完局。务期申严国宪，禁暴安良，不致有妨政体，一并传谕该督、抚知之。"

寻奏："查雍正十三年土司杨如松患病，虽经详准伊子杨冲霄代管，其一切土务，仍系杨如松主持。自乾隆九年朱扎七族番民郭加等呈控土司科敛苦累，至今屡有互相详控之案。该土司平日极为恭顺，惟是庸劣无能，性复贪虐，致郭加唆使朱扎七族等屡与为难。今善巴策凌等叩阍情词多半虚捏。至私藏军器，该土司原有报部土兵二千名以供调遣，向来随征效力，及现在防御边隘，所备器械间或随时修整，未闻有违例多造情事。第杨如松素行贪暴，难令再管土务，伊子杨冲霄人尚谨饬，拟即令承袭土司，并严禁其父不得干预。如郭加等顽梗之徒作速审明治罪，其朱扎七族内抗粮者亦严加惩治，庶番众可期帖服。善巴策凌之案俟解到审讯得实，另行会商妥议具奏。"

得旨："余奏悉妥。但令杨冲霄为土司，而不令其父管事，此语恐有名无实之论。"

（高宗朝卷三四七·页一五下～一八上）

○乾隆十五年（庚午）四月甲戌（1750.5.7）

大学士等议准："陕甘总督尹继善、甘肃巡抚鄂昌奏称审明洮州番民巴善策凌等听从郭加指使叩阍一案。缘巴善策凌系郭加堂弟，郭加于乾隆九年控告土司杨汝松科敛苦累，审明后即将应征粮草钱文严定规条。讵郭加并不安分，屡次纠众抢夺。经杨汝松之子杨冲霄代管土司详报在案，郭加恐被拿获，随唆令巴吉小挞木赴省诬控该土司残虐僭妄。又令巴善策凌等撦拾旧事，捏词叩阍。及传讯所控各款，或得自传闻，或系已结之案。该犯等俱供认不讳，是其挟怨刁唆，显然可见。应请照例分别军徒枷杖完结。至杨汝松管理土务时，本不足以服番众，今杨冲霄业已承袭，应将杨汝松移驻岷州城内。若三四年后果能安静悔过，应否准令回家，临时请旨。其番众应纳钱粮、草束，饬令洮州抚番同知出示晓谕，遵照乾隆九年断定数目输纳。并谕杨冲霄爱惜番民，不得仍效伊父所为，致又滋衅。"从之。

（高宗朝卷三六二·页一下～二下）

班滚悔罪蒙赦，对瞻对案内获罪官员的惩处

○乾隆十四年（己巳）九月丙寅（1749.10.31）

又谕："据四川总督策楞等奏称：据泰宁寺喇嘛达尔罕堪布具禀，班滚前于莎罗奔投诚荷皇上赦宥之后，即遣人来寺，求其代为乞恩，今班滚又来恳求，并将伊子罗藏丁得到寺出家，悔罪颇为真切，因遣弁员前往泰宁，班滚率领弟兄、土目、头人等出界跪迎，誓死明心，因未经出痘，不敢深入内地，具有夷禀，实属悔罪输诚等语。班滚未死，早有明验。今既亲身率众归诚，从前庆复等之欺罔捏饰更无可置辩。此何事也，而朕岂可赏罚不明乎！且班滚今日之归诚，实由见莎罗奔之向化，为所感动。则知前此金川之蠢动，实由见班滚之肆逆，相率效尤。前事不惩，更贻后害，身其事者，罪不容诛。庆复现在朝审已入情实，本欲于勾到之日明正典刑，但念伊勋戚世旧，皇考时即已简用为大臣，且与讷亲、张广泗之负恩偾事老师辱国者尚稍有间，不忍令赴市曹。著御前侍卫德保赴京，会同来保、阿克敦将策楞原折令庆复阅看后，宣示朕旨，加恩赐令自尽。"

又谕："策楞奏到因大朗素、小朗素身死晓谕蛮众檄文。办理甚属错谬。前所传谕旨，因恐小金川番众之中有向与伊二人勾结者，不知缘由妄生议论，是以谕令留心妥协办理，并非欲令番众人人共晓也。策楞乃大张晓谕，宣布远近，一似有意将伊二人致死。又恐番众生疑，粉饰申明，所谓欲盖弥彰者，与天朝推诚恩待本意相悖，殊非妥协办理之道。且以二人相继而死为奸顽昭报之速，伊等既已归顺，即非奸顽，且经赦宥，无可昭报。今如此措词，转似幸其速死，亦有语病。策楞著传旨申饬。"

（高宗朝卷三四九·页六上～八上）

○乾隆十四年（己巳）九月辛未（1749.11.5）

又谕（军机大臣等）："四川总督策楞、署提督哈攀龙奏称：五月内，据泰宁寺喇嘛达尔罕堪布禀称，班滚于莎罗奔投诚荷蒙赦宥后，即连次遣人来寺，求其代为乞恩，又将伊子罗藏丁得送到寺内出家为质，悔罪颇为真切。因遣千总杨秀、温钦二员查察情形，班滚遂率领弟兄、亲戚、土目头人等出界跪迎罗拜，极言从前误触国威，后此不敢稍为犯法，舍身矢愿，誓死明心，凡番蛮所最忌讳之诅咒，倾口而出，所具夷禀，乞怜之状溢于言表，只因未经出痘，求免其来省等语。班滚无知犯顺，于大兵攻讨之时潜逃远窜，其罪本无可宽，但蛮夷小丑无足较量。且莎罗奔、郎卡一经归顺，伊即闻风自至，乞命输诚，尚与冥顽不灵者有间。金川既予维新，则班滚亦在包蒙之列，著从宽免其治罪。伊既未出痘，亦不必令其亲身赴省。该督等遴委监司营协大员，前往泰宁寺明白宣谕，令其洗心改悔，抚辑番众，永矢恭顺，以副格外隆恩。至喇嘛达尔罕堪布办理此事，实心出力，甚属可嘉，著该督等量加奖赏。"

（高宗朝卷三四九·页一〇下～一一下）

○乾隆十五年（庚午）正月癸酉（1750.3.7）

大学士公傅恒等奏："审明瞻对案内拟流之罗于朝、王世泰并贻误军机之李质粹、宋宗璋及叛番革松结等，各依律定拟。"

得旨："李质粹、宋宗璋办理瞻对案内贻误军机，原系上年情实候勾之犯。后闻瞻对一案，庆复信任王世泰、罗于朝，听汪结之言，宥革松结之罪，令与俄木丁往来交结，因而故纵班滚，捏称焚死。此事惟彼五人密定，外人不得而知，有以此言陈奏者。果尔，则庆复设有成局，而李质粹、宋宗璋为所欺瞒，陷于不知，自与同谋纵寇者有间。朕慎重人命，该犯等苟有一线可宽，不惮再三详审，是以暂行监禁，提解王世泰、罗于朝来京，严行究质，务得实情。今经军机大臣会同刑部审明，王世泰、罗于朝与革松结诱致俄木丁投献如郎，并无通同与谋纵放班滚情事。而李质粹亲在泥日寨，初报班滚焚毙未确，后即附和庆复，扶同捏饰。宋宗璋办理善后，亦不将实在情形具奏。各有本罪，明白昭著。在庆复初意，以钦差大臣将至，急图先得如郎，因用革松结诱致俄木丁投献如郎空寨，以为己功。迨班滚既逃，无从擒馘，乃烧毁泥日寨，以焚毙奏报，不复穷搜，一味欺朦了局。此事在诸臣人人无不知情，实乃通同捏饰，罪不容诛。若办理之初庆复即专与王世泰、罗于朝一二将弁，革松结、俄木丁一二番囚预设成谋，纵放班滚，虽在至愚，当不出此。庆复已赐自尽，罪无可加。而李质粹以提督大员领兵专阃，纵失渠魁，不能弋获，且明知班滚未死，一经庆复严驳遂附和改详，朋谋罔上。宋宗璋身任总兵，职应奏事，既知班滚未死，并不将实情入告，及汪结禀知班滚下落，又不竭力搜擒，致令贼番远遁，种种欺饰，俱属法无可贷。著照九卿核定情实应斩本罪，即行正法。革松结本系叛番，彼时即应处决，今本案无可对质，亦著即照原拟绞罪正法。王世泰、罗于朝不过营伍偏裨，听督、提差委，既非统领之员，亦无奏事之责，情稍可原，但拟减流，实为漏网，今经军机大臣等改拟，著依拟应斩监候。军旅为国家要务，赏罚劝惩所系至重，必彻底根究研鞫实在情形，区别明允，方成信谳。今既屡经确讯，所当明正典刑，以申军律，俾共知儆戒。将此晓谕各督、抚、提、镇等知之。"

（高宗朝卷三五七·页一六下～一八下）

○乾隆十五年（庚午）二月丁丑（1750.3.11）

四川总督策楞、提督岳钟琪奏："瞻对班滚悔罪投诚，已蒙恩旨肆赦，当即遵旨委监司营协大员前往宣谕。班滚率众罗拜，矢激天良，并称当即约束番众禁做夹坝，遇有差使倍竭报效。伊亲戚、土目亦各同声欢舞，如获更生。其喇嘛达尔罕堪布，亦即遵旨宣谕奖赏，俱各望阙谢恩。班滚贡马二。"报闻。

又奏："川省三面环番，往往有胥役、兵目、通事擅入滋扰。臣岳钟琪前于陛见时，面奉谕旨，应行禁止，令会同臣策楞定议具奏，永著为例。今公同酌议，如各土司承袭查取宗图册结，以及催纳夷赋，例由各该管衙门承办者，宜令按路定限，将事由兵役呈报臣等候批。禁其迟违需索及多人前往。土司争控事件必需差遣者，亦详候臣等遴委酌办，不得径行批差。违者无论有无滋扰，兵役重究，官即指参。如兵役私入番地暨违限需索情弊，亦照此办理。"

得旨："著照所议行。"

（高宗朝卷三五八·页六上～七上）

○乾隆十七年（壬申）九月戊午（1752.10.7）

谕："刑部奏罗于朝在监自缢一折，请将司狱、提牢等官交部查议。此不过循照常例耳。罗于朝系有心贻误军机拟斩之犯，必应明正典刑，方足以昭炯戒。从前朝审二次情实，适值停止勾决之年，所以未及正法。今年朝审届期，此等情实重犯，该部自应预先饬属严加防范。乃令得以在监自缢，逃于显戮，又仅援照寻常疏防监犯自尽之例，请将司狱、提牢等官交部查议，殊属不合。该堂官等著一并交部严加议处。"

（高宗朝卷四二二·页一下～二上）

○乾隆十八年（癸酉）五月丁丑（1753.6.23）

谕："瞻对案内革职问拟之总兵袁士弼前已降旨减等发落，核其情罪，犹有可原，且久历行间，精力尚堪驱策，著加恩以参将用。"

（高宗朝卷四三九·页七上）

珠尔默特那木扎勒事件，西藏地方行政体制的改革

珠尔默特那木扎勒纵恣逞威，疑忌达赖，陷害其兄，虐使部下，清廷密为防范

○乾隆十四年（己巳）十月丙申（1749.11.30）

谕军机大臣等："据纪山奏称，到藏以来，留心访察珠尔默特那木扎勒，看来情性乖张，属下俱怀怨望，且伊又有疑忌达赖喇嘛之心，恐日久众怨愈深，达赖喇嘛亦不能忍，致生事端，请将伊兄珠尔默特车布登移取来藏，协同办事，以分其权，并将达赖喇嘛自藏移至泰宁安驻等语。此奏甚属舛谬。朕前降旨纪山，特令其察看珠尔默特那木扎勒见朕谕旨时是否真切感畏，伊之行止能效法伊父颇罗鼐否，或应教导，或应防范，俱著留心体察，并非即有办理之意。纪山但当将此等情迹据实奏闻，至日后生事与否，本难逆料。况又欲将达赖喇嘛移至泰宁安驻，此事尤不可行。看来纪山见识甚谬。伊系驻藏大臣，凡事宜果断，其于珠尔默特那木扎勒应教导者即为教导，应防范者即为防范。惟视事之轻重，随机办理，岂可显露情形，转至启土伯特疑心乎！将此寄饬纪山知之。"

（高宗朝卷三五一·页六下～七下）

○乾隆十四年（己巳）十月戊戌（1749.12.2）

又谕军机大臣等："前因珠尔默特那木扎勒情性乖张，虐使其下，所属无不怨望，且疑忌达赖喇嘛，无尊信恭顺之意。又请将驻藏大臣所管之火尔噶锡等番命伊管理，乃事之必不可行者。经部臣参奏，朕念伊父颇罗鼐从前曾经出力，伊年少办事未久，或听信所属，俱未可定，特加恩宽宥，随令纪山将伊奉到谕旨是否感激，是否畏惧，其居心行事能否仿

效伊父之处，密为留心察看。如应教导即行教导，应加防范即行防范，密谕纪山。而纪山所奏办理之处，殊未妥协。想由金川之事心怀忧恐，未免有悾惧观望之情，已经传谕申饬。但思纪山乃驻藏大臣，平时贵识力镇静，坚定不移，临时贵果决勇往，迎机适变。若稍露形迹，易起嫌疑；如其胆怯气馁，亦不足坐镇远夷，使知畏服。且纪山前由驻藏擢用巡抚，今由巡抚获谴，复驻藏效力，皆伊所素知，亦未免稍有轻视之意。然驻藏未及年分，遽行更遣大臣，夷情善疑，又恐别生揣测。因查西藏大臣二员如僧格、马拉，皆同时驻藏，今因仍用二员。提督傅清前经驻藏，为所钦信，令以都统衔前往，与纪山一同驻扎。既足增纪山之气势，以壮其胆，且凡事亦有商量，不致有轻发之虞，亦不致有缓不及事之虑，于要地当有裨益。以朕观之，珠尔默特那木扎勒为人断不能如伊父颇罗鼐之安静奉法。今观其纵恣逞威，人心离怨，多行不义，必自速厥辜。但恐其悖慢之行不能悛改，将来或加害于达赖喇嘛，或有损于驻藏大臣，或并吞旁近部落，则事不容已。昨询之章嘉呼图克图，据云'举可无虑'，所见甚为坚确。章嘉呼图克图乃达赖喇嘛之徒，必无转向珠尔默特那木扎勒之理，其言自属可信。但，远地情形，固不必先发制人，亦不可苟幸无事，时时当存有备无患之意。川省近接西藏，可以朝发夕至，已向岳钟琪面降谕旨，伊自能领会。但因伊缓程回任，到川尚迟，是以先行传谕此旨。并将寄谕纪山诸折通行抄录寄与策楞、傅清阅看。傅清驻藏必过成都，其时岳钟琪亦当抵川，卿等可密行会商，并令傅清将此情节传谕纪山。尔等四人合为一人，方不负倚任封疆之寄。其善体之。"

（高宗朝卷三五一·页一〇下～一三上）

○乾隆十四年（己巳）十二月乙酉（1750.1.18）

谕军机大臣等："据纪山奏称，珠尔默特那木扎勒告知，伊兄珠尔默特车布登与伊素不相合，阿里克喇嘛寺中谛巴果弼奈乃伊所补放，珠尔默特车布登欲加残害，并抢夺买卖人货物，用兵把守通藏要路，声言欲来西藏，果弼奈遣人间道告急，禀知达赖喇嘛，珠尔默特那木扎勒一面调兵防护果弼奈，一面奏闻请旨等语。已降旨纪山，令其传谕珠尔默特车布登，果有委曲，何不亲自来藏，告知驻藏大臣代奏。自必特遣大臣为尔兄弟分剖曲直，何得擅动兵戈，干犯法纪。令纪山遣章京亲往阿里克，面见珠尔默特车布登，察其虚实。且看此后动静若何，再为筹办。朕看珠尔默特车布登向日并无蠢动端倪，而珠尔默特那木扎勒为人暴戾，全不似伊父颇罗鼐之恭顺安静，安知不因其素与伊兄不睦，思欲构衅兴兵，以陷害其兄，捏造果弼奈告词，以耸动纪山及达赖喇嘛，纪山等亦孰从而辨之？今已传谕傅清、纪山，令其镇静，勿为珠尔默特那木扎勒所愚。但衅端既开，终恐未能安戢。应将现在情形传谕策楞、岳钟琪，令其知悉，或应密为筹画调度，以备缓急。前此岳钟琪在京时，曾经面谕，本欲令其以熬茶赴藏，视珠尔默特那木扎勒为人，后经中止。今既有此一番举动，且待得其实在情形。如果珠尔默特车布登有不靖之意，造作兵端，其众寡不敌，势必为伊弟所戕，其事易办，可毋烦内地征发。若伊兄闻旨即来藏，则原系恭顺之人，并无犯逆王章之事，而出自珠尔默特那木扎勒之诬捏矣，则亦珠尔默特那木扎勒自速厥辜。或督或提前至藏地，数其罪而易置之，于理亦顺。但此意当慎之又慎，密之又密。即欲如此办理，届期亦必另有谕旨。此时虽驻藏之傅清、纪山，俱未令闻知，恐为珠尔默特那木扎勒所窥探故也。至该督、该提当具知此旨，以为预备之地。旨到，即率二三千之兵而行即可矣。总当慎密，不可稍有张皇，致兵丁等知悉。川藏接壤，声息相通，毋致传闻疑骇，激成事端。策楞、岳钟琪善体之。再，现据纪山奏如有事端，即将达赖喇嘛送至江达等语。虽亦先事预筹之意，但既有此奏，策楞等亦宜留心筹酌。将来设或有事，其如何接应经理之处，预为准备，方不致临时仓猝。纪山奏折著抄录寄与阅看。"

寻策楞、岳钟琪奏："珠尔默特车布登所居阿里克地方离藏数千里，声息俱系由藏传达。是否出自珠尔默特那木扎勒之捏造，诚如谕旨孰从而辨之。今已蒙降旨令臣纪山遣员前住面见珠尔默特车布登，察其虚实真伪，自可立见。臣等惟有密为预备，候旨一到，或臣策楞，或臣岳钟琪即可领兵前往料理，必不敢稍有张皇泄漏。再，现奉谕旨：'达赖喇嘛送至江达，如何接应经理？'臣等查江达离藏止四五日程，若仅护送至此，则藏内必无甚大事，不过暂避。倘欲送至设般多，离藏甚遥，自必事端已成。臣岳钟琪深悉该地一带情形，设般多地甚窄狭，兵无驻营之所，难以防范。查察木多与设般多相去不远，为藏内外适中之地，现有台站兵，且形势两江夹抱，易于堵御防守。设有其事，臣岳钟琪即当于预备兵内带领一千五百名，亲往接应护送至察木多居住，再看藏内缓急，相机酌办。"报闻。

驻藏副都统纪山奏："西藏郡王珠尔默特那木扎勒告称，伊兄珠尔默特车布登聚兵征取伊驻防阿里克地方之果弼柰等，并闻发兵进藏之信，该郡王因调兵预备。达赖喇嘛亦告称，珠尔默特车布登曾将征取果弼柰之事寄字与达赖喇嘛及班禅额尔德尼等语。"

奏入，敕谕珠尔默特车布登曰："尔父子受朕恩深重，尔所素知，尔今无故发兵征取果弼柰，是出何意？若果如此，是尔既负朕恩，又玷辱尔父。朕闻尔兄弟稍有不睦，但尔于兄弟之间素敦和好，尔父王爵尚肯让尔弟承袭，今乃转欲构兵取罪乎？如果兄弟间有不和之处，宜亲身赴藏，以实情告知办事大臣与达赖喇嘛。今计不出此，擅自发兵，殊属糊涂。朕此旨一到，尔即钦遵，亲赴藏地，在办事大臣、达赖喇嘛前声明其故。俟伊等奏到，朕自另简大臣，将尔兄弟之事分剖明白，务令永远和睦。如尔有欲奏之言，亦即具奏，朕自有措置。所有谕尔弟敕旨，一并抄寄知之。"

又敕谕珠尔默特那木扎勒曰："尔父颇罗鼐在时诚心为国，故朕叠次加恩，由台吉封至郡王，深加信用，又准其所请将王爵令尔袭封，办理藏地事务。今尔兄弟间自生猜嫌，尔兄发兵征取果弼柰等，朕已降旨诘问其起兵之由。尔可即派土伯特贤员，随同纪山处派出传旨之章京前往。尔兄如即遵朕谕来藏，朕遣大臣将尔兄弟不睦情由分剖明白，务令永远和睦。如尔兄有难以来藏之处，亦即令其将实情具呈入奏。朕览其呈词，另为裁断。若抗旨不来藏地，又不具呈词，是显有异心，尔即发兵，酌量办理。尔惟当感激朕恩，用心保守地方，断不可滋事。若因兄弟稍有不和即借端生事，是将尔父一生忠诚奋勉之处俱淹没矣。尔可度量事理轻重而行。所有谕尔兄敕旨，一并抄寄知之。"

又谕纪山曰："朕思颇罗鼐父子受朕恩深重，珠尔默特车布登何以遽有构兵妄动之事？或者珠尔默特那木扎勒意欲倾陷伊兄，设此谲计，亦未可知。惟当察其实情，秉公办理，不可忽略，稍致偏袒被欺。朕今降旨诘问珠尔默特车布登起兵情由，尔可即派章京赍此旨，拣选内地兵丁随从，率同土伯特人前往传旨。若珠尔默特车布登有难以来藏之处，亦即令据实自呈，尔速行代奏，候朕览后，再为裁断。此派去传旨之章京，务令将珠尔默特车布登如何举动、如何言语之处详细察看，尔一并速行具奏。"

（高宗朝卷三五四·页一四上～二〇上）

○乾隆十四年（己巳）十二月丙戌（1750.1.19）

四川总督策楞奏："奉到廷寄，以西藏郡王珠尔默特那木扎勒情性乖张，当存有备无患之意。查该郡王虐使其下，且与达赖喇嘛不和。纪山到彼，直至一月后始出见，颇有轻忽之意。臣以川省与西藏表里，此事殊有关系，当即专差密谕驻藏粮务通判，令将一切情形随时据实密禀。今据禀称：该郡王于九月初五日自甘旦寺回藏，接见纪山，因与伊父颇罗鼐为同辈，跪地请安，呼之为叔。初七日系颇罗鼐周年服满，纪山备席致送，便中规劝应与达赖喇嘛和睦，随回说遵从教训。后该郡王设席延纪山并文武各员，于柳林射箭，纪山于席间规劝不但应与达赖喇嘛和睦，即与伊妹及妹夫亦当释怨。嗣该郡王送纪山古佛一尊、马一匹、猞猁狲十余张、银一千两。纪山收物却银，该郡王又亲送求收，纪山与众商酌，若再不收，恐其生疑，因暂收存，俟回京时给还等语。是纪山似尚能笼络驾驭。其应如何防范，俟都统傅清、提督岳钟琪抵川，臣等密行会商，另折奏闻。"

得旨："纪山想为其所愚，而并非能驾驭彼也。西藏之事正费筹量，近又有旨谕卿矣，可密为预办而不露方妥。至于探听彼中声息，当慎之又慎，莫因探听而反露形迹，以启彼疑也。"

（高宗朝卷三五四·页二〇下～二二上）

○乾隆十四年（己巳）十二月丁亥（1750.1.20）

谕军机大臣等："四川总督策楞奏，川省铜矿、铅矿应行开采，现据王柔呈详，信其必有成效等语。开采一事本天地之自然，以资鼓铸，于民生原有裨益。虽聚集人众，其滋事之处不可不防，亦在奉行之善，自不难于稽查弹压。滇省行之既久，其明征也。向来督、抚遇事不敢担承，若此等便民之处，每以不可轻举为词，其实不过图省后虑，便于因循，全不以地方为切己之务。今策楞此奏能实力担当，洵属可嘉。但审时度务，川省尚应少待。目今金川甫平，宜于休息，啯噜为害，须铲根株，且西藏亦当预为留心经理防范，应俟诸事停妥，一二年后再议举行。……可传谕策楞知之。"

又谕军机大臣等："昨将纪山所奏藏地构兵等折及朕所降谕旨俱寄知傅清，计此时傅清尚未赴藏接到。现在既有珠尔默特车布登起兵攻取果弼奈之信，可速寄信傅清。藏地关系甚要，事之真伪今虽不能既定，然不可不为留意。珠尔默特那木扎勒年幼躁急，性好生事，外貌虽依纪山教导，其实纪山转被欺蒙，亦未可知。使伊本无生事之心，伊兄实欲进兵来藏，是特其兄弟间互相侵犯，办理尚易。若伊兄并无此事，而伊造言诬构，借端生事，则伊即系不可存留之人，速宜办理。然土伯特人赋性狡诈，此事之起或因珠尔默特那木扎勒严刻属下，乘伊兄弟不和从中离间，更未可定。此处傅清务须留心，沿途细访。倘珠尔默特那木扎勒不愿派大臣驻藏，借端设计以陷纪山，断不可忽略，以致堕其术中。如有见闻，即行具奏，朕自有措置。再，纪山过于拘谨，遇事每无定见，是以特命傅清前往协同办事。今藏内又添驻藏大臣一员，彼处之人不无猜疑，傅清凡事当与纪山妥商，务期有裨。勿因彼此意见不同，自生猜嫌，致土伯特人疑惑。诸事细心办理，勉之，慎之！"

（高宗朝卷三五四·页二五下～二七下）

○ **乾隆十四年（己巳）十二月己亥（1750.2.1）**

谕军机大臣等："纪山奏到珠尔默特那木扎勒告称伊兄珠尔默特车布登抢马一折。著抄录译汉，交该督策楞、该提岳钟琪阅看。朕观珠尔默特那木扎勒为人暴戾不驯，恐其从此滋事。纪山孤悬彼地，不免为所挟持，将来恐遭毒手，不可不虑。川藏相接，该督等当时时留心察访探听，遵照前旨，密为预备，不可丝毫漏泄。一得实在情形及纪山在彼光景，即行据实奏闻。如或特旨交办，即可迅速起程，方于事机相合。再者，明年万寿，应遣章嘉呼图克图进藏熬茶，另派大臣酌带川省满汉官兵护送，乘便即为权宜办理，似可不动声色，较为稳便。此时尚在商酌，应否如此办理，著详悉传谕该督、提等亦密为商酌，速行奏闻。"

（高宗朝卷三五五·页一四上～一五上）

○乾隆十四年（己巳）十二月庚子（1750.2.2）

谕军机大臣等："前命傅清往驻西藏，已将纪山奏折并所降谕旨通行抄寄，令其阅看，具可得其大概。今又据纪山奏称，珠尔默特那木扎勒告称伊兄前来抢马，因调旁近兵丁堵御，且有'夏秋间令其兴师问罪'之语。朕初阅纪山奏折，即疑为珠尔默特那木扎勒捏造衅端，因以诬陷快其夙嫌。即此番纪山所奏，皆出自珠尔默特那木扎勒所属人等告知之事，虚实殊不可信。纪山孤立藏地，左右前后皆珠尔默特那木扎勒之人，何从得一真消息！观其所奏，虽有令伊兄弟和好之语，而皆偏向珠尔默特那木扎勒。纪山之胆怯气馁，为所挟制，已属显然。不知纪山何以畏惮若此？伊初至藏，即与珠尔默特那木扎勒相对盟誓，甚至具折请安奏事皆与一同列名，此皆大失体制。傅清到彼，应以己意当循照旧例，不与一同列名，以大义晓谕珠尔默特那木扎勒。并密行传谕纪山，令自知其错谬。若此旨到迟，而傅清业已到藏，又随同纪山与珠尔默特那木扎勒列名奏事请安一二次，则此事不必提起，以致生彼之疑矣。自朕观之，珠尔默特那木扎勒暴戾不驯，狡诈叵测，留之终必为患。本欲遣策楞、岳钟琪酌派满汉官兵一二千名，明告以伊兄攘夺称戈恐于彼不利，特令派兵相助。俟策楞等至藏，即可乘其不备，将珠尔默特那木扎勒正法，再行出示晓谕，以出于该督等便宜行事，安众人之心。众人素怨其酷虐，自必帖然。更召珠尔默特车布登，晓以大义，令袭伊父颇罗鼐贝勒职衔，统辖旧部，不使管理噶陇事务，似可为分彼重权久远宁谧之计。但念川省兵戈甫息，更事征调，未免骚动，督、提俱往，人心更觉张皇。又不知果否能如此办理，倘有差失，则所伤实多，是以迟迟未定。又欲于来年万寿，遣章嘉呼图克图赴藏熬茶，或督或提遣兵护送，或另遣大臣前往，于熬茶之便，随宜相度，即行剪除，使迅雷不及掩耳，亦未知可否如此办理？于事势能与不能？办理后人心是否允服？总不能得彼中实在情形，所有筹画皆不过泛论，未得确然定见。傅清久驻其地，向所熟悉，现在到彼，尤可得其实情。著一一筹酌，详悉奏闻。或珠尔默特那木扎勒不过一强悍无知，不足为虑。即自戕其兄，兼有兄众，亦不能将来为害地方。实系其兄不法，而珠尔默特那木扎勒乃为国家出力之人，则是朕与诸大臣在此遥度，未免视彼太优，以致过生疑虑，竟可付之不问。种种情节，务一一详悉备细奏闻。应如何办理,将来即可斟酌密办。但须密之又密,往来章奏俱由折匣封递。纪山折并谕策楞等谕旨,一并抄寄阅看。"

(高宗朝卷三五五·页一五上～一八上)

○ **乾隆十四年(己巳)十二月甲辰(1750.2.6)**

四川总督策楞奏:"西藏原驻兵五百名,自炉至藏复层次设立台站。虽以数而论,兵止五百,然数年来安静无事,未始不赖乎此。今甫经奏裁,而珠尔默特那木扎勒不数月而即有此一番举动。且现又添驻大臣,爪牙不过百名,不特当有事之际,实不足资其调遣,即平常无事之时,亦恐无以重体统而联声势。臣愚以为虽甫经议裁,但设兵驻防有益于藏地之事为大,人多米贵之事为小。可否即借此番珠尔默特车布登之举,特降谕旨,令照原额设兵,以资该郡王之声援,亦属随时酌办。既不致启其揣测,亦可无前后互异之嫌。"

得旨:"如此,反恐启彼之疑也。"

(高宗朝卷三五五·页二三下～二四上)

○ **乾隆十五年(庚午)正月乙卯(1750.2.17)**

谕军机大臣等:"据川督策楞奏称,接到纪山来札,知珠尔默特那木扎勒兄弟构衅一折。按其时日,在未经接到屡次谕旨之前。傅清到川,必已面商,数日内当即奏到。拉布敦到日,所有经朕指示之处,必已详悉告知,诸事俱能商酌妥协。其所奏原设官兵五百名仍请驻藏之处,自朕观之,藏地数十万众,官兵仅五百名,何足以资防范。著传谕拉布敦,令其于抵藏时,就现在情形,与傅清公同悉心详酌,是否于地方有济,或稍借以联络声援。尚应添驻,即以伊一人己意,明告珠尔默特那木扎勒,以从前驻有官兵数虽无多,足以助尔声势,地方甚为安静。今甫撤兵,伊兄即有此举动,莫若代为奏请,不惜为尔多费粮饷,以靖地方。若不行告知,则已撤之兵复往驻守,势必动彼之疑,或致滋事。拉布敦到藏,务秉公酌办,更不必因添驻官兵近于畏怯,稍存避嫌之意。如其于事无济,亦即据实陈奏。俟奏到之日,另降谕旨。策楞折俱著抄寄阅看。"

又谕:"朕前因纪山驻藏,遇事漫无主张,未免气馁胆怯,已令拉布敦同傅清驻藏，换回纪山。所有前后谕旨及纪山奏折俱已抄寄阅看。今据策楞所奏，接纪山札开珠尔默特那木扎勒与伊兄珠尔默特车布登互相拒守一折，按其时日，尚在纪山初奏，谕旨未到之先，傅清亦尚未相见。虽称有备无患，断未可轻于举动。朕于此事详细酌量，拉布敦到川，自可备悉朕意。至所奏设兵之处，亦俟拉布敦到藏确查实在情形，会同傅清悉心筹酌。添驻官兵是否于藏地有益，俟奏到之日，朕另降谕旨。其传谕拉布敦旨，一并抄寄策楞知之。"

（高宗朝卷三五六·页一一下～一三上）

○乾隆十五年（庚午）正月丙辰（1750.2.18）

谕军机大臣等："傅清、策楞、岳钟琪等所奏珠尔默特那木扎勒情形，由于与兄不睦，架捏诬陷，决不致有侵犯内地之事，大约近是。珠尔默特那木扎勒承受天朝爵禄，保有藏地，尊荣已极，更欲何为？倘使称兵犯顺，实乃自速厥辜，毫无益处，伊岂肯出此！在伊此番举动，虚实全未可定。看来直由纪山过于矜持，劝其和睦，转致令彼生疑，因坐伊兄以不美之名，掩饰己过，非有他意。已屡降旨，并纪山奏报俱已抄寄傅清、拉布敦，自可备悉。其傅清另折所奏，授意于珠尔默特车布登用兵缚献伊弟之处，亦属权宜之计。揆之事势，恐有难行。珠尔默特车布登远在阿里克，驻藏大臣不能面见，即有奇谋，何从授计？若遣人前去，则机密之事传谕往来，深有未便。即使万无一失，办理极其便易，亦于事理未顺。倘有丝毫未能妥协，转令伊兄弟有言可执，所关于国体者甚大，宜慎重而又慎重，不可轻发损威。至纪山前奏珠尔默特那木扎勒与达赖喇嘛密语半日，亦属纪山多疑。珠尔默特那木扎勒即有异志，达赖喇嘛又岂肯曲从？其意又何欲为此？在形迹似有可疑，而按其实则毫无疑窦者。策楞等所奏接应达赖喇嘛移驻近地一折，亦系先事预筹。如果前来，自须接应，看来亦未必然之事。总俟傅清、拉布敦到藏确看现在情形，应如何办理，详悉妥酌。奏到之日，再降谕旨。其奏报往来仍由驿递，日行六百里为是。盖驿递本以传送文书，若专人驰奏，转致张皇。且远道速行，过劳难耐，不若驿递之便。一并传谕策楞知之。"

（高宗朝卷三五六·页一五上～一六下）

○乾隆十五年（庚午）正月辛酉（1750.2.23）

谕军机大臣等："据驻藏办理事务副都统衔纪山奏，郡王珠尔默特那木扎勒呈称，伊父颇罗鼐在时，聘定青海亲王旺淑克长女，今额尔克锡喇奏称从前许聘之时，并未指定某女，彼游牧处现无协办事务之人，意欲留伊长女，将伊次女嫁与，蒙大皇帝特命臣等勿伤和气，善全此事，谨遵恩旨，停止迎娶旺淑克长女，即咨明返娶伊之次女等语。从前朕因不知此情，曾谕珠尔默特那木扎勒。今伊备陈许聘缘由，遵奉朕旨，停止迎娶旺淑克长女，愿娶次女，甚属诚敬。由此观之，珠尔默特那木扎勒尚知畏惧。是以朕命班第以大理晓谕额尔克锡喇，应将长女嫁与珠尔默特那木扎勒之子，则珠尔默特那木扎勒必感朕恩，一概不疑，于事甚属有益。今珠尔默特那木扎勒又称，伊兄珠尔默特车布登举兵七百直取锡可尔城，渐侵至藏。如此时不即息事，耽延日久，珠尔默特车布登未免投赴准噶尔。汝等速行咨寄傅清、拉布敦，令其亲身抵藏，晓谕珠尔默特那木扎勒，谕以汝弟兄始初不睦，大皇帝亦鉴知矣。今汝兄珠尔默特车布登虽统兵七百向藏进发，然道路险峻，知汝各路备兵，焉敢来侵！如其畏罪急迫，往奔准噶尔，则藏内不能靖矣，且于尔父子兄弟名分亦殊未善。是以皇上怜汝父之忠诚，念汝等原系弟兄，特命和尔兄弟。王可遣使会同满员，令汝兄遵旨速行进藏。伊如知感君恩，即释其罪，与委员一同进藏，将与汝不睦因而称兵之故善自曲陈，亦即不究。只期和尔兄弟，藏内永远安靖，以全汝父始终勤劳之名。如此和其兄弟，使之息事，则省力多矣。如或珠尔默特车布登竟负朕恩，执迷不悟，显系背叛，何可姑容？汝等自应饬令珠尔默特那木扎勒作速剿灭，勿致逃奔准噶尔方为妥协。此事朕本欲差尚书纳延泰前往办理。但纳延泰须数月方到，且珠尔默特那木扎勒闻有钦差，未免生疑，是以寄谕汝等，即如朕训办理具奏。朕闻珠尔默特车布登之子现在藏内，汝等亦加意卫护，勿致伤害，以绝伊父归诚之志。此旨并未传谕纪山，如传谕纪山，珠尔默特那木扎勒亦必知之。知则未免又生疑虑，于事转觉无益。汝等速行尽力妥办，毋忽。"

（高宗朝卷三五七·页一下～三下）

○乾隆十五年（庚午）正月癸酉（1750.3.7）

四川总督策楞、提督岳钟琪奏："副都统纪山奏珠尔默特那木扎勒告称伊兄珠尔默特车布登抢马一事。伏思珠尔默特那木扎勒兄弟相残，其是非顺逆既尚未定，而阿里克地方距藏数千余里，虽已蒙谕令纪山遣员赴彼，而信息是否可通，亦难预料。若必俟黑白分明，然后明正其罪，不特失之迟缓，而珠尔默特那木扎勒自问不安，恐不无从中生变。珠尔默特车布登向无蠢动端倪，今日之举不特未可信以为实，亦并无干冒王章之事。而珠尔墨特那木扎勒情性乖张，素行不义，既不如伊父颇罗鼐之恭顺，又敢冒昧渎奏，恶迹显著，厥罪当诛。若因今年熬茶之便，另派大臣前往，权宜办理，则熬茶事所时有，恐将来无以取信于藏地，亦不可不虑。应请降旨即以抢马一事，命臣等一人领兵前往西藏，弹压声援。另降旨申明珠尔默特那木扎勒弟兄构衅之罪，令臣等会同明正典刑。其珠尔默特车布登，姑念其平日恭顺小心，伊父效力年久，免其治罪，仍驻守阿里克地方。其西藏事务，查照向例选噶隆数人，奏请补放扎萨克之职分理。臣等于预备兵内带领三千，恭捧谕旨赴藏，一面相机办理，一面将谕旨布告藏内，以安众心，以结此案。"

得旨："熬茶从权之计实非王道，且恐失信将来，今不必再提矣。至卿等所请，亦恐行之过险，事不能成，所失者大。今遣拉布敦前往，俟彼至藏，得其实情再办可耳。总之，地处极边，与其失之急而偾事，宁可失之缓以待时耳。"

（高宗朝卷三五七·页二二下～二四上）

○乾隆十五年（庚午）二月丁丑（1750.3.11）

（四川总督策楞、提督岳钟琪）又奏："川省营伍废弛，急须整顿。今于督、提两标与城守等营为始，亲加考校，详定劝惩，并通饬各镇、协、营一体查办，勒限一年。自上年三月迄今，通省共裁兵三千六百余名，衰老孱弱者已去十之七八。各官亦知努力操练，增修器械，统于今岁一载内可以渐望整齐。至西藏有应行预备之处，查建昌、松潘、普安、泰宁等营兵素强壮，即于此四处并提标、城守各营内密派兵五千，以备临期进发。又于川北、重庆等处密派兵二千，为护粮并打箭炉应援之用。"

得旨："览奏俱悉。"

（高宗朝卷三五八·页七上～下）

○ 乾隆十五年（庚午）二月己卯（1750.3.13）

谕军机大臣等："据拉布敦、策楞、岳钟琪奏称接准纪山札称，珠尔默特车布登已于上年十二月身故，现在与该郡王商酌料理善后事宜等语。折内所称珠尔默特车布登之是否因病身故，前此之果否称兵，俱在可疑可信之间，纪山不免为其所愚。所论诚是。至称阿里克地方紧要，请将珠尔默特车布登二子内准以一人承袭其职之处，则所见于事势未协。夫以珠尔默特那木扎勒之乖张暴戾，伊兄在日，尚与称兵构衅，不能相容，以致陷兄于死。今伊兄已死，无所顾忌，又何有其兄之子？即使令其承袭，伊又何甘令其晏然抚有故土？是徒多生一枝节，而于事毫无实济也。且理无两是，珠尔默特那木扎勒之告称伊兄称兵抢夺，已有不遵王法之形，身后自有当得之罪，伊子岂可复令承袭？如谓珠尔默特那木扎勒诬陷其兄，则又当明正其罪，非命将用兵大为办理不可。于二者之中，权其轻重，则珠尔默特车布登即经身故，其果否病死，无从致诘，而珠尔默特那木扎勒乖张暴戾，将来亦未必长久。若因此劳师动众，实乃费有用于无益之地，有所不必。虽明知为彼所愚，亦不妨姑且从权，置之不问。至虑珠尔默特那木扎勒以素所亲信管阿里克地方，归并其权，以增羽翼，自不得不为此虑。但彼处头人尚多，傅清、拉布敦或就其中稍为选择，令不致到彼滋生事端足矣。珠尔默特那木扎勒既无与相敌之人，伊亦无可构衅，或从此安静，亦未可定。若伊终久有背叛之志，则亦只可俟其形迹已露，再为料理，不必张皇偾事，先启彼疑。然伊若果有形迹，则傅清、拉布敦二人在彼又不可坐失事机，致误大事。可详悉传谕傅清、拉布敦，令其因事就事，详慎办理。固不可忽略，亦不可预设成见，过为计虑。自朕观之，目今办理之道，实无别计也。并谕策楞、岳钟琪知之。"

（高宗朝卷三五八·页八上～一〇上）

○ 乾隆十五年（庚午）二月庚辰（1750.3.14）

又谕（军机大臣等）："据驻藏办理事务副都统衔纪山奏称，珠尔默特车布登举兵侵藏，已于去年十二月十八日病故，珠尔默特那木扎勒亲来申报等语。珠尔默特那木扎勒又请办理伊兄丧事，养育伊兄子珠尔默特旺扎勒，又自请察议伊罪。闻珠尔默特那木扎勒原与伊兄不睦，近据纪山奏报：'珠尔默特车布登以阿里克之兵攻取果弼鼐，抢掠马匹。'朕念伊父颇罗鼐始终勤劳，曾经降旨训示，令珠尔默特那木扎勒尊敬伊兄。如伊兄果有屈处，赴藏向达赖喇嘛、办理事务大臣前申明，朕另派大臣办理。使珠尔默特车布登接奉朕旨，即行进藏，伊尚无罪。今命伊进藏之旨未到，伊已病故，未见即违朕旨。珠尔默特那木扎勒又请办理伊兄丧事，养育伊侄，朕特加恩如伊所请。珠尔默特那木扎勒系管理藏内噶隆事务之人，伊等弟兄不睦，以致兴兵，甚属不合，理宜治以应得之罪。但既知罪请罪，朕念伊父颇罗鼐始终宣力，特恩宽免，著纪山明白传谕知之。嗣后伊当益感朕恩，效法伊父，尽力奋勉。再，珠尔默特那木扎勒又称亲往萨海等处，安辑被兵人等。即著伊亲往查明，将应行加恩人数具报都统衔傅清等奏明办理。前因伊弟兄不睦，特派侍郎拉布敦驻藏，又以纪山素知彼处情形，遣往更换。现在藏内无事，不必多人，俟傅清到彼，纪山遵朕前旨，即行回京。拉布敦计将到彼，与傅清俱暂行驻守，朕再降旨召还。"

谕军机大臣等："今日颁发谕旨后，纪山奏折随到。珠尔默特那木扎勒请将伊兄遗尸付伊办理，并愿抚养珠尔默特车布登之子。纪山一一为之代奏。自朕观之，珠尔默特车布登以无疾之人兴兵赴藏，忽焉而死，适当其时。看此情节，其为可疑，自不待言。而纪山始终受其愚弄，深信不疑，与之水乳相合，殊失大体。国家因西藏地处僻远，特命大臣驻扎其地，所冀得其情伪，控制由我。今乃为所笼络，岂委任驻防本意耶！但事既如此，姑且佯为不知，如其所奏。已详悉另降清字谕旨，著抄录寄与傅清、拉布敦阅看。此正前谕所谓从权办理者，相去遥远，虚实难明，因事就事，实亦不得不然。傅清、拉布敦到彼，诸事留心，务将始末情节，一一据实具奏。又据纪山奏称，被兵之处，现在查明，奏请赏恤。珠尔默特那木扎勒之为此奏，不过见伊兄之扰害番民，所以甚其罪耳。其当赏恤不赏恤，尚在两可之间。著傅清、拉布敦查察酌量，如果被骚累，量为赈恤；倘属虚言，则不必一一徇其所请。总之，珠尔默特那木扎勒狡诈叵测，实非善类，加以纪山办理不善，珠尔默特那木扎勒因而生心。今事属已往，目前暂为宁息。至将来作何光景，原亦无从逆料。惟谕傅清、拉布敦当同心密商妥协，不可轻发启疑，亦不可坐失机会。前因有珠尔默特车布登之事，纪山偏向珠尔默特那木扎勒，未可倚任，是以令傅清前往，又令拉布敦到彼，且暂同驻年余，另候谕旨召令还京。将清、汉谕旨一并抄寄策楞、岳钟琪，令其知悉。"

（高宗朝卷三五八·页一〇下～一三下）

○乾隆十五年（庚午）二月壬辰（1750.3.26）

又谕（军机大臣等）："据副都统衔班第奏称，伊亲至额尔克锡拉游牧处所，将朕训谕敕旨明白开示，额尔克锡拉大悟，即遵朕旨，许将伊长女嫁与珠尔默特那木扎勒之子，并恳令伊弟公那木扎勒彻凌、伊婿扎萨克台吉达尔济前往护送等语。额尔克锡拉聆朕谕旨，即能感悟遵行，甚属可嘉，著加恩赏给墨尔根之号，以示奖励。并寄信与班第著照额尔克锡拉所请，准令伊弟公那木扎勒彻凌、伊婿台吉达尔济前往护送。"

（高宗朝卷三五九·页一一下～一二上）

○乾隆十五年（庚午）二月癸巳（1750.3.27）

谕军机大臣等："前因珠尔默特那木扎勒兄弟构衅，行令该督、提等密行预筹，以备调遣。今据纪山前后奏到，珠尔默特车布登业经物故，西藏秔宁，川省自可无庸防范。但营弁兵丁即经调遣，虽系密办，人数众多，若不明白晓谕，伊等未免观望，渐至传闻西藏，转增疑虑。应明谕奉调各将弁等，以前经西藏阿里克有事，奉旨预备为珠尔默特那木扎勒之助。今珠尔默特车布登身故，无庸调遣，该将士各按营归伍，照常差操。如此，则众心安而藏地亦无传闻疑惑之虑。可即传谕该督、提等知之。"

又谕："前因珠尔默特那木扎勒弟兄构衅，曾传谕拉布敦，令其于抵藏时，将藏地添驻官兵之处，与傅清公同详酌。如果于事有济，即以己意告知珠尔默特那木扎勒，以从前撤兵，伊兄即有此举动，今欲为奏请添驻，以助声势，使之不疑。朕思添驻官兵，原为地方有事，借以联络声援。今车布登已死，藏地无事，若更议派兵驻守，多作张皇，适足动其疑虑。且议添兵丁不过数百，设遇有事，亦不足资弹压，旋撤旋设，殊为无益。如拉布敦奉到前旨，尚未告知珠尔默特那木扎勒，则添兵之事竟可毋庸办理。如已经告知，不便中止，则仍遵前旨，一面具折陈奏，朕自另降谕旨。总之，彼地事端已息，一切务须镇静，熟思详慎，以靖地方。将此传谕知之。"

(高宗朝卷三五九·页一二下～一三下)

○乾隆十五年（庚午）三月丙寅（1750.4.29）

又谕（军机大臣等）："据副都统衔纪山奏称，郡王珠尔默特那木扎勒请将伊子达尔扎策凌遣往阿里克地方驻守等语，珠尔默特那木扎勒感念朕恩，欲遣伊子达尔扎策凌防守要地，所办甚是。但达尔扎策凌现系闲散，并无官职，若往阿里克地方管辖兵丁，不足以资弹压，达尔扎策凌著加恩作为扎萨克头等台吉。"

(高宗朝卷三六一·页一一下～一二上)

珠尔默特那木扎勒调兵防堵，谋为不轨，被诛；驻藏大臣傅清、拉布敦殉难，七世达赖平息余乱

○乾隆十五年（庚午）四月丙子（1750.5.9）

又谕（军机大臣等）："据傅清奏称，珠尔默特那木扎勒前往萨海等处，安抚伊兄珠尔默特车布登所扰之人，由彼察阅哈喇乌苏等处兵丁，已于三月初一日起程；再，珠尔默特那木扎勒感念朕恩，不惜其身，欲竭力报效等语。现在珠尔默特车布登已经身死，藏地宁静无事。从前生此事端，皆由纪山意欲图好，过于谨慎所致，固不可不留意堤防。然防守太过，致彼生疑，亦大有关系。尔等可寄信与傅清，令伊嗣后于一切事务，惟示宽大，不可使珠尔默特那木扎勒有丝毫疑虑。应教者教之，应授意者授之。一切事务惟合彼处情形，妥为料理。藏地离京甚远，彼处之事甚为紧要。所有奏朕之事，若稍瞻顾朕之谕旨，即于事无益矣。傅清于一切事务，惟应据实具奏。伊新到彼，想尚无事，俟驻守日久，备悉彼处情形后，其应行奏闻者，即著奏闻。"

(高宗朝卷三六二·页七上～八上)

○ 乾隆十五年（庚午）五月丙午（1750.6.8）

谕军机大臣等："傅清、拉布敦所奏，珠尔默特那木扎勒现经奏明前往萨海地方，有调动部兵、搬运炮位等情形。看来珠尔默特那木扎勒或因伊兄虽死，其所属头人、部众不能帖服，前往办理，其调兵动众不过自为防范；或因伊兄弟构衅，虑朕有问罪之举，伊等小见，意谓离其巢穴可以苟延，俱未可定。总以心怀疑畏，见自去冬以来，傅清甫换纪山，拉布敦又往同驻，频遣大臣到彼，恐将伊王爵革除，擒拿治罪，种种猜疑，是以作此行径。朕去年加恩赏赉，及允伊与青海亲王联姻，前后恩旨实足以释彼之疑，想尚未到。如经奉到，自必晓然喜出望外，不复怀疑矣。若谓其别有异谋，则不必虑。从来有异谋者，非有所贪图希冀于所不当得，则必祸患迫身，出于不得已。以珠尔默特那木扎勒言之，伊身为藏主，操生杀而擅富贵，俸赐所颁，贸易所入，岁获重资，而且倚借中朝声势，众蒙古皆与往来，可得厚利，伊更何所贪图希冀？若叛去，则全无所得，伊何所利而反耶？至伊远在天末，虽有大臣往驻，并不监制其行为，分夺其声势，伊又有何拘束困苦，而以逆谋自救耶？利无可图，害无可避，而谓其将有异谋，诚过虑也。且使果有异谋，则西藏伊所驻扎，何不据此举事，而转至萨海欲何为耶？此其有无俱可勿论。至其性情乖张，则所谓父不能得之于子者。在朝大臣，可制其进退予夺之大命，尚不能使之一一守法奉公，何论其本属外藩，地居极远，是岂教化、法令之所能施！即如从前以五百兵驻藏，何足御侮？况已经撤还，若更令重驻，彼第以五万之众应之，势必不敌，将见番属骚然，兵民俱困，天讨未伸，即内地不胜其扰。以此观之，惟当镇静持重，听其自行自止。在我本无加罪之意，在彼自不存致疑之端。傅清、拉布敦当领会此意，并不必有心急令其释疑，转多一番纠扰。且静以待之，俟其回藏时情形若何，再行奏闻。前经降旨，著班第往换拉布敦，未免过速，亦足致疑。今已召纪山来京陛见，面询情形，再令前往青海。班第俟纪山到后往藏，约计到藏当在冬间。彼时珠尔默特那木扎勒当已深知天朝德意，积疑冰释矣。将此详悉传谕傅清、拉布敦知之。"

（高宗朝卷三六四·页六上～八下）

○乾隆十五年（庚午）六月壬午（1750.7.14）

谕军机大臣等："据驻藏办事侍郎拉布敦奏称，珠尔默特那木扎勒将恭布等处火药携去四十九驮，调去兵一千五百名，看此情形，藏务尚在未定。请将更换臣等之处，暂行停止等语。此奏亦系慎重地方之意。但前降旨派出同宁令换拉布敦之后，旋即停遣，另派副都统班第代之。嗣又降旨令纪山来京请训，前赴西宁。俟纪山至西宁时，班第再行赴藏。伊等尚未接奉此旨。此旨到时，纪山来京，由京再至西宁必需数月。班第俟纪山到彼后，起身赴藏之时，而珠尔默特那木扎勒已回，诸事俱定矣。今若谓珠尔默特那木扎勒有叛逆之意，岂有伊于藏内不借端举事，至他处而始反之理乎？此绝无之事也。朕意珠尔默特车布登或未必身死耳，何则？珠尔默特那木扎勒与伊兄不和，若生事日久，我必发兵。大兵至时，伊之残暴毕露，恐或将伊顺便擒获，故捏报伊兄已经病故，现始前往办理，亦或有之。不然，则因查办伊兄信用之人，调兵以卫其身，亦未可定。然即珠尔默特那木扎勒实系往讨其兄，或往约束阿里克之人，俱不足虑。但恐珠尔默特车布登未死，不能敌伊弟之兵，投往准噶尔，勾引准噶尔侵藏，反多可虑。果如朕之所虑，藏地路远，亦须俟实在事出之时，不得已而办之耳，今安可妄举乎！尔等可寄信于傅清、拉布敦，切勿使珠尔默特那木扎勒生疑。办理一切事务，惟期计出万全，勿使我疑彼而彼知觉，致滋事端也。今伊等惟将珠尔默特那木扎勒如何行事、如何举动之处，详勘具奏，慎勿轻忽。至遣人更换拉布敦之旨，既云未曾宣布，尚在彼处收贮，著暂停止。俟珠尔默特那木扎勒回时，伊等将一切情形，详查具奏。朕另降旨后，将此旨宣布，拉布敦再行来京。"

（高宗朝卷三六六·页一一下～一三下）

○乾隆十五年（庚午）九月丙午（1750.10.6）

驻藏都统傅清、侍郎拉布敦奏："珠尔默特那木扎勒往后藏时，将噶布伦第巴布隆赞等诬构抄没，分给亲爱之人。又将珠尔默特车布登之子珠尔默特旺扎勒逐出。凡颇罗鼐所用旧人，杀害、抄没、黜革者甚多。臣等遣人往后藏问候班禅额尔德尼，回称访闻珠尔默特车布登病故后，其子朋苏克旺布或云逃去，或云在阿里克地方。至珠尔默特旺扎勒，系奉旨交与珠尔默特那木扎勒养育之人，今在扎什伦布为喇嘛。珠尔默特那木扎勒现带兵二千余名，在前藏后三百余里达木地方游牧。"

得旨："此皆珠尔默特那木扎勒乖张悖戾。但道路辽远，可暂听之。如果关系者大，再行筹画。"

（高宗朝卷三七二·页九上～下）

○ 乾隆十五年（庚午）十月丁丑（1750.11.6）

谕军机大臣等："据傅清、拉布敦等奏称，珠尔默特那木扎勒现在调兵防阻，有谋为不轨之意，应俟珠尔默特那木扎勒由打克萨地方回来接见之时即为擒拿，剪除此孽等语。傅清、拉布敦所见，甚属冒险。珠尔默特那木扎勒本非善类，朕当时久已料及，因其机衅未萌，只可静以待动，若如伊等所奏，果能即时擒戮，以绝后患，岂非国家之庆！但伊二人孤悬在藏，或能潜致其属下之人使为我用，犹可成事。否则轻率举动，必至酿成大事。然伊等已奏明不待请旨，即行乘机办理。朕虽降旨令其不可妄动，而道途遥远，难以预定。若珠尔默特那木扎勒尚在打克萨未回，伊等先接此旨，自可从容审度时势酌量办理。或此旨到时，其事已行，万一不能剪灭，势不得不为用兵之计。可将此折抄寄策楞、岳钟琪等，令二人详悉阅看。或差妥当可信之人，密为侦信。一面预筹征调川兵，以为防剿之计。必应先为准备，无致临事仓猝。然须加意慎密，妥协办理，不可稍有泄漏，致珠尔默特那木扎勒惊疑窃发，转启衅端也。著速行传谕知之。"

（高宗朝卷三七四·页一〇上～一一上）

○ 乾隆十五年（庚午）十月辛卯（1750.11.20）

谕军机大臣等："前据傅清、拉布敦等奏，珠尔默特那木扎勒有谋为不轨之意，欲俟其由打克萨回来接见时擒拿剪除等语，朕已令班第即速前往，令其会同傅清等相机办理。复传谕策楞、岳钟琪先为准备。今复据傅清等奏到，珠尔默特那木扎勒将策凌旺扎勒调去，并将班第达家产抄没。其跳梁之状日益显著。伊等仍欲诱致，照前奏办理。此事看来势不容已，自应擒获，明正其罪。已传谕班第，谨密详慎，乘机行事。可将传与班第谕旨并傅清等所奏之折抄录寄与策楞、岳钟琪阅看。其应密行彼此照会，及将来或有发兵应调之处，一切俱宜悉心筹办，而不可稍露风声。再，近来藏中信息如何，一有所闻，即速具奏。"

（高宗朝卷三七五·页一〇上～下）

○乾隆十五年（庚午）十一月癸丑（1750.12.12）

四川总督策楞、提督岳钟琪奏："先据西藏粮务通判常明禀称，珠尔默特那木扎勒告其属下，有'我已设计撤回汉兵四百余名，其余若不知机早回，必尽行诛戮'等语。又，拉里粮务州同董恭禀称，珠尔默特那木扎勒行令，沿途汉、土兵民及文书，俱不许往来出入等语。兹据驻藏外委王廷斌等禀称：珠尔默特那木扎勒潜谋不轨，驻藏傅、拉二大人于十月十三日诱至通司冈衙门接见，遂将伊诛戮。讵逆党卓呢罗卜藏札什等闻信，即率众数千围署，施放枪炮，周围放火。达赖喇嘛遣众僧救护，不能得入。拉大人被乱刀砍害，傅大人身被枪伤，立即自尽，所有文武官多被难。粮务衙门被劫库银八万五千余两。十四日，卓呢罗卜藏札什带兵潜逃。十五日，达赖喇嘛始令珠尔默特那木扎勒之妹夫公班第达暂理藏王事务，附近喇嘛、番众等俱已归顺。逃难兵民，达赖喇嘛现在养活等语。随又据管领台站游击殷瑞禀称，十月十八等日，达赖喇嘛传令各塘照旧应付官兵，并探知达赖喇嘛传令各番不得伤害汉人等语。又据通判常明禀称：十月二十三等日，据公班第达称，逆贼已获过半，余亦不难擒拿；饷银现在查追，已得二万余两；四面紧要路口，亦派人把守等语。又据台站官递到达赖喇嘛、公班第达奏折二函。臣等看此情形，珠尔默特那木扎勒伏诛已属确实。其逆党亦据达赖喇嘛、公班第达次第查拘，但卓呢罗卜藏札什等敢率众伤害大臣，不法已极，应即进兵擒戮。且恐余孽未尽，日后又将滋事，臣等酌议，臣岳钟琪驰赴打箭炉，先于提标、建昌镇调兵三千名出口，再于次近调兵二千，饬建昌镇总兵董芳继后；臣策楞再带兵三千，赴打箭炉弹压，相机分别进剿应援。现差干员沿途晓谕番民，并将进兵擒拿逆犯缘由寄知达赖喇嘛、公班第达，以安藏众之心。再，副都统班第现由青海赴藏，只带兵役二十名。达赖喇嘛等或未知赴藏缘由，臣等一并寄知达赖喇嘛等，令遣人接护。"报闻。

（高宗朝卷三七六·页二九下～三一下）

○乾隆十五年（庚午）十一月乙卯（1750.12.14）

谕："从前西藏之颇罗鼐甚为实心恭顺，且料理藏中事务一切甚为安帖。皇考世宗皇帝屡次加恩，由台吉封为贝勒。伊实感激我朝恩厚，弥益恪诚。朕即位以后，旋即封为郡王。后因颇罗鼐年力就衰，朕念及将来，询伊二子之中孰堪为嗣。据伊奏称，长子人软弱，又已出家，次子珠尔默特那木扎勒人尚强干，能胜弹压，因是令其承袭。迨伊奏事一二次以后，朕于其词意之间即知其非伊父居心可比，日后必生事端，谕驻藏大臣留心体察。嗣伊折奏请撤驻藏官兵，朕以兵数原属无多，若不准其所请，转启疑忌之心，是以即依所请行，著纪山前往驻扎。讵纪山与之设誓和好，即奏事常与同列衔名，朕深责其非体，是纪山不但不能慑服其心，更已堕其术中矣。傅清前经驻藏，为伊等所敬服，遂令前往更换，且虑其势孤，益以拉布敦协同驻藏。乃珠尔默特那木扎勒心益狡悖，将伊长兄车布登图害，翻以伊兄叛逆诬奏。又，伊与达赖喇嘛素有仇衅，既戕其兄，遂欲计害藏中不顺伊之班第达等，其势将延及达赖喇嘛。独居其地，雄长一方，近遂将塘汛文书禁绝不通。悖逆情形，渐益昭著。傅清、拉布敦稔知其奸，折请便宜从事，以绝后患，于今年十月初八日奏到。朕以仅二大臣孤悬绝域，未可轻举。即使便宜办事，亦于国体有关，且非万全之道。批令俟班第更换拉布敦到藏日，会同达赖喇嘛及藏中大噶隆等明正其罪，以申国法，庶协天朝体制。乃傅清等未及接到谕旨，即于十月十三日传珠尔默特那木扎勒到通司冈，加以诛戮。而傅清、拉布敦旋为伊属下卓呢罗卜藏札什所害。总督策楞奏到，朕深为悯恻，不觉涕零。因思傅清、拉布敦若静候谕旨遵行，或不至是。但珠尔默特那木扎勒反形已露，倘不先加诛戮，傅清等亦必遭其荼毒。则傅清、拉布敦之先几筹画，歼厥渠魁，实属可嘉，非如霍光之诱致楼兰而斩之也。夫临阵捐躯，虽奋不顾身，然尚迫以势所不得不然。如傅清、拉布敦揆几审势，决计定谋，其心较苦，而其功为尤大。以如此实心为国之大臣，不保其令终，安得不倍加轸悼耶！傅清、拉布敦著加恩追赠为一等伯，著入贤良祠、昭忠祠春秋致祭。傅清并入伊家祠从祀。伊等子孙给与一等子爵，世袭罔替，以示朕褒忠录庸之至意。并将伊二人为国捐躯之大节，明白宣示，使天下共知其不得已之苦心。否则，好事喜功者借此二人为口实，而事外无知之人又有议其擅开边衅，而仍邀国家如此厚恩者。朕岂肯令是非倒置若此哉！现据达赖喇嘛奏请，立班第达为郡王，亦以藏众不可一日无人统率，为此权宜之计。若如所请，则数年之后，未能保其不滋事衅。朕意欲仿众建而分其势之意，另为筹画措置。虽现在已著策楞等领兵搜讨逆党，将来藏地仍留驻官兵。塘汛文书往来，关系紧要，并噶隆事务，俱应归驻藏大臣管理，呼应方灵。其打箭炉地方，亦应添驻兵丁，以壮声援。一应善后事宜应如何办理之处，著议政大臣、履亲王、庄亲王、恂郡王及满汉大学士、尚书会同军机大臣，定议具奏。前往更换驻藏侍郎那木扎勒，小著入议。夫开边黩武，朕所不为，而祖宗所有疆宇不敢少亏尺寸。此番办理，实事势转关一大机会，不得不详审筹画，勭出万全，以为边圉久远之计。将此并谕中外知之。"

（高宗朝卷三七七·页一下～五上）

○ 乾隆十五年（庚午）十一月丁卯（1750.12.26）

四川总督策楞等奏："十月二十日，接据通判常明等禀称，珠尔默特那木扎勒诛后，公班第达暂理藏务，干戈遂息。都统傅清等被难时，现存兵八十余名、百姓一百一二十人齐赴布达喇，俱系达赖喇嘛给银养赡。至二十三日，公班第达告知，已将逆首卓呢罗卜藏札什拿禁，逆党已获过半，劫去饷银亦追出大半，通司冈等处已安，常明暨兵民等于二十四日搬回居住等语。现所调大兵，似可无庸进发，请止带兵八百名进藏，仍酌留官兵驻打箭炉弹压。"

得旨："另有旨谕。"

（高宗朝卷三七七·页二九下～三〇下）

○ 乾隆十五年（庚午）十二月戊戌（1751.1.26）

驻藏副都统班第奏："臣于十二月二十一日至藏，传集现存之官员、兵丁等查讯起事情形。备知十月十三日傅清、拉布敦将珠尔默特那木扎勒传至寓中，上楼相见时，傅清拔刀刭杀珠尔默特那木扎勒，并杀其随从四五人。卓呢罗卜藏札什闻信，即跳楼而下，往唤同党，聚众围楼，施放枪炮。傅清遣人往传班第达救护，班第达因力薄不能救护，奔告达赖喇嘛，随使人拦阻，贼党并不听从，放火烧房。傅清身中三伤，立即自尽；拉布敦中伤更多，为贼所害；主事策塔尔、参将黄元龙亦皆自尽；笔帖式齐诚自刎未死；通判常明亦中矢石之伤；阵亡千总二员、兵四十九名，家人、商民七十七人。所有官库帑银俱被抢夺。卓呢罗卜藏札什等乘间逃走。次日，达赖喇嘛收聚余兵，安抚众人。公班第达擒获贼犯卓呢罗卜藏札什等十三人，牢固监禁。臣严加刑讯，又供出伙贼德什奈等十四人。查各逆犯聚众为乱，杀害大臣，劫夺帑银，凶悖已极，应即正国法。随于二十五日将为首之卓呢罗卜藏札什与领众放火、抢夺帑银之阿喇卜坦、吹木扎特，杀死多人之车臣哈什哈，放鸟枪、弓箭打伤大臣之达尔汗雅逊、巴特马古尔济椿丕勒、妄介俱凌迟处死；听从贼首杀人、运草放火、先行上楼助恶之尚卓特巴拉札卜、曾本旺扎勒、曼金得什鼐等俱斩决；随从作乱之通使扎什喇卜坦等俱绞决；惧罪自尽之杯陇涉克巴、监毙之拉克滚布俱行戮尸，与各磔犯一并碎骨，仍各枭首示众。余党分别发遣，家产变价归帑。"报闻。

云南提督冶大雄奏："窃查西藏珠尔默特那木扎勒阴谋悖叛，经傅清、拉布敦定谋诛戮，厥功甚茂。然伊之所以敢于肆逆而二臣之所以竟至被害者，皆因藏内无兵之故，是以一旦有事，鞭长莫及。请藏内仍照前安设重兵驻防，令提镇大员弹压，三年一换，与河套、哈密一体防范。"

得旨："所见是，亦即如此办理矣。"

（高宗朝卷三七九·页二二下～二五上）

○乾隆十六年（辛未）二月辛卯（1751.3.20）

谕军机大臣等："据驻藏大臣副都统班第奏称，珠尔默特那木扎勒立心叛逆，勾通准夷，寄书前去，私立假号，种种背逆，恶迹显露等语。从前驻藏大臣傅清、拉布敦奏，珠尔默特那木扎勒有猖獗之心，断不可留，请乘机擒剪。朕尚意珠尔默特那木扎勒未必至于此极，令伊等详察确实，再行办理。嗣后傅清、拉布敦将珠尔默特那木扎勒诛戮，朕犹以伊等虽为国除逆，要是并无筹画，草率举事，以致捐躯。今观班第所奏，则珠尔默特那木扎勒逆迹已露，实属时不可待。而傅清、拉布敦乘机办理，可谓奋不顾身尽忠报国者矣。前朕降旨，以珠尔默特那木扎勒之子达尔扎策凌年幼，令解送来京。今珠尔默特那木扎勒背逆之罪既已显著，应照叛逆之律办理，以为众戒。著将班第奏折及珠尔默特那木扎勒与准噶尔私通书札一并寄与总督策楞等，令其将朕此旨，晓谕藏内之人。将珠尔默特那木扎勒之妻子即在彼处诛戮，以彰国法。"

（高宗朝卷三八三·页七上～八下）

○ 乾隆十六年（辛未）四月戊寅（1751.5.6）

又谕（军机大臣等）："前因珠尔默特那木扎勒将西藏驿站禁止往来，并称如不早散，必尽行诛戮，遂致文书断绝。至伊被诛后班第达传令，台站始通。此事甚有关系，屡经降旨，何以策楞、兆惠等并未查明具奏而即匆匆就道？著传谕策楞、兆惠等，将珠尔默特那木扎勒断绝站路之处始于何时、所有耽搁文书曾否俱行查出，逐一查明具奏。如伊等未过察木多地方，著沿途挨查；如已过察木多，仍著回程，驻于察木多查讯明悉，一面奏闻，一面就道。其应在藏地挨查之处，著伊等行文班第、那木札勒查明具奏，伊等不必再往藏地。再，此事不过欲悉其情节，不可又致生番众之疑虑。"

寻奏："臣等挨塘查察，自打箭炉至拉里，奏折公文均随到随接，并无遗失。惟逼近西藏之占达、墨竹工卡、乌苏江、堆达、鹿马岭五塘，系罗布藏扎什所管，信字一到声言不许汉人文书往来，并欲戮汛兵，以致塘兵回奔，台站断绝。外委陈世庚处有耽搁前项火票递到公文等件。事定后，俱送交粮务通判常明查收。至始于何时一节，查十月十三日，珠尔默特那木扎勒被诛之后，罗布藏扎什与白隆沙格巴商图报复，围通司冈，令各喋巴阻往来文书，并戮塘兵。嗣达赖喇嘛、公班第达差人传示各番不得惊扰汉人，断绝站路仅一两日。因各塘远近不一，故具报参差。臣等已行抵打箭炉地方，去察木多二千五百余里，甫经到口，又复转回，恐番性多疑，造言惊扰，请即驻炉地，委泰宁协副将前往察木多一带挨查，并咨会班第等一体查察。"

得旨："览奏俱悉。"

（高宗朝卷三八六·页一六上～一七下）

策楞率兵进藏，办理善后事宜，奉旨酌定西藏善后章程，废除藏王制，授权达赖喇嘛掌管西藏地方政务

○乾隆十五年（庚午）十一月丁未（1750.12.6）

四川总督策楞、提督岳钟琪会奏："传谕傅清等旨于十七日过省，计自省至藏迟不过十六七日，傅清等自可钦遵筹办。倘势不得不作用兵之计，即当预为准备。臣现差人以买藏香为名密行侦探。至征调之事，上年冬间奉旨密为办理。臣等曾于建昌等各营密派五千名，以备进发，又于川北各处密派三千人应援。其粮饷事宜不便声张，于兵丁随身裹带口粮外折支，听各兵沿途买食。如需用兵，应酌派兵八千名。臣岳钟琪领兵五千名，先赴藏地；臣策楞领兵三千名，暂驻打箭炉，料理应援。再，臣原奏珠尔默特那木扎勒于江达备兵一千，西宁一路转备兵二千，应否降旨密敕陕甘总督尹继善一体预防？"

得旨："另有旨谕。"

谕军机大臣等："策楞、岳钟琪所奏密行筹办诸事，俱属详悉。倘或需用，其调度策应亦合机宜。但当密之又密，不可稍露端倪，致有泄漏，令彼疑惑惊骇，启衅生事，方为万全。至所称西宁一路，密饬陕督尹继善预为防范，则属不必。四川一路，策楞等善为办理，尚可慎密。若西宁两路齐办，则事益张皇，未必无走漏消息之处，转未妥协。从前未经传谕尹继善，乃正为此。若至事露，不得不办之时，自然令其防范也。可传谕策楞、岳钟琪知之。"

（高宗朝卷三七六·页二〇下～二一下）

○乾隆十五年（庚午）十一月甲寅（1750.12.13）

谕曰："驻藏都统傅清、左都御史拉布敦前因珠尔默特那木扎勒潜谋不轨，情迹显著，奏请相机剪除凶逆。朕以伊等孤悬藏地，未可轻举，并令侯班第到彼察看情形，降旨办理。乃傅清等未及奉到谕旨，以机有可乘，遂尔便宜行事。其逆渠已经授首，而傅清、拉布敦旋为逆党所害，为国捐躯，深用悯惜。除另颁旨加恩优恤外，其随二人捐躯弁兵，著策楞、岳钟琪查明，照阵亡例优恤。目今藏地，现虽抚辑宁谧，但善后事宜不可不专遣大臣前往办理。著四川总督策楞、提督岳钟琪统领官兵赴藏，绥辑地方，搜除逆党，总兵董芳随后统兵策应，尹继善著就近驰驿前往四川，料理一应粮饷军机，侍郎那木扎勒著赏银一千两整装，即驰驿前往，与班第一同驻藏。该部即遵谕速行。"

谕军机大臣等："珠尔默特那木扎勒之事，前经傅清、拉布敦奏到，朕即虑其所办太险，不可轻发。乃傅清等未及奉到谕旨，即已便宜行事，至于身被戕害，为国捐躯，情殊可悯。除另颁旨加恩优恤外，其随二人捐躯介兵，著策楞、岳钟琪查明，照阵亡例交部优恤。卓呢罗卜藏札什党逆之罪，实不容诛。著传谕策楞、岳钟琪统领官兵前赴西藏，总兵董芳统兵随后策应，听策楞等调遣。一面安辑藏地，一面搜剿逆党，务尽擒获，并珠尔默特那木扎勒之子俱应明正典刑，以泄公愤而彰国法。其媳著仍送青海，交与其母，与彼无涉也。又据策楞奏称，派兵八千名以备进剿。今观藏中大局已定，不过擒拿余党，可令策楞、岳钟琪带兵三千名即行速往，董芳统兵二千名随后策应。其余三千名，预备派拨应援，可以不必起程。若至彼觉兵势少单，即一面调往，一面奏闻。再，策楞、岳钟琪进藏，务当严密防范。至西藏地方，虽据达赖喇嘛奏称已经安抚宁静，但经此番举动，人情必致张皇。现在藏地情形若何，速行驰奏。卓呢罗卜藏札什逆衅已成，恐其势不能已，益致扰动。策楞等俱应预为筹及再行。打箭炉一带口内、口外各番向系西藏所属，亦不无惊骇。应明白晓谕以珠尔默特那木扎勒潜谋不轨，前经驻藏大臣据实奏闻，朕令班第至彼，再会同在藏大臣降旨办理。乃驻藏大臣等因其形迹显著，未候旨到，即已便宜行事。虽罪人已经授首，而驻藏大臣亦不幸为逆党所害。所当兴师问罪，惟务搜除逆党，以安地方。凡非亲信逆党一无株及，被难民番优加恤赏。至塘汛番人将官兵捆缚，本应治罪，但系听从珠尔默特那木扎勒所使，悉置不问。并将此传知达赖喇嘛，令其宣谕远近，安众人之心。至班第达不能救护驻藏大臣，念其势原孤弱，尚属无过，然亦无功可录。但不附逆党，尚知尊向天朝，俟徐加赏赐。策楞、岳钟琪至藏，可以此意告知，以安彼心而用其力。若如达赖喇嘛所奏，即将班第达立为藏王，将来又成一颇罗鼐，日后伊子又思世袭，专据其地，转滋事端。前经传谕班第，以藏地应多立头人，分杀其势。正当乘此机会，通盘筹画，务彻始彻终，为万全之计。所谕班第之旨，伊必带往，策楞、岳钟琪到彼，详悉阅看，斟酌办理。事定后，应留驻官兵若干名，交驻藏大臣统辖，以资弹压，并照旧添设台站。一切善后事宜，策楞等随宜调度，详细逐一奏闻。已令尹继善前往料理，一应粮饷军机，俱令其筹办策应，并谕策楞等知之。"

又谕曰："卓呢罗卜藏札什肆行悖逆，已著四川总督策楞、提督岳钟琪统领官兵前赴西藏，总兵董芳酌派官兵在后策应。著尹继善就近驰驿前往四川，所有输挽粮饷、接应机宜及奏报情形等事，尹继善悉心筹办。其陕甘总督印务，或尹继善带往，或交巡抚陈宏谋暂行护理，著尹继善酌定。至西宁一路，切近藏地，从前西藏用兵，原与打箭炉两路并进，现在或应酌派官兵，预为防范。该督等一面奏闻，一面妥协办理。将此一并传谕知之。"

又谕曰："达赖喇嘛、公班第达等具奏，青海地通西藏，且有通准噶尔之路。逆匪卓呢罗卜藏札什等逃奔准噶尔地方，均未可定。尔等可寄信纪山，令其留心防守，堵御潜通准噶尔之路，巡查卡伦，将西宁番子等善为约束。其通准噶尔之路不可稍有疏忽。"

又谕："寄信归化城都统众佛保，令其由彼驰驿速赴西宁。一到彼处，即将纪山拿交妥员，由驿解赴京师。其青海之番子事务，暂著众佛保署理。俟朕另派之人到时，众佛保再回归化城。"

（高宗朝卷三七六·页三二上～三六下）

○ 乾隆十五年（庚午）十一月乙卯（1750.12.14）

谕军机大臣等："前因藏地如有应行进兵之处，令冶大雄先回云南，将该省所有路径应作何筹办，并会商四川总督策楞等先事预备。今驻藏都统傅清、左都御史拉布敦已于十月十三日将珠尔默特那木扎勒传至通司冈，即行正法。虽逆党肆行凶悖，竟将驻藏大臣戕害，而渠魁已经授首，藏地宁辑。所有搜剿逆党及善后事宜，已令策楞、岳钟琪统兵进藏，妥协料理。滇省现在并无需用筹备征调之事，著谕冶大雄令其照常镇静，毋得闻信稍有张皇，致骇众人观听。并谕该督硕色知之。"

又谕："寄信众佛保。青海地通西藏，且有赴准噶尔之路。逆贼卓呢罗卜藏札什被迫逃往准噶尔，皆未可定。所关最要，是以派伊前往彼处办事，即令伊遵朕前旨，速行起程前往，到彼妥为留心。凡通准噶尔之路应行防范之处，必须严加防范，巡查卡座，青海番子等妥为约束。仍须不时探讯藏务，不可稍有懈怠。朕现虽派副都统舒明前赴西宁换伊，藏内正当有事，归化城亦无甚事件，众佛保系经练之人，舒明到彼，凡事会伊商办。俟事竣，候旨再回归化城。"

命侍郎兆惠赴藏，偕四川总督策楞等办理善后事宜。

（高宗朝卷三七七·页六上～七上）

○ 乾隆十五年（庚午）十一月丙辰（1750.12.15）

谕（军机大臣等）曰："侍郎兆惠现有出差办理事件，舒赫德仍著在军机处行走。"

又谕曰："侍郎兆惠著驰驿速回。凡应办事件俱交努三办理。"

又谕曰："傅清加恩赏给之职，著伊长子明仁承袭，拉布敦赏给之职，著伊子根敦承袭，俱著赏翎。傅清之次子明义亦著赏翎。"

谕军机大臣等："西藏经此番举动，正措置转关一大机会，若办理得当，则可保永远宁谧。如其稍有渗漏，则数十年后又滋事端。朕前传谕班第，以西藏事必当众建而分其势，目今乘此兵威易于办理。惟在相度机势，计虑久远，方为万全。傅清等虽曾许班第达为藏王，然伊等办理珠尔默特那木扎勒之初，不知班第达曾经与闻否？设先预闻，必先有成约。如伊果能统所属人众救护策应，则卓呢罗卜藏札什未必猖獗至此。乃伊不行救护，而先奔至达赖喇嘛处。其意以傅清等能诛珠尔默特那木扎勒，固为伊除一大患，更可必得藏王，为利甚大，即使不成，而彼悠然事外，毫无痕迹。是卖天朝大臣而坐收鹬蚌之利，其居心狡狯为何如者！伊若一为藏王，即使恭顺如颇罗鼐，而其子孙亦不可保。此其可虑，岂在珠尔默特那木扎勒下哉！策楞等至藏，细加体访，如其人实无他能，听受约束，即量予爵秩。伊向来本分所有，不必有所增，亦不必有所减，使仍其旧足矣。伊并非有功，何得遽封郡王？当时颇罗鼐亦由公爵以渐而加，郡王非其本爵也。此处著策楞、岳钟琪著实留心。若因我二大臣已许彼为王，而今不封伊，因致觖望，即声其不救护驻藏大臣之罪，相机加之显戮。此在策楞等相度事宜，从长熟计，总宜虚公，不设成见，不可草率办理。看来经埋善后诸事，非班第所能胜，那木扎勒亦不甚踊跃。若策楞等办有章程，则伊等尚能守而不失耳！至珠尔默特那木扎勒之子，必不可留。其所有资产，岁入必极丰厚，应入官为驻藏大臣公用，足供驻兵千人而有余。至此番统兵进藏，固为搜擒逆党，如能就擒重治其罪，诚足泄忿。若令远遁准噶尔，则断不可悬师深入穷追。但噶隆事务于事权极有关系，必须驻藏大臣管理，呼应方灵。即如珠尔默特那木扎勒一言而塘汛断绝，班第达一言而塘汛复通，信息往来，惟藏王之言是听，而驻藏大臣毫无把握。如此，即驻兵万人何济于事！策楞、岳钟琪到彼，目击情形，务须将此事彻底熟筹，得其肯綮，令自我出，方为扼要。将来不但西藏应留兵驻守，即打箭炉为西藏咽喉，亦应添驻重兵。以方今时势言之，国家全盛之力，岂以添兵多费为虞耶！现交议政王大臣会同军机大臣等详悉定议，可并备细传谕策楞、岳钟琪等知之。"

（高宗朝卷三七七·页七下～一○下）

○乾隆十五年（庚午）十一月丁巳（1750.12.16）

谕（军机大臣等）曰："策楞现在统兵进藏，四川总督印信著伊带往，以便调遣。陕甘总督印信著尹继善带往成都，行川陕总督事，料理军机钱粮及一切事宜。其陕甘总督衙门事务，著照黄廷桂之例令鄂昌护理。寻常事件照例承办，案件重大者仍行关白尹继善。"

又谕曰："下五旗大臣军前效力年久者，原有抬旗之例。原任左都御史拉布敦除乱以靖地方，以国家之故忘身效力，特加恩将拉布敦之子及同在一旗之子弟俱抬入正黄旗满洲，以示朕酬功旌勋之至意。"

谕军机大臣等："珠尔默特那木扎勒凶悖肆恶，恣行无忌，本因向来威权太盛，专制一方，致酿此患。乃朕加恩过重，有以纵之，不可不追悔从前之不早为裁抑。伊固凶暴性成，亦因天朝先事疑其跋扈，致伊益生疑畏，如鸟兽然人有伤之之意，机心一动，彼必先奋决而起。在傅清等见事势已迫，不可坐受荼毒，思欲先发制人，卓呢罗卜藏札什之报复加害，出于所料之外。其见事不为不明，就义不为不勇，为国家去一大患，更为有功。然平心论之，却非办事正理。至若虑班第达日后凭借威势，复生事端，是又以疑珠尔默特那木扎勒之道待之矣。即今于策楞领兵入藏时，声其不行救护大臣之罪，加以显戮，于势甚易，然不光明正大，与傅清、拉布敦之诛珠尔默特那木扎勒等耳。番众无知，见珠尔默特那木扎勒诱至加诛，并未明正其罪，今又借擒捕逆党之名，图害班第达，天朝举事如此谲诈，将人人疑畏，何以昭示大信！是以明降谕旨，令达赖喇嘛、班第达知朕办事之光明正大，以释其疑而安其心。如班第达能遵朕谕旨，奉我约束，是乃实心恭顺之人，仍可委办噶隆事务，永远承受恩典。如其敢行违抗，则师出更为有名，乃至当不易之理。然既有此旨，则我领兵安藏之大臣益当诸事留心。或彼不服而阻进兵之路，或谬为恭顺，引我兵入至其地而后别有所图，皆不可不虑及。至珠尔默特那木扎勒叛产，自应抄没，但伊吞并众人财产，致拥厚资，若概行入官，又似利其所有，番众不无滋议。著策楞等逐一查明，凡伊强占所得，俱著给还本人。珠尔默特车布登本非叛逆，乃为珠尔默特那木扎勒所诬陷，且私遣人杀害，而以病死捏奏。今既明知其受屈身死，已将伊子仍封以公爵，管理阿里克地方。令班第达传朕谕旨，如卓呢罗卜藏札什由彼处奔逃，令伊擒捕。其父所有家产为珠尔默特那木扎勒所抄占者，俱仍给还。珠尔默特那木扎勒自置财产，自应入官供驻藏大臣之用。所部人众，或应分设头人管辖，统归驻藏大臣节制。及驻扎官兵、安设塘汛一切事宜，该督等会同驻藏大臣悉心筹酌，妥议具奏。再，朕于十月初八日在开封批发傅清等奏折谕旨曾否到藏，并九月十一日传谕珠尔默特那木扎勒之旨，俱于沿途驿递详悉查明。查出时，将此二旨令班第达阅看，仍将伊言语情形奏闻。再，有玉舒那哈暑番人一种，离藏甚近，或可安插在藏，为驻藏大臣爪牙，或令伊换班赴藏护卫，是否有益，亦著该督妥悉具奏。朕通盘筹酌，必当如此办理，方为理直气壮，得绥服远人正理。番夷以诡诈反复之心窥测天朝，惟待以不疑，则彼亦不心怀疑贰。王道荡平，无过于此。是以不待议政王大臣等定议，即降旨传谕达赖喇嘛、班第达。著将此旨并抄寄策楞等阅看。"

又谕达赖喇嘛、办理噶隆事公班第达："朕向因珠尔默特那木扎勒素不信奉达赖喇嘛，心怀仇隙，是以屡加训饬。岂知因朕谕而彼愈心疑，驻藏大臣傅清等亦因珠尔默特那木扎勒残暴性成，狂虐日甚，终恐不利于达赖喇嘛，是以奋不顾身，亟剪凶逆。凡此皆以为达赖喇嘛也。今达赖喇嘛肘腋之间除此隐患，佛地肃清，朕心深慰。及卓呢罗卜藏札什戕害驻藏大臣，经达赖喇嘛传谕，解散贼党，安抚难民，地方得以宁谧，朕甚嘉之。所有加恩赏赐物件，已交驻藏侍郎那木扎勒赍送到藏，示朕优眷之怀。至珠尔默特那木扎勒本不应承袭郡王，因念颇罗鼐一生恭顺效力，是以施恩格外，令其袭爵。乃伊自管理藏事以后肆虐逞威，骄纵日甚，又因朕许其撤回驻藏官兵，伊更自鸣得计，荼毒所部番众，贪淫无忌。且诬奏伊兄车布登叛逆，派遣噶隆领兵杀害伊兄，屠戮其子及众头目等。又抄占班第达家产，离其妻分驻后藏，而羁留其子随侍左右。复阻绝沿途塘汛，计欲尽害官兵，罪恶不可胜数。然朕静而思之，此固由珠尔默特那木扎勒赋性凶顽，亦因朕之加恩过厚，有以纵之。藏地之人虽怨彼，而以朕所封之王不敢如何，朕实深为追悔。由今观之，办理噶隆之人权势不可使太专，是乃朕所加恩永辑藏地亿众生灵之要道也。傅清等诛珠尔默特那木扎勒时，虽有令班第达管理藏地之语，实未奉朕谕旨，只因藏地不可一日无人统率，亦欲其即统兵相助，是以从权委办。使班第达果如所约，剪除逆党，能使二臣无事，藏地宁静，则即如二大臣所言，亦未为不可。今伊既不能救护驻藏大臣，已不为无过。第念其势孤力弱，仅保自全，尚属人之常情，事在已往，姑置勿问。岂可自居其功，承受朕封王之异恩乎？著仍以公爵办理达赖喇嘛噶隆事务。总督策楞等到藏之日，会同达赖喇嘛，于彼处头人内晓事安分而番众素所信服者，再采择一人为噶隆，与班第达协同办事。其所属寻常细事，仍听噶隆二人照旧承办。至具折奏事及兵备驿递等重务，则令钦差驻藏大臣会同噶隆二人办理，钤用钦差大臣关防，永为定制。其驻防官兵、安设台站及一切事宜，著总督策楞，提督岳钟琪，侍郎兆惠，驻藏大臣那木扎勒、班第等会同达赖喇嘛及班第达等悉心筹酌妥议具奏。再，珠尔默特那木扎勒从前曾经诬奏伊兄珠尔默特车布登谋叛，构衅称兵，暗加图害，而以病死捏奏。今事既明白，珠尔默特车布登本无罪之人，抱屈被害，应为昭雪。著班第达查明伊子，传朕谕旨，复给以公爵，令管辖阿里克地方番众，黾勉效力。如卓呢罗卜藏札什由阿里克一带奔逃，令伊尽力擒拿。伊父向来所有家产资财为珠尔默特那木扎勒所抄占者，俱著查明给还。再，本年十月初八日封发傅清、拉布敦之谕旨，又，九月十一日传谕珠尔默特那木扎勒之谕旨，或因珠尔默特那木扎勒之乱，驿站阻隔，尚未到藏，亦未可知。如已到藏，即著班第达开看办理；如尚未到，著班第达于沿途驿递查出，令其阅看。朕治天下臣民，功过分明，轻重各当。班第达果能实心恭顺，进藏官兵，妥协接应，将来与新设噶隆同心一意，事事秉公办理，则为国家腹心之臣，可永享升平之福，承受恩典。用是开诚布公，特颁谕旨，明白晓示。班第达奉到此旨，何以奉行处即著速奏，并谕藏内番众知之。"

（高宗朝卷三七七·页一一上～一九上）

○乾隆十五年（庚午）十一月戊午（1750.12.17）

谕军机大臣等："前经降旨令班第达管理噶隆事务，再分立噶隆一人协同办理。原欲使彼此钤制，则事权不至太专，乃安辑藏地之要著。策楞等到藏，或告知达赖喇嘛，令伊秉公举出，或博采舆论，就彼处大族内为番众所素信服者择其晓事安分之人，俾任噶隆之事。断不可出自班第达之意，使得树其党羽。将此传谕该督等，令其留心。"

（高宗朝卷三七七·页一九下～二〇上）

○乾隆十五年（庚午）十一月丁卯（1750.12.26）

四川总督策楞等奏："十月二十日，接据通判常明等禀称，珠尔默特那木扎勒诛后，公班第达暂理藏务，干戈遂息。都统傅清等被难时，现存兵八十余名、百姓一百一二十人齐赴布达喇，俱系达赖喇嘛给银养赡。至二十三日，公班第达告知，已将逆首卓呢罗卜藏扎什拿禁，逆党已获过半，劫去饷银亦追出大半，通司冈等处已安，常明暨兵民等于二十四日搬回居住等语。现所调大兵，似可无庸进发，请止带兵八百名进藏，仍酌留官兵驻打箭炉弹压。"

得旨："另有旨谕。"

（高宗朝卷三七七·页二九下～三〇下）

○乾隆十五年（庚午）十一月戊辰（1750.12.27）

谕军机大臣等："副都统衔班第原系自备鞍马效力赎罪，现在前往驻藏，一切行装、卫从体统攸关。可传谕总督策楞，俟班第到日，一切俱照副都统品级官为料理，不必令其自备。"

又谕:"策楞、岳钟琪折奏,公班第达将西藏行凶逆首卓呢罗卜藏札什、拉布坦等及所有党羽俱已查拿收禁,劫去饷银亦经追出,现在兵民相安,大兵无庸进发,其善后事宜正须料理,请于督、提两标并就近泰宁等处拨兵八百名,或特差大臣赴藏,或于臣等二人内派往等语。前令策楞等带兵五千名进藏,原因藏地为逆党扰乱,非厚集兵力无以为安辑地方搜擒逆党之用。今览所奏,藏地大局已定,重兵已无所用。若仍照原定五千之数带往,不但费兵力于无用之地,且足启班第达之疑,藏内人心,亦不无惊恐。策楞等所见甚是,著照伊等所请,拨兵八百名,仍著策楞带领进藏。会同派出侍郎兆惠、那木扎勒及驻藏大臣班第等,将一切事宜悉心妥办。策楞著即起程,不必等候兆惠、那木札勒。岳钟琪业已在途,亦可不必抵藏。著将所带官兵在打箭炉驻扎,以资弹压。所有颁发达赖喇嘛、班第达谕旨,一并抄寄策楞、岳钟琪阅看。"

又谕达赖喇嘛、管噶隆事公班第达及卫藏所属番众等:"前因珠尔默特那木扎勒肆行暴虐,与达赖喇嘛为仇,又荼毒所属番众,戕杀伊兄,种种不法,驻藏大臣傅清等目击番众人人怨恨,且恐其不利于达赖喇嘛,奏请办理。朕本欲降旨,令前往驻藏大臣班第会同达赖喇嘛明正珠尔默特那木扎勒之罪,以为达赖喇嘛除患,且为藏地番民除凶暴而抒公愤。设令驻藏大臣于接到此旨之后,遵照办理,逆党自不致扰乱。乃驻藏大臣傅清等迫于事势,未及奉到谕旨,即行便宜诛戮,以致逆党乘机倡乱,人众惊惶,朕闻信,即降旨遣四川总督策楞、提督岳钟琪统领官兵前往,安抚藏地,搜捕逆党,此外一无所问。今据总督策楞等奏到藏地近日情形,又据班第达奏称卓呢罗卜藏札什并其余党以次就擒,藏地现已宁谧等语。朕心深为欣慰。珠尔默特那木扎勒罪恶昭著,藏地人众既可共泄仇怨,且知天朝驻藏大臣奋不顾身,乃为尔等剪除凶恶。今余党就擒,地方宁谧,自可无庸派动大兵,致滋惊扰。故特谕令前所派官兵不必赴藏,提督岳钟琪亦不令赴藏矣。惟令总督策楞赴藏,问候达赖喇嘛及办理一切事宜。班第达办理此事,甚属可嘉,著加恩赏赐内库缎匹,即著派往大臣带往。所有已获余党,著牢固看守,俟总督策楞、钦差大臣兆惠、那木扎勒、班第等公同查审。照内地之例,分别首从,惟诛首恶及附和为恶者,其余胁从人等俱从宽概无株及。所有擒获逆党之头目人等,著班第达查明,俟策楞到日，酌量赏赐，以示鼓励。其劫夺银两，事甚微末，当扰乱之时，乘机攘窃，无从一一查究，转恐累及无辜。其已追得者，交司员收贮；未得者，免其查追。朕此番办理，惟欲藏地永远宁谧，敬奉达赖喇嘛，令人心悦服。达赖喇嘛、班第达将朕此旨通行明白晓谕所属番众人等，令其安静乐业，永享升平之福，以副朕恩德绥怀之至意。"

（高宗朝卷三七七·页三〇下～三四上）

○乾隆十五年（庚午）十一月己巳（1750.12.28）

又谕："策楞到藏后，即将傅清、拉布敦骨殖派员沿路照看，送赴京师。"

四川总督策楞、提督岳钟琪会奏："于途次奉到旨谕，遵于现带官兵一千名内挑派八百名，臣策楞带领起程。余兵二百名并续进之一千名，臣岳钟琪带领回炉。酌留三百名弹压，董芳亦行知回任。"

得旨："览奏俱悉。"

又奏："驻藏官兵，明春正值换班之期，须兵一千五百名，臣策楞带兵八百名进藏，拟回日带兵一百名，以备沿途差遣，余七百名留驻。臣岳钟琪抵炉后，即于现派赴藏三千名内拣选八百名派往。"报闻。

（高宗朝卷三七七·页三七下～四三下）

○乾隆十五年（庚午）十二月壬申（1750.12.31）

谕军机大臣等："策楞奏称，前奉到谕旨，以班第达不能救护驻藏大臣，念其势孤力弱，虽属无过，然亦无功可录，俟徐加赏赐。但所降达赖喇嘛之旨有无此谕，未能深悉，班第达久有放为藏王之念，一旦失其所望，设或不免别生事端，容臣亲自带往，面为交发等语。此系前月十五日所降之旨，策楞如此办理之意，盖欲带兵抵藏即将班第达问罪耳。是与傅清等计诛珠尔默特那木扎勒无异，益无以昭示天朝大信矣。朕思办理藏事，必当光明正大，以释其疑而安其心。如班第达能一心归奉天朝，为我出力，是乃实心恭顺之人，自可委办噶隆事务。如其敢行违抗，则师出更为有名。不妨明白晓谕，令其自知功罪所在，此乃一定不易之理。是以朕详悉筹度，无出此策，已于十八日传谕策楞等。至本月初二日，又经降旨策楞等，令其不必多动大兵费于无用，计可陆续接到。而策楞发此折时，则但接第一次所发之谕旨，尚未能深悉朕办理此事之本意也。可即速传谕策楞，令将奉到前月十五日颁发达赖喇嘛、班第达谕旨及十八日再降之谕旨，按照日期先后次第，速行发往。其十二月初一日发与达赖喇嘛、班第达之旨，稍迟数日。俟前二次谕旨将次到藏，再行发往，伊等自必知朕推诚待物本怀。策楞仍带兵八百名进藏，一切事宜遵十二月初二日颁发之旨办理。岳钟琪酌带官兵五百名驻扎打箭炉，以壮声援足矣。策楞抵藏后，量度情形，如无需用之处，即令移会岳钟琪，撤回归伍。如此，则藏内人众不致张皇，亦不致多糜军饷。将此并谕岳钟琪知悉。前降达赖喇嘛、班第达谕旨，一并抄寄策楞阅看。"

寻策楞奏："十一月三十日接奉十一月十八日上谕二道。遵即将前次奉到批回达赖喇嘛、公班第达等奏折二封，同现奏颁发达赖喇嘛等敕谕，分别星飞驰递。又于十六日奉上谕，准臣酌带兵八百名前往，臣即照数分领，即日前进。提臣岳钟琪亦即回炉驻扎。"

得旨："览奏俱悉。"

岳钟琪奏："奉旨遵即派拨官兵八百名，随策楞进藏，臣仍带官兵三百名回炉。其余官兵，有已经出口者，有据报起程者。查明春即届换台之期，应需官兵一千五百名。若将此项官兵撤回另调，不免劳费，因请于此项内通融酌派，奏明在案。再，臣只带兵三百名驻炉，今奉旨令臣酌带五百名。查打箭炉在城者现有阜和营兵，而泰和协又近接炉城，不难传檄而至，是臣所带三百名已足资弹压而壮声援。请准臣仍带兵三百名，以节糜费。"

得旨："是。著即如所请行。"

又谕："据策楞、岳钟琪折奏，抵炉之后，有后藏喋巴禀称，珠尔默特那木扎勒暴虐肆行，若不照从前将藏王另安一个，众百姓都要逃散等语。前于珠尔默特那木扎勒伏诛之后，已屡经传谕策楞等，抵藏之日会同达赖喇嘛酌设噶隆二三人，以分其势，庶不至事权太重，易生事端。策楞等接奉谕旨，自当遵循筹办。若仍照从前颇罗鼐故事议设藏王，是去一珠尔默特那木扎勒，又立一珠尔默特那木扎勒矣。喋巴所禀，或因平时怀怨已久，倡为是说，不可稍为摇惑。且安知非班第达图得藏王，令其布散谣言者！并谕策楞等，宜留心详慎，遵旨酌量办理。"

又谕："据齐格折奏，督臣策楞出口，赏赉甚多，食物昂贵，驼载、口粮、月费、赏需原应照例支领，督臣以深受国恩一切自备，只在司库预支养廉六千余两等语。策楞办理藏务，为国宣劳，一应程途需费理应照例官为办给，不应令其自备。即岳钟琪现在暂驻炉地，不必进藏，而先期闻信带兵星赴，亦属效力办公，不应令伊自为备办。著传谕尹继善，令其饬司查明，照例于官项内领支销算。并谕策楞、岳钟琪知之。"

（高宗朝卷三七八·页四上～八上）

○乾隆十五年（庚午）十二月戊寅（1751.1.6）

谕军机大臣等："据尹继善奏到接奉廷寄筹办藏地事宜一折。所有各条，俱系朕先事熟筹，已经传谕策楞等，酌量办理之事可以无庸置议。惟称玉舒那哈暑番人如今移驻藏地，恐异类杂处，彼此未必相安，况远路调拨，糜费钱粮，夷性亦未必驯良可恃等语，所虑亦是。著将原折抄寄策楞等阅看，令其再行悉心斟酌，奏闻妥办。"

寻奏："查玉舒那哈暑不但向未至藏，且其地距藏千余里，若令驻防在藏，必须给以口粮，莫如将内地官兵酌量多驻。此尹继善所奏，与臣访闻约略相同。臣拟达木地方蒙古现奉旨安插，向系藏王统属，若即令属于驻藏大臣管辖，口食仍照例由达赖喇嘛处给领，似为有济。"报可。

（高宗朝卷三七八·页一二下～一三下）

○乾隆十六年（辛未）正月壬戌（1751.2.19）

四川总督策楞奏："途次乍丫接驻藏副都统班第咨会，已由西宁抵藏，即将首逆罗布藏扎什等审明分别正法具奏。查逆党卓呢罗布藏扎什等系奉旨命臣与兆惠、那木扎勒并班第四人会同审拟之犯，班第一人到藏即急遽办理，虽或未接前旨，究属草率。此外尚有奉旨查办珠尔默特那木扎勒妻孥、家产及安抚藏地一切事宜，倘班第又复竟办，恐舛错误事。臣当将谕旨会商一切缘由飞咨班第，即自乍丫酌带官兵二百余名，兼程赶月内抵藏。与班第先筹大概，俟兆惠、那木扎勒到会商妥办。馀未带官兵五百余名，令副将杨刚带领续进。"

得旨：“甚好。知道了。”

又批：“虽属草率，然既已办理，只可如此。另有谕旨。”

又批：“诚然，班第寻常乃一柔软待人成事者，不知此番何又勇往果断如此？想其知过自改耳。然此事实属过犹不及。将此旨与彼看。汝二人其和衷商议一切事宜可也。”

谕军机大臣等：“策楞所奏逆党卓呢罗布藏扎什等应会同确审之处，自属得体。乃班第于到藏两日后，不待该督及兆惠、那木扎勒到齐，径行分别正法。虽前后所降谕旨未经接到，而办理亦未免过急。但即使策楞等皆已抵藏，会同查讯，亦止可如此办理。所可虑者，惟所获逆党二十二人，其真伪或有未可尽信。然皆以未亲识面之人，究难辨别真伪。即使辨其非真，不更难于办理乎？朕以班第向来办事过于柔软，而此番独能勇往果决，是以于批示策楞折内之旨令其阅看。盖此事虽不免于急遽，亦尚未甚大舛错。将来藏中事务所应办者尚多，策楞等四人必宜和衷办理，不可因有此奏，遂尔彼此各怀意见，以致不能推诚商酌，殊属无益。此时策楞想已至藏，其有应行速办之事，伊二人先行酌看情形从长筹酌。其一应设立噶隆事宜，俟兆惠、那木扎勒到藏之日，公同遵照从前所降各谕旨妥协办理。可传谕策楞、班第并令兆惠、那木扎勒知之。”

（高宗朝卷三八一·页七下～九下）

○乾隆十六年(辛未)正月乙丑(1751.2.22)

谕军机大臣等：“从前珠尔默特那木扎勒生事时，朕命总督策楞带兵赴藏，会同侍郎兆惠、那木扎勒、副都统衔班第与达赖喇嘛商办一应事宜。并经传谕达赖喇嘛、班第达等。班第未接此旨，先已赴藏，不待策楞即将应办数事具奏。朕以事属可行，俱准其所请。但恐达赖喇嘛、公班第达、唐古特人等不知情节，转疑大臣等可不遵旨行事，大有关系。著传谕策楞等明白晓谕达赖喇嘛、公班第达及新放之噶隆等。再，班第奏称，将逆匪罗布藏扎什等审明按律枭示。虽系照内地惩奸之例办理，但思藏内系阐扬黄教清净善地，伊等首级不必悬示。并谕达赖喇嘛知之。”

又谕曰：“故公珠尔默特策布登之子珠尔默特旺扎勒，前因伊父无辜被害，赏给公爵，并以伊父曾镇阿里克地方，仍令镇守。今据班第参奏，珠尔默特旺扎勒为人平常，恐贻误地方。可寄信总督策楞等，珠尔默特旺扎勒但赏公爵，将珠尔默特那木扎勒抄去伊父财产查明赏还，令其驻藏。其阿里克地方，著策楞、班第等会同达赖喇嘛、公班第达及新放之噶隆等，于唐古特人内拣选诚实谙练者，奏请镇守。"

（高宗朝卷三八一·页一三下～一五上）

○乾隆十六年（辛未）二月癸酉（1751.3.2）

谕军机大臣等："据西藏粮务通判常明等报军机处文，内称阿里克地方与准噶尔接壤，其原管辖之清特古斯与珠尔默特那木扎勒同日被诛，所遗之缺，公班第达选得集都鼐前往，赏给卓里克图台吉名号等语。观班第达派人往阿里克接管事务，即赏给台吉名号，是俨然以藏王自居。今令以公爵管理噶隆事，又命多立数人以分其势，彼已大失所望，恐因此生心，亦未可定。著传谕策楞等，到藏时留心观看。料伊此时断未必敢显有违抗，但其心稍不快足，将来又恐积疑成衅。外番诡谲多疑，竟须明切开导，以从前珠尔默特那木扎勒因有藏王称号，是以拥势太重，酿成嫌隙，今之多立噶隆者，正可保全终始，令彼涣然疑释，庶可永宁。亦不必预设成见，遽事猜防，致伊又成一珠尔默特那木扎勒，转于事理无益也。"

寻奏："班第达恭顺可信，所有赏给集都鼐台吉名号，系达赖喇嘛因阿里克地方紧要，派往之人必须重其名号，权宜赏给。臣等遵旨晓谕，班第达感激涕零，竭诚自矢。"报闻。

（高宗朝卷三八二·页六下～七下）

○乾隆十六年（辛未）二月丁酉（1751.3.26）

四川总督策楞奏："到藏详看达赖喇嘛，意甚感悦，公班第达并各番情形恭顺。现在实转关一大机会。随与班第酌议，先令公班第达将振兴黄教之处，与老噶隆众卓呢尔秉公拟开阅看，再与达赖喇嘛商办。其余应查办各事件，仍与班第次第料理，俟兆惠等到后公酌妥办。务期达赖喇嘛得以专主，钦差有所操纵，噶隆不致擅权。"

得旨："览奏俱悉。"

又批："甚是。汝四人和衷从长计议。"

又奏:"提督岳钟琪前奉旨带兵五百驻打箭炉,并命臣抵藏后量度情形,移会撤归。遵察藏众情形,安静宁帖,无需驻兵声援,随飞咨该提督撤归。"

得旨:"好。知道了。"

又奏:"赴藏沿途各汛兵,查多老弱,缘向例缺出,该管官就地募报。番地无余丁,失业商贾、内地流民,甚至夫役并粮务之亲戚、长随,俱应募滥充。请嗣后近藏之拉里汛以西缺出,报驻藏大臣亲验补;距藏较远之拉里以东缺出,不准就地招募,于下台现兵内挨站递补。将所遗粮缺,趱至打箭炉底台,著落阜和营游击于内地余丁内选补,仍报明驻藏大臣并通报督提衙门查考。所选非人,指参治罪。又,藏内向设官兵时,止一游击统辖。今奉旨复设,须干练大员统率。副将杨刚曾任总兵,现领兵到藏,公酌留驻。"

得旨:"甚好。知道了。"

(高宗朝卷三八三·页二三上～二四下)

○乾隆十六年(辛未)三月庚子(1751.3.29)

谕军机大臣等:"策楞奏,班第达私住珠尔默特那木扎勒房屋,已经饬令不得擅行居住,定以初九日搬移,但现在办事黾勉,原房甚属窄狭,恳恩可否赏给居住等语。朕前降旨,将从前驻藏大臣居住之通司冈为傅清、拉布敦祠堂,其珠尔默特那木扎勒之叛产应追入官,为驻藏大臣等办事公所并官兵居住。班第达自有旧居,珠尔默特那木扎勒原系王爵,其房屋体制非班第达所可居。策楞等奏折时尚未接到此旨,故有此奏。当知班第达不过噶隆中一人,若将珠尔默特那木扎勒房屋令其居住,将何以处派出同办噶隆之人?今他人皆未与赏,独赏班第达则无以服众人之心,适以长班第达骄纵之渐,深有未便。著传谕策楞等,仍遵前旨行。"

(高宗朝卷三八四·页三下～四上)

○乾隆十六年(辛未)三月乙丑(1751.4.23)

又谕曰:"纪山前岁驻藏怯懦无能,事事顺从珠尔默特那木扎勒,任其恣意妄行,与之盟誓,以致逆谋益肆。此番西藏之事,纪山实为罪首,是以拿交刑部治罪,业照部议应斩监候,秋后处决。尚不意其悖谬妄乱,更有出于情理之外者。今据策楞、兆惠、班第、那木扎勒等奏称，纪山此番驻藏，令兵丁演戏，班名自乐。时与珠尔默特那木扎勒宴会观剧，日在醉乡，并送珠尔默特那木扎勒八轿，仍派轿夫前往教演番奴抬轿，以肆其志等语。伊在藏如此行为，及傅清、拉布敦至藏，乃以体制裁正珠尔默特那木扎勒，遂成嫌隙。设令纪山早能持正，珠尔默特那木扎勒亦必自知敛戢。是傅清、拉布敦之死，皆纪山之丧心无耻，曲意逢迎，有以致之也。纪山之心盖希冀苟且度日，过此二年，得代回京，而于国家大体、藏地安危，一切置之度外。大臣如此存心，尚可问乎？大臣尚可倚任乎？此案策楞等四人合奏，证据明确，实可发指。纪山之父阵亡赐恤，朕所深知。纪山即犯赃私重辟，朕必原情曲宥。至关系军国重务，朕不容屈法，岂阵亡后裔遂可偷生附叛乎？纪山本应即肆市曹，仍念其先代阵亡，姑从宽赐其自尽。著在京总理王大臣传谕刑部尚书阿克敦、内大臣嵩寿赍旨前往监看。并示中外知之，折并发。"

又谕曰："据策楞等奏称，颇罗鼐旧日分食钱粮之林青侧并颇拉二处，查系早年拉藏汗所赏，除人、地仍照旧归达赖喇嘛管辖外，两处所交差赋值银二千六百余两，此系叛产，照例入官，令其按年交纳钦差大臣，以备奖赏之用等语。此所办非是。内地办理叛案，定例妻子连坐，财产入官。珠尔默特那木扎勒躬为叛逆，是以降旨将伊妻子正法，所有财产虽系例应入官之项，但西藏究非内地可比。现今达木蒙古养赡，伊等奏令于达赖喇嘛赏下动用，何不即以此项添入达赖喇嘛赏中动用？至驻藏大臣一切奖赏，自有养廉公项可动，无庸待给于此。再，闻班第达家道艰难，今既委办噶隆事务，用度未免拮据，并可于此内酌量赏给。资其用度，则不致苛派下属矣。可传谕策楞、兆惠、那木扎勒、班第等，并晓谕藏众知之。"

谕军机大臣等："策楞等请将颇拉差赋五百余两赏给班第达之处，已谕令酌量赏给。班第等宣布明旨后，竟将颇拉差赋作伊等酌量赏给可也。再，驻藏大臣一切奖赏之费在所必需，其养廉公费银两目今何数？是否足敷用度？若不敷用，据实奏闻加给。著策楞、兆惠速为会同查办。"

寻奏："驻藏大臣如副都统等官自成都起程，一切行装折色向照丰裕例支给，即以此项余存为驻藏赏号、差遣路费之用。去岁经部核减，照西宁例给，仅敷办理行装。虽到藏后每月仍前支领折色银一百六十余两，并无赢余。遇奖赏番众、兵丁及差遣查汛，费均无出。请于西藏粮务军需项下每年支银五百两，半备赏需，半为差遣路费。"

得旨："如所议行。"

四川总督策楞等奏："酌定西藏善后章程：

一、西藏办事噶隆，向例四人。噶隆布隆簪失明，被珠尔默特那木扎勒革退，现存班第达、策楞旺扎勒、色裕特塞布腾三人。班第达奉特旨以公职办噶隆事，策楞旺扎勒、色裕特塞布腾查无党逆情形，且系奉旨原放噶隆，并赏有扎萨克头等台吉职衔，应仍留办噶隆事。布隆簪缺，选放深于黄教喇嘛一人，赏给扎隆大喇嘛名色。

一、噶隆会办事件，旧于噶沙公所会办，自颇罗鼐后，各噶隆俱办事私宅，舍官放之员不用，添用私人。嗣后应仍赴公所会办，私放之员裁革。

一、各处喋巴等官，有管理地方、教养百姓之责。珠尔默特那木扎勒各放私人，其人又不亲往，差家奴赴办，扰害地方。嗣后噶隆等应公同禀报达赖喇嘛并驻藏大臣补放，家奴代办者撤回，人地不相宜者换补。至各寺堪布喇嘛，并照旧由达赖喇嘛选派。

一、卓呢尔、商卓特尔、曾本、随本各官名色，惟达赖喇嘛前有。颇罗鼐封王后，亦照添设，应查革。只于公所设立卓呢尔二人，兼领原设之仲意笔七格等办公。

一、噶隆向只办地方事，兵马卡隘俱责成代奔。后藏地小，且设代奔三人；卫地大，仅代奔一人。遇差假，无人弹压地方，护卫达赖喇嘛。应添设一员，与现有代奔于补放时一体颁敕。

一、全藏人民向属达赖喇嘛，按地方大小、人户多寡均定差徭。颇罗鼐等任意侵占，或市私滥赏，甚至擅给免差文书，于所憎则加派。嗣后噶隆、代奔等，应公查旧档。除因功劝赏毋庸撤回外，私赏滥免者并查禀达赖喇嘛撤缴，加派者减。

一、达赖喇嘛差务，向由地方百姓供应。自颇罗鼐等任事后，凡噶隆、代奔等差人往西宁、打箭炉、色尔喀马、阿里克等处交易，亦私出牌票，致乌拉派累百姓，嗣后应禁止。遇公事，禀明达赖喇嘛，发给印票遵行。

一、达赖喇嘛仓库，向系仓诸巴专管。公事动用，噶隆等禀明达赖喇嘛代理，启闭俱以达赖喇嘛印封为凭。颇罗鼐等始行擅取，嗣后应仍照旧办理。

一、哈拉乌苏接壤青海，阿里克接壤准噶尔，应令达赖喇嘛选员驻扎，并咨部奏给号纸。

一、达木蒙古，前经颇罗鼐奏，由该王差遣。珠尔默特那木扎勒被诛后，潜回达木。查该蒙古等皆无罪之人，既愿归达木候差，自宜妥为安顿。其现有头目八人，名号或称宰桑，或称台吉，均系颇罗鼐等妄加，应改为固山达。所属择授佐领骁骑校各八人，给顶戴，归驻藏大臣统辖。仍令每佐领各派十人，驻藏备差。至向驻藏地糊口之蒙古数十户，查明存案，准其留藏。"

得旨："著照所定行，下部知之。"

谕军机大臣等："策楞等所奏办理藏地事宜，朕已批照所奏允行。但藏地关系最要者尤在台站，此乃往来枢纽所在。观从前珠尔默特那木扎勒不令塘站递送文书，即至驿递断绝，及班第达传令递送，始复通行，皆由伊等主持。而驻藏大臣不能制其行止操纵，何以得其要领？此处最宜留心办理。朕前亦谆谆降旨，何以策楞等此奏内于此条反致未经议及？但此时甫经定议，又因此条有所更张，反致藏中诸人启疑。只可令班第、那木扎勒留心，俟一二年后再办理请旨可矣。又，现议内补放喋巴等官有管理地方、教养百姓之责，以后补放其权皆归达赖喇嘛、驻藏大臣等语。此种喋巴头目所管何事、何处地方？其里塘、巴塘一带塘站是否亦系此等头目所管？若即系此等头目所管，则权已归达赖喇嘛、驻藏大臣，不致复有塘站阻隔之事。此旨所问，即不必办理。再，兆惠由京中特遣前往，原为办理藏地一切机宜，自应俟诸事奏定准行接旨后，奏闻即日回京方是。乃甫经立议，不待批览，一面具折，即一面奏明起程，且有欲速之意。若云彼处情形则早已悉知，不待兆惠面奏始知。京中有何事，迫不及待若此耶？去时星速，是为志切急公；来复逡行，则心存内顾耳。著传旨申饬。"

兵部奏："前据调任户部尚书舒赫德奏请，酌定各省往来文移日行里数，编设排单，挨站填核，奉旨允行，并行令各省查报。经各督、抚彼此咨商，分别险易，酌复到部。……四川自成都至打箭炉，并至湖广、陕西、贵州各省会，均日行四百里。……"从之。

（高宗朝卷三八五·页一二下～二一下）

○**乾隆十六年（辛未）四月戊寅（1751.5.6）**

四川总督策楞奏："臣等奏旨令将藏地噶隆多立数人，以分其势。随就本地方密加访察，知旧例噶隆本属四人，一系公班第达，余系扎萨克台吉策凌旺扎勒、色玉特色布腾、布隆赞，三人俱藏内大族，素为番众所服。内布隆赞双目失明，难以复加录用。其策凌旺扎勒、色玉特色布腾皆老成明白，可胜此任，应请仍放为噶隆。至布隆赞所遗之缺，据达赖喇嘛以番众不能深晓黄教保举喇嘛尼玛嘉木灿，明白可信。臣等拟请给予扎萨克喇嘛职衔，放为噶隆，公同办事。"报可。

谕噶隆公班第达、扎萨克台吉策凌旺扎勒、色玉特色布腾、扎萨克喇嘛尼玛嘉木灿等曰："西藏广兴黄教，为清净善地。达赖喇嘛掌管西方佛教，广演经法。从前供养喇嘛，一切事务，原系噶隆四人。至珠尔默特那木扎勒，诸事专擅，不与众噶隆商议，负恩任性，潜怀异图，因此驻藏大臣将伊正法。今藏内已经平静，噶隆事务不可一人专办，特令总督策楞拣选贤能，仍照旧例，分设噶隆四员，公同办事。尔等当感戴朕恩，尊敬达赖喇嘛，和衷协力，黾勉供职。勿存私意，致生猜疑，勿分彼此，互相瞻顾。遇有紧要事务，禀知达赖喇嘛与驻藏大臣，遵其指示而行。尔等其感恩宣力，副朕与黄教安群生之至意。"

（高宗朝卷三八六·页一七下～一九上）

○**乾隆十六年（辛未）四月癸未（1751.5.11）**

四川总督策楞等奏："向例达赖喇嘛进贡正、副使俱达赖喇嘛派遣，自郡王颇罗鼐以来，遂以正使为达赖喇嘛之贡使，副使为该郡王之贡使，今应照旧例，二使均归达赖喇嘛派遣。其四噶隆等所进丹书克，即交该二使附奏。"报闻。

又奏："臣等奉旨，藏内仍须驻兵五百，其沿途台站亦应照数安设妥协，现将所带进藏官兵内照数挑选驻藏。其台站各官兵，向系游击一员，守备一员，千、把总十员，兵一千名。查旧设塘汛，视地之简要，定兵之多寡，声气尚属联络。惟兵半老弱，由向例三年之内遇有缺出该管官就近招募滥充所致。今酌议拉里以西离藏尚近，如有缺出，驻藏大臣将藏地可拨之余丁验补。其拉里以东距藏较远，驻藏大臣不能挑验，遇有缺出，不准就近招募，即于下台现兵内挨站递行拨补。将所遗粮缺趱至打箭炉，令阜和营游击于内地余丁选拨。"从之。

（高宗朝卷三八七·页四下～五下）

○ 乾隆十六年（辛未）四月戊子（1751.5.16）

命立傅清、拉布敦祠于藏地通司岗。

（高宗朝卷三八七·页一四上）

○ 乾隆十六年（辛未）四月丙申（1751.5.24）

四川总督策楞等奏："西藏粮务台员驻扎番地，三年一次更换。自打箭炉至西藏，共计六处。惟打箭炉与西藏粮务例系遴委同知、通判，其余里塘、巴塘、察木多、拉里四处俱系于县丞、州同等杂职内派委。此辈出身微末，识见卑鄙，殊与公务无益。臣等查川省现任同知、通判共一十九员，除松潘、叙永水利同知三员均系紧要未便差委外，其余十五员尽足委用。请嗣后台员即于同知、通判内遴选，其杂职等官概不准派。"

得旨："是。"

（高宗朝卷三八七·页二四下～二五上）

○ 乾隆十六年（辛未）五月丁酉（1751.5.25）

四川总督策楞等奏："前酌议西藏一切章程，奉旨允行。惟未将设立台站并喋巴等官所管事务、地方详议，蒙旨指问。查打箭炉至里塘、巴塘，均内地所辖。巴塘所属蟒里以西至江卡尔所属石板沟，皆西藏所辖，江卡尔设有喋巴管理。石板沟以西至巴贡系乍丫地方，巴贡以西至恩达系察木多地方，恩达以西至嘉玉桥系类乌齐地方，均各有呼图克图管理，受内地节制调遣，不归西藏统辖。自嘉玉桥抵西藏共一千九百六十余里，均系藏属。按地方大小，各设喋巴一二名不等，管理地方人民一切事务，与内地州、县同。内设台站共二十五塘三汛，台站官兵所需各项俱由各喋巴办应。番地之操纵权在喋巴，喋巴去取，议归达赖喇嘛、驻藏大臣主持。台站一切无庸更办，故未专款另议。然未声明情节，实属疏忽。"

得旨："非疏忽而何？"

谕军机大臣等："策楞、兆惠复奏西藏台站一折，虽称善后事宜折内，定有补放喋巴头目等官统以达赖喇嘛并驻藏大臣印信为凭，治罪革除亦禀请达赖喇嘛指示遵行两条，台站等事毋庸办理等语。台站一事，于内地外番往来关键，最为紧要。伊等所定善后事宜内但云喋巴等官有管理地方、教养百姓之责，并无一语关涉台站。其巴塘、蟒里等处台站分属内外，及上年阻绝占达等塘之处，亦于此番奉旨后方得分晰查明。此等关系紧要情节，何以疏忽若此？今既查明，此时自可毋庸更张另办，然迟一二年后，究应令驻藏大臣便中办妥为是。著将此传谕策楞、兆惠知之。军机处俟一二年后将此旨题奏。"

（高宗朝卷三八八·页一下～三上）

○乾隆十六年（辛未）六月戊申（1751.8.4）

谕（军机大臣等）曰："策楞奏称：此番赴藏官兵人等沿途所买口粮、草料，雇用骑驮乌拉，俱自番地应付，所过地方，踊跃从事，毫无迟误等语。番众等急公效顺，甚属可嘉。所有明正司、里塘、巴塘三处本年应纳夷赋，著加恩优免一半。乍丫、察木多、类乌齐三处呼图克图著各赏给缎八匹，以示奖励。"

（高宗朝卷三九二·页一八下～一九上）

准噶尔奏请派人进藏朝佛熬茶、延聘喇嘛，清廷对其防范、限制（续）

○ 乾隆十五年（庚午）正月戊午（1750.2.20）

赐准噶尔台吉策旺多尔济那木扎尔敕书。曰："据台吉奏，肃州贸易之人蒙恩加增百名，感戴陈谢，殊属敬顺，朕甚嘉之。至奏称所有唐古忒喇嘛已多亡故，恳每次差数十人，往唐古忒二博克达四大庙、黄教各庙请安等语，尔使臣尼玛等亦经口奏及此。朕为天下主，可行之事，断无不允行；不可行者，虽恳求亦不许。昨尔奏来肃州贸易人少，不足照看，朕即照所请准加百名。从前尔父噶尔丹策零奏请为尔祖策旺阿喇卜坦差人三百名往西藏熬茶，朕特加恩派大臣、官兵照看，并赏沿途牲畜、路费，至藏完成此事。续又据尔奏请为尔父噶尔丹策零差人三百名熬茶，朕亦准尔照前办理。似此应行大事，朕一一俯从。若非此等事，则断不准行，从前降旨甚明。今尔又奏请每年差二三十人在唐古忒地方行走，是以断不可行之事来奏也。尔意以已准尔等往藏熬茶两次，未必再准前往，是以妄生冀幸。殊不知果有前此大事，朕原未尝禁止往藏。今无故每年令二三十人前往，不惟事有不可，即照尔所请，日后又必言人少，请多增人数矣。将每年必派官兵照看尔往来之人，可乎？况从前往藏熬茶时，藏内郡王珠尔默特那木扎勒曾奏请停止准噶尔人往藏。朕若准尔所请，则珠尔默特那木扎勒所奏岂竟置之不问乎？尔等即不用朕官兵照看，以己力潜往藏地，珠尔默特那木扎勒亦安肯容纳乎？但今尔地有自藏延请喇嘛，大半亡故，诚恐黄教日泯，朕方欲广演黄教，岂肯令尔地之教日就澌灭。今为尔详度，朕中国大庙有名呼图克图，藏内挑取有德行喇嘛及各处有学业喇嘛皆住持其中。尔可将喇嘛内聪颖者，挑选十名或二十名，送至京师，在大庙勤学三四年，令其回去，即可助行黄教。但此学经喇嘛，须择年少之人，学成时可以行教三四十年。自后不得每年差来，必俟人数将完，方准再行挑送学习。此特恐尔处黄教渐废，是以多方为尔筹画，非必欲尔处喇嘛赴京也。尔若不愿送喇嘛来学，即可中止。如复以差人至藏为请，则断不许。尔惟当感戴朕恩，永图承受，勿妄生他念。勉之。"

（高宗朝卷三五六·页一七下～二〇上）

○乾隆十五年（庚午）十二月戊戌（1751.1.26）

陕甘总督行川陕总督事尹继善奏："固原提臣李绳武补授京口将军，其员缺以哈攀龙补授。臣思安抚藏地固宜计出万全，而西边准夷一路更关紧要。甘肃提臣成元震为人朴实，谙练营伍，但才具中平，口外情形未能深悉，于边缺不甚相宜。李绳武老成干练，熟谙夷情，现在哈攀龙将次到任，可否令李绳武暂管甘肃提督事，与安西提臣永常同心料理。其成元震请以内地员缺量用。"

得旨："今因永常丁忧，令李绳武往署安西提督矣。内地岂有简缺之提督，若见成元震不能胜任，再据实奏来，另筹调用耳。总之人才不足，奈何！"

（高宗朝卷三七九·页二二上～下）

○乾隆十六年（辛未）正月戊申（1751.2.5）

谕军机大臣等："尹继善所奏准噶尔交易一事，朕从前以为银数太多，未免繁费，不可不为撙节。盖我大清国势强盛，许远夷互市者，不过寓绥怀之略而已。其权操之自我，非前代和亲边市可比。即示之裁制，亦属当然。今详览尹继善所奏，彼此原不过以货物相准，所费银亦有限。即令彼沾受微利感悦而去，亦足见天朝字小之恩。……朕意该督所定实属过严难行。若定以此番交易为大局，令其不出范围，或尚属可行。俟彼使到日，朕自酌量降旨传谕，再行传谕该督。又，朕观准噶尔每次熬茶费至一二十万金，似亦非仗此交易以济其用。即尹继善所奏亦未必如朕向所谕从国势远大起见，或虑及该省一时难于售变耳。若然，则何妨奏明折价以供赏恤，何惜此数万皮张、羊、马，以安边圉耶！"

（高宗朝卷三八〇·页一五下～一七上）

○ 乾隆十六年（辛未）二月乙亥（1751.3.4）

谕军机大臣等："据班第奏公班第达告称，有拉达克汗书来，称近日准噶尔人从叶尔羌城至伊处贸易，询问达赖喇嘛、班禅额尔德尼安否，并及广兴黄教之事等语。近日准噶尔每遣使奏恳差人进藏，朕俱不允。前闻准噶尔进藏，道路艰难，若不往迎，断不能到。今观准噶尔常差人赴拉达克贸易，则彼处自有通藏之路。朕虽不准其进藏，而伊倘由叶尔羌城差人进藏，则所关甚要。将此事寄知总督策楞等，询问达赖喇嘛与班第达。凡准噶尔通藏道路，应行防范之处详议具奏。"

寻奏："询称准噶尔由叶尔羌城至阿里克地方，中隔大山，水草甚少，难以行走。每年贸易人赴拉达克，皆有定数。若大众前来，拉达克汗亦不许过。即使前至阿里克地方，自阿里克至藏尚有两月路程，亦不难备御。又，叶尔羌城有路可通鲁都克地方，亦须经戈壁行走月余。现在鲁都克地方常设卡座至冬不撤，各处卡座严密连络。自咱拉山以外至拉卜赛那穆、自阿哈雅克以外至顺图古尔等处，亦通准噶尔。今请将卡座再行展放，严加防范，仍派谙练扎萨克台吉前往巡查。"报闻。

（高宗朝卷三八二·页九上～一〇上）

○ 乾隆十六年（辛未）二月丙申（1751.3.25）

赐准噶尔台吉喇嘛达尔扎敕书。诏曰："据台吉奏请差人前往西藏喇嘛处递赆见仪，恳赐恩准等语。曩者，尔故台吉噶尔丹策零为父策妄阿喇布坦既殁，奏请往藏熬茶，策妄多尔济那木扎勒为父噶尔丹策零既殁，亦以熬茶奏请。此皆欲追报先人，是以俯从所请，并加恩沿途赏给牲畜、路费，特派大臣官员照管。彼时朕即降旨：'尔台吉因有此大事，朕方允行，否则断然不许。'所降谕旨甚明。今尔并非有如此大事，何恩之当报，乃欲差人往藏耶？不但无换一台吉即遣人赴藏一次之例，即中国亦岂有屡派官兵照管之理耶？尔所请遣人赴藏之事，断不可行。至所奏喇嘛学经一节，因尔旧台吉策妄多尔济那木扎勒奏称：'准噶尔地方所有西藏喇嘛大半物故，恳准少派数人至藏学经，以广黄教。'朕念差人至藏学习，则事不可行，而尔地黄教就衰，亦殊可念。因为尔等计，中国大庙内原有自藏选来高僧，是以许尔处将可以学经之聪慧喇嘛或十人或二十人，送至京师，习学数年而回，可以阐扬黄教。此朕念和好日久，周详曲体之特恩，初非敕令尔处夷人来为僧徒也。今乃谓尔处喇嘛未曾出痘，不能赴京学习，恳将精通经典喇嘛，准请四五人到尔处教习。夫学习文艺，有就学，无往教。尔处既称无可赴京之喇嘛，应即行停止。今尔使臣额尔钦口奏又谓台吉令伊等奏恳自藏延请四五喇嘛，教习数年，再令回籍等语。此又与尔奏书有异。朕今念尔护持黄教之意，准尔所请，令高等喇嘛前往教诲。但既命往之后，尔毋得借称命往之喇嘛平常，捏词再来渎奏。是以命尔使回巢后，明白宣示。尔再遣来使请，并将不行此等伎俩之处抒诚具奏，然后令喇嘛前往。此亦有关中华声教，朕岂肯令漫无德行不能训导之人充数耶？尔固不必虑此。"

（高宗朝卷三八三·页一六上～一八上）

○ 乾隆十六年（辛未）五月辛丑（1751.5.29）

又谕（军机大臣等）："顷准噶尔使臣额尔钦等称伊新台吉喇嘛达尔扎为王，自策妄阿喇布坦以来皆称台吉，并无称王者，朕已降旨诘责。然观其能使属下称奉如此，或尚系稍有才能之人，不可不备其窥伺，凡我疆界益应严加防范。前玉保奏称，进藏熬茶之人回游牧时，俱出西藏喀勒占、库车各卡，由阿哈雅克直入噶斯路而去，自喀勒占、库车至阿哈雅克其间并无卡座，因于绷安里玛尔地方添设卡座四五处，至阿哈雅克地方宽广，由噶斯路而来，直通西藏之喀喇乌苏，又与玉暑那克舒番众相近，此阿哈雅克既系准夷抵藏之路，似应添设数卡等语。将此寄知班第等，令其与达赖喇嘛及四噶隆酌量地势，详悉密议以闻。"

寻奏："臣等与达赖喇嘛传集噶隆班第达、策凌旺扎勒、色玉特色卜腾、尼玛嘉木灿公同商议，据称本年各卡地方，俱已添派兵役，严固防范。自喀喇乌苏及穆什哲尔根、绷安里玛尔、阿哈雅克等要地，亦添兵驻扎。再，阿哈雅克离藏遥远，今照从前准噶尔前来之例，自喀喇乌苏以往至那克桑、喀勒占、库车等处，连设八台，现在备办亦极坚固，可以无虑。仍严饬巡卡之扎萨克台吉等不时留心巡察，俟大雪后撤回。"报闻。

（高宗朝卷三八八·页七上～八上）

○乾隆十六年（辛未）五月壬寅（1751.5.30）

又谕（军机大臣等）："玉保奏称，西藏北边有阿哈雅克地方，距藏甚近，由此直赴噶斯，乃通准噶尔便路等语。朕观藏图并无阿哈雅克地名。或当日遗漏未画，抑所画未全。著将此图寄与班第，查明阿哈雅克地方与此图所载何处相近，并除阿哈雅克之外曾否尚有遗漏未画要隘，查明添入，另画全图。于奏事之便，一并呈览。"

（高宗朝卷三八八·页九上～下）

○乾隆十六年（辛未）十一月乙亥（1751.12.29）

驻藏都统班第、侍郎那木扎勒奏："准噶尔遣使通问拉达克汗，探听土伯特信息，又求代请喇嘛数人。拉达克汗致书问达赖喇嘛可否给与。达赖喇嘛告知臣等，并称已答回书云'我受大皇帝重恩，养育土伯特地方人众。今准噶尔欲请喇嘛，若不奏明，断不可遣往。近奉谕旨拣选藏内喇嘛进京甚众，汝等果诚心奏恳，必蒙赏给'等语。准噶尔台吉喇嘛达尔扎或因闻珠尔默特那木扎勒受戮，借端探听动静。拉达克部落弱小，处于其间，为之通信，亦其常事，但恐为准噶尔所愚。现已令边界各卡严加防范。又令达赖喇嘛与噶隆等晓谕拉达克汗，将诸凡见闻报知藏内，并赏给缎匹，以示奖励。"报闻。

（高宗朝卷四〇二·页一二上～下）

○乾隆十七年（壬申）正月乙亥（1752.2.27）

准噶尔台吉喇嘛达尔扎奏："前遣使臣额尔钦、尼玛将前往西藏聘请喇嘛之事具奏，仰蒙恩准于再遣使臣入贡时，延请有德行喇嘛四五人，前来教诲众喇嘛。闻命之下，不胜感激。今遣使臣图卜济尔哈朗进贡，虔申顶戴下忱并延请喇嘛。恳于呼图克图三人内恭请一人，前来教诲众喇嘛，于推广黄教实有裨益。并祈仍照前奏，许令我处遣人轻骑减从前往西藏，为我先人设忏进供。所有沿途派拨官员、兵丁照看等事虽觉繁琐，但已蒙恩和好，而遣往之人为数无几，尚属易行，使远近闻知，无不仰慕盛德。其贸易之事，令使臣口奏。"

奏入，赐喇嘛达尔扎敕书曰："据台吉奏，恳准于呼图克图三人内延请一人前往尔处，推衍黄教，并恳准尔处遣人至藏进供等语。去年尔使额尔钦、尼玛来以延请喇嘛之事具奏，朕已明降谕旨。我中国呼图克图三人及有德行喇嘛俱有教习学艺之事，不可遣往。但朕不忍令尔处黄教灭绝，故特许于西藏拣选有德行喇嘛到京，俟尔再遣使来，准令请往。是特降旨后，朕即令达赖喇嘛拣选精于经咒可以推衍黄教之喇嘛十人送至京师。今尔不遵朕旨，反以断不可遣往之呼图克图为请，是尔并非真心推衍黄教可知。况西藏选来之喇嘛，尔来使亦曾会面，以未奉尔命不敢延请。朕自去年即挑藏内喇嘛至京，以待尔之延请。今尔使既至，又不请往，是尔原无请喇嘛之意。今并此喇嘛十人，亦不遣往矣。至尔奏遣人至藏一事，去年尔使臣额尔钦、尼玛来时，以尔袭位为辞，朕既降旨必无换一台吉即差人进藏一次之理，今来使又以追报尔父噶尔丹策零为辞。果尔，则从前策旺多尔济那木扎勒已经为尔父熬茶一次，安得今又差人前往？设有子十人，将十次差人进藏乎？尔若念尔父恭顺和好，年年遣使请安，受朕恩典，事属可行。若以此等断不可行之事渎奏，究属无益。是以特降敕旨，令尔使图卜济尔哈朗赍归，谕尔知之。"

（高宗朝卷四〇六·页八上～一一上）

○乾隆十七年（壬申）正月戊子（1752.3.11）

谕军机大臣等："可寄信班第、那穆扎勒，此次准噶尔台吉喇嘛达尔扎遣使奏请于呼图克图苏尔巴、噶勒丹、萨拉图三人内，准其延请一人，并少遣人至藏，再将逃来之萨拉尔赐回等语。经朕谕知，我处呼图克图三人皆有造办经卷、教习学艺之责，断难遣往。其遣人赴藏之事，去岁额尔钦来云为新袭爵事，此次又云为伊父噶尔丹策凌建作好事。从前策旺多尔济等已作好事，不能换一新人，作一次好事。至萨拉尔，乃系逃生求救之人，亦无遣回害伊之理。况我中国逃往彼处如罗卜藏丹津者尽有，朕并未逐一索取，萨拉尔著不必给还。再，由藏选来之喇嘛十名，亦曾与伊会面。朕已明谕准噶尔使臣，此次汝等既云延请喇嘛，即行请去，若汝台吉并未令汝延请，即再遣使来，亦不遣往矣。看来喇嘛达尔扎并非为推衍黄教，其意以为不准延请呼图克图或准其遣人至藏耳。况准噶尔去岁曾由拉达克恳求达赖喇嘛遣一有德行喇嘛前去，达赖喇嘛未准，并云汝等欲请喇嘛，须奏明天朝等语。此次所请三事，朕俱未准行，恐伊又向达赖喇嘛延请喇嘛，著告明达赖喇嘛，使知此等情由，俾得临时回答。再，准噶尔原甚奸猾，或因此次不遂所愿，伊若云'天朝如以我等赴藏派兵护送为烦，请以己力前往'，则伊且将借端图谋藏地，妄生事端。班第熟谙藏内情形，事虽未形，亦当预筹防范。其由准噶尔通藏道路何处近易，何处险远，倘有用兵之事应如何添设卡座、遣兵堵御，著班第、那穆扎勒妥商定议，俟多尔济到时，明白交付，以便遵行。从前达赖喇嘛曾移驻泰宁，倘准夷来犯，藏内之人或不能支，应将达赖喇嘛如何复住泰宁之处，亦须预筹方妥。再，班禅额尔德尼所住扎什伦布地方距前藏几许？准夷若来，有无干碍？务须留心。朕如此预为筹画者，亦特因藏地关系紧要，而土伯特素性怯懦，若不妥协预备，万一有误，彼必至于惊溃。汝等知此，当留意务筹万全。此等预为防范机宜，不可使属下闻知，即达赖喇嘛移住泰宁一事，亦不可稍有泄漏，慎之，密之。"

寻班第等奏："已传谕达赖喇嘛令其预备回复之言。至准噶尔通藏之路有四，惟那克桑一路稍近，现已放卡。倘有贼踪，即速报信，一面派兵抵截，一面移徙游牧，不致使贼得利。又，拉达克至阿里克之路亦近，但拉达克与准噶尔往来贸易人数无多，大兵恐不能入境。如不由拉达克地方，从叶尔羌城亦可通阿里克，但中有大山障隔，自阿里克至藏尚有两月路程，一得贼信，可以备御。惟腾格里诺尔、阿哈雅克两路较为广阔，今俱放卡，昼夜瞭望，不致疏懈。臣等与噶隆等商议，据称各卡俱极严固，无庸添设。土伯特人虽怯懦，自颇罗鼐以来操练熟习，现在马兵万余、步兵一万五千。若准夷从阿哈雅克、腾格里诺尔而来，则令策凌旺扎尔领蒙古、唐古忒兵抵截，调功布、达克布等处兵接应；从那克桑、阿里克而来，则令色玉特色卜腾领附近兵抵截，调阿里克等处兵接应。班第达及尼玛嘉木灿留藏保护达赖喇嘛。至班禅额尔德尼所住扎什伦布，去前藏七百余里，自阿里克至前藏亦沿扎什伦布之边而行。若用兵，则令移至前藏与达赖喇嘛同住，可以无虞。万一准夷倾部而来，土伯特有不能抵御之势，临期相机而行，一面将达赖喇嘛、班禅额尔德尼护送至泰宁，一面令驻藏官兵协同唐古忒等兵并力守住山险，以待川兵入藏应援，亦可无虑。"奏入，报闻。

（高宗朝卷四〇七·页一二上～一五下）

○乾隆十八年（癸酉）正月甲申（1753.3.2）

又谕（军机大臣等）："将军七十五奏称，凉州庄浪满兵照管准噶尔夷人两次赴藏，所有倒毙驼、马内，除本身额马及八年添拨马匹业经赔补外，其八年及六年倒毙驼、马，请展限六个月令其赔补等语。兵丁骑用驼、马并不加意照料，以致倒毙如许之多，本应按数赔补。但赴藏路途遥远，又值冬春雨雪，该兵丁等业已赔补两起，若将八年、六年倒毙之数令其一时全赔，究恐兵力不逮。著加恩将未赔补驼、马，全行免其赔补，此后兵丁遇有差役，务将官驼、官马加意喂养。若不留心，仍致倒毙，必令如数赔补，断不宽免。"

（高宗朝卷四三一·页一九下～二〇上）

○乾隆十八年（癸酉）二月戊申（1753.3.26）

谕军机大臣等："近年准噶尔台吉喇嘛达尔扎奏恳延请喇嘛及往藏熬茶等事，朕俱未允行。今一年以来未有遣使入觐之信，或阴怀不轨，潜图入藏，亦未可知，所当密为防备。今遣兆惠前往协同多尔济、舒泰办事。可传谕多尔济等，俾其乘便晓示达赖喇嘛，一切机宜，务宜预为留意。"

（高宗朝卷四三三·页八下～九上）

○乾隆十九年（甲戌）五月癸巳（1754.7.4）

理藩院尚书纳延泰、左侍郎玉保带领达瓦齐使臣敦多克进见。上曰："汝台吉达瓦齐之事，朕已尽知。今遣汝来，一切推诚实言为是。今乃以欲如噶尔丹策零阐扬黄教、安辑群生等语入奏，殊属无谓。达瓦齐弑噶尔丹策零之子喇嘛达尔扎，夺取台吉之位，又与讷默库济尔噶尔等构衅，糜烂准部生灵，又将喇嘛等破戒还俗，有如此阐扬法教、安辑群生者乎？从前喇嘛达尔扎杀其弟而代之，朕即不以为是。然以彼终系噶尔丹策零之子，是以弗替旧恩。今达瓦齐残害喇嘛达尔扎，夺其基业，是噶尔丹策零之仇雠也，又安得以法教、群生为辞乎？又云欲为策妄多尔济那木扎勒等遣人赴西方念经，从前喇嘛达尔扎奏请遣人赴西方，朕尚未允行，今反允达瓦齐之请乎？谅达瓦齐亦知所请难行，一则自占身分，欲照前例通行贸易，二则遣使请安，借此窥探意指。若允其请，渐且奏请别事耳。伊若推诚祈恩，或可再议。若似此狡饰具奏，于伊事无益。尔等归时将此旨晓谕达瓦齐知之。……"

（高宗朝卷四六四·页一八上～一九下）

○ 乾隆二十年（乙亥）三月丙申（1755.5.3）

谕军机大臣等："班第奏称，据阿睦尔撒纳等咨请，将绥绷喇嘛并沙毕纳尔数人，移至伊等现住之扎布堪游牧居住。恳降旨将此等喇嘛，暂时另行安置。俟事定后，迁至青海，仍归班禅额尔德尼属下，则一切争竞之端可杜。班第所见虽是，但将伊等迁至青海，既多烦扰，亦恐阿睦尔撒纳生疑。顷阿睦尔撒纳将伊等投诚之处具奏，朕令于伊犁地方设立一库伦，由京师遣呼图克图喇嘛前往教经。班第可照此办理，俟功成时，入于应办事宜内议奏。此时且勿令阿睦尔撒纳闻知，恐其别生他意也。……将此密谕班第知之。"

（高宗朝卷四八五·页一一上～一二上）

○ 乾隆二十年（乙亥）七月丁丑（1755.8.12）

又谕（军机大臣等）："现达瓦齐已被擒获，准部悉平，著萨喇善告知达赖喇嘛，令其欣悦。"

（高宗朝卷四九二·页五上～下）

○ 乾隆二十年（乙亥）七月戊子（1755.8.23）

谕军机大臣等："班第奏准噶尔旧日供养之大喇嘛现俱无存，请派济隆呼图克图前往等语。著照所请遣往，将此传谕班第知之。"

（高宗朝卷四九三·页一下）

○ 乾隆二十一年（丙子）二月甲寅（1756.3.16）

又谕（军机大臣等）："据哈达哈等奏称，遵旨询问自伊犁来归之沙毕纳尔、沙喇哈什哈、巴尔沁等原系班禅额尔德尼旧人，恳请仍往青海之柴达木居住等语，著照所请移往安插，并传谕副都统德尔素善为管辖。"

（高宗朝卷五〇七·页二下）

○乾隆二十一年（丙子）十月癸未（1756.12.10）

谕军机大臣等："著寄知黄廷桂，今降旨令济隆呼图克图前赴伊犁，于明岁正月自京起程。所有边外行走需用骑驮马匹牲畜、帐房等物，应预为备办。该部即移咨黄廷桂，核计前往人数，预为备办。"

（高宗朝卷五二五·页四下）

○乾隆二十八年（癸未）九月壬午（1763.11.3）

军机大臣等遵旨将准噶尔家谱进呈。御制准噶尔全部纪略文曰："自古无不志外夷，而实者少舛者多，非以其方域所限、言语不通耶，得什一于千百，加以鱼鲁亥豕，其堪信者鲜矣！兹者平定准部，止封达瓦齐子一人，居之京都，且城伊犁驻将军镇守，事耕牧马。念彼原一大部落，不可无纪，故就亲询实事书之，亦以便方略纂叙也。……先是，康熙年间噶尔丹博硕克图拘系和硕特车臣汗，收所属人众，并入准噶尔鄂拓克。其时有和硕特之拉藏汗者居唐古忒地，即顾实汗之裔也。子二人，一名丹衷，一名索尔扎。丹衷由唐古忒仍回至厄鲁特，娶策妄阿拉布坦之女博托洛克为妻。后策妄阿拉布坦知其学习哈拉尔查达术，以两釜夹丹衷身烙死。遂令大策零敦多布领兵六千袭西藏，擒杀拉藏，并掳伊子索尔扎。我圣祖仁皇帝敕谕策妄阿拉布坦不得绎骚唐古忒地，并发大兵进剿。于是大策零敦多布携索尔扎逃回厄鲁特，藏地复平。迨雍正年间策妄阿拉布坦死，子噶尔丹策零欲与唐古忒和好，给索尔扎户十资养。并以博托洛克与韦征和硕齐为妻，其在丹衷处所生子班珠尔给户五资养。彼时博托洛克复有孕未产，适韦征和硕齐后乃生一子，是曰阿睦尔撒纳。故阿睦尔撒纳虽为辉特台吉，实与班珠尔皆丹衷之子。噶尔丹策零死，策妄多尔济那木扎勒恐索尔扎之子纳哈查逃往唐古忒，将伊禁锢。至达瓦齐篡立，始将纳哈查释放。……"

（高宗朝卷六九五·页一四下～一八上）

杂谷土司与梭磨、卓克基土司构衅，川督策楞用兵进剿，改土归流，清廷的异议

○乾隆十六年（辛未）四月乙亥（1751.5.3）

又谕（军机大臣等）："据松潘镇总兵马良柱奏称，杂谷安抚司勒儿悟与臣标中营所管七布、峨眉喜土千户郎拓他仇杀争竞一案，已禀商督、提二臣，差员前往排解，将次完结等语。此等仇杀之事虽属夷地常有之事，如不过寻常小哄，旋已解散，自可置之不问。如其稍有情节，仅差员排解，恐夷性习为故常，必致酿成事端，不可不为防范弹压。该地方既有此事，尹继善、岳钟琪何以不行奏闻？其仇杀情形轻重并现在曾否完结之处，著尹继善、岳钟琪即速查明具奏。"

寻奏："川省地方番夷环处，自来不能和睦。其连界之处稍有微嫌，动辄报复。臣等惟随事斟酌妥办。如果别有情节，敢于抗肆，自应另为料理。若寻常小哄旋即解散，只须严行化导，秉公剖结，不致番夷玩纵，酿成事端。今勒儿悟与七布互相仇杀，原因窃劫起衅，并非别有情节。是以臣等会饬委员确查，酌量剖结，不敢以此等事上渎。"

得旨："虽然如此，在能办事之公正大臣或可。若非如此人，将启讳饰之端，亦非边疆之利也。以后如有此事，不张皇滋事可也，将如何滋衅，如何料理之处，据实奏闻为是。"

（高宗朝卷三八六·页九下～一〇下）

○乾隆十七年（壬申）九月辛酉（1752.10.10）

四川总督策楞、提督岳钟琪奏："杂谷土司苍旺与梭磨土司勒儿悟、卓克基土司娘儿吉构衅。经臣等委员前往剖处，苍旺抗执不遵，辄将梭、卓所属土民番寨聚兵攻毁，又私造铁炮，潜蓄逆谋。查杂谷地方，延袤

二千余里，为西南一大部落，距旧保县不远，中有古维州，最为险要。今苍旺擅攻梭、卓两寨，若任其层次吞并，一到古维州，便可直趋保县。不得不预为筹办，现拟调兵四千名，以三千名分起进发。于八月二十二日先遣兵五百名，委威茂协副将和楞额、松茂道张之浚、城守参将六格、茂州知州黄廷铣，以剖断三家曲直为名，乘虚直捣逆酋寨穴，使不得越至古维州。余兵于二十四、五、六日陆续进攻。其一千名，檄调松潘镇带领，于杂谷西北一带七布峨眉等处，截其勾通郭罗克之路，并檄饬瓦寺土司选带土兵，随营调遣。臣等即于二十七八日亲往相机攻剿。倘该酋畏罪远窜，而古维州、杂谷脑要隘可得，即将番民改土归流，亦属一劳永逸。"

得旨："知道了。馀有旨谕。"

谕军机大臣等："据策楞、岳钟琪奏称，杂谷土司苍旺擅行攻杀抢掳，又制造军器，逆迹昭著，现在派兵前往，相机进剿等语。苍旺恃其地广人众，与勒儿悟、娘儿吉构衅杀掠，不服官兵弹压，自应大加惩创，以靖蛮疆。但四川兵气孱弱，且当瞻对、金川两次用兵之后元气未复，该督、提等务宜加意慎重，必能刻期成功，俾苗众慑服，方为妥协。所有一切办理情形，惟在据实具奏，更不得略有粉饰了事之意。如从前瞻对军情，究亦不能逃朕洞鉴也。至改土归流一事，不惟不必预存此心，并语言、文告之间亦宜慎密。盖归流非夷情所愿，万一稍有风声，必致众情惊骇，将人自为守，又成不了之局。只应专办苍旺为是。计该督、提等此时已抵杂谷，其现在情形，仍令作速驰奏。"

寻奏："改土归流虽属番民所不愿，但杂谷番寨皆与保县居民错处，每须佣工内地，以资生计，族类虽殊，语言可接。兼之苍旺残刻性成，番众无不受其荼毒，是以大兵所至，相率投诚。先后降番六万余丁，经臣等派员抚插，并令查明户口、田土确数，造册议奏。至松岗番寨稍远，将来应否改土归流，俟苍旺剿灭后另行筹办。臣等现在相机进剿，一切军情，惟有据实直陈，不敢粉饰了事。"

得旨："好。伫望捷音。"

又批："外省绿营粉饰习气牢不可破，即汝二人不欺，能保众人之不欺乎？"

（高宗朝卷四二二·页四下～七上）

○乾隆十七年（壬申）九月甲戌（1752.10.23）

四川总督策楞、提督岳钟琪等奏："杂谷土司苍旺不法，经臣等先后发兵进剿。该处地广民稠，必须剿抚兼行。苍旺大头人拖把、忠中、沙加豆如等三人分守官寨。臣等前派带兵先往杂谷之参将六格等于八月二十七日过保县，即兼程驰抵维州，占踞三关要口并一切险隘及桥梁可通之处，派兵分守。续发之兵亦接踵而至，并攻杂谷脑，断其取水之路。该头人拖把等率众乞降，臣等因真伪未辨，暂行拘禁。其自旧保至杂谷脑沿途各寨，臣等选派素与番民熟识之生员、商贾等前往招降。各番户于臣等抵营后尽数投诚，情愿改土归流。又，苍旺攻夺梭磨之九子、孟董等寨亦来营投降。统计降番一百零六寨。现委员弁逐寨犒赏安插，查造户口、地土册籍，以定将来输赋，并派官兵前往梭磨，招复土司勒儿悟归寨，抚插该管番民。臣等现拟领兵前赴松冈进剿。"

得旨："此皆卿等素有成竹，故所至成功。俟题奏到日，有旨交部议叙。其一切经理尚应妥酌，以期边疆永宁可也。"

又奏："据驻扎通化把总卢丕振报称，该处地方有三叉河一道，原与杂谷不通，今逆酋苍旺遣人暗搭索桥三处。当即带兵前往砍断，并拿获三人，审系大头人忠中派遣修造。臣等到杂后将拖把、忠中、沙加豆如等鞫讯。据拖把、沙加豆如供称：'苍旺一切逆谋惟忠中密与商议，是以搭造索桥为苍旺运炮之路。'臣等随将忠中枭示，其拖把、沙加豆如等带往军营，效力赎罪。"

得旨："览奏俱悉。"

谕军机大臣等："据策楞、岳钟琪奏到，九月初三、四、五等日杂谷脑番民尽数来营投降，现已分遣文武逐寨犒赏安插等情形一折，办理颇合机宜。前奏到时，朕心甚悬注，不料奏功如此迅速，甚属可嘉。俟题到交部议叙，已于折内批示矣。至折中所奏拖把、忠中、沙加豆如三人皆苍旺之大头人，为伊看守官寨，而忠中又与苍旺密谋叛逆，何以遽肯随拖把投降？已经来降，何以又将忠中枭示？此虽已经办结之案，而情节尚未甚明晰，可于后折详悉具奏。至改土归流之处更宜妥酌，盖环蜀皆土司地，一闻杂谷改流，将谓天朝有兼并蛮地之意，人人自疑。应明示以苍旺孽由自作，觊觎保县，封疆大臣不得已用兵，并非利其土地，各土司宜世守疆围,永受皇恩。其已经归附之一百零六寨,及将来剿除苍旺本境,或当设官安汛,防守控制,以为保县藩篱。且奏中有令生员、民人招降之语,可知保县逼近番界,若辈为我用,则得其力,不然,则亦汉奸而已耳。此后惟将边界分画明晰,再不可令内地民人逾此更进番部。至梭磨、卓克基之地,有为苍旺侵占者,俱应查明归还勒儿悟、娘儿吉,方为大公至正。总之办理边疆事宜,不厌详慎,为久远计。此番成功,真属侥幸望外,不可更生冀幸。惟期番境永宁无事,斯善矣。将此谕策楞、岳钟琪知之。围中所得鹿肉,各赐一分,由驿发往。"

寻奏:"苍旺头人忠中,当官兵进剿杂谷时,伊独倡议固守,并密调土兵,协力抵御。及拖把、沙加豆如等见势危迫,欲将忠中擒献,伊始随众出降。是该犯之降,既出于众人之迫胁,而附逆助谋,其罪尤大,是以即为枭示。至苍旺恃势虐邻,土司中久为侧目,一闻逆酋就缚,皆以除害为快,尚不致于生疑。保县本与番寨接壤,民人往来稽察难周。今杂谷既列版图,古维州天然险要,即于此盘诘奸匪,则私越者自可杜绝。其苍旺所夺梭、卓两处地土,业经查明归还。臣等此番用兵,实因逆酋悖逆不法,幸迅速成功,已出望外,又何敢更生冀幸!"

得旨:"此事究属冒险而乘易,然既已成功,诸凡皆不必论。若朕以兵为可试,则将令汝等乘胜移师问郭罗克之抗命不法矣。"

(高宗朝卷四二三·页二下~六下)

○乾隆十七年(壬申)九月丁丑(1752.10.26)

谕:"据四川总督策楞、提督岳钟琪先后奏报,杂谷土司苍旺擅将梭磨土司勒儿悟、卓克基土司娘儿吉所部番众攻杀抢掠,不遵官司约束,又私行制造铁炮,种种悖逆不法,旋调发官兵于八月二十二日分起进发,于九月初抵杂谷脑,远近番众尽数投降,统计一百余寨,四万余人,换制衣帽服饰,吁请改属内地等语。杂谷境联保县,原系古维州地。苍旺于金川军务之时尚能出力,加授职衔,伊弟兄勒儿悟、娘儿吉亦俱赏给印信。乃苍旺罔念国恩,操戈构衅,悖逆不道,亟当剿除,以绥边圉。该督策楞、提督岳钟琪统率官兵直抵巢寨,抚剿兼施,机宜悉合,迅奏肤功。著交部从优议叙,所有在事各员弁,该督等一并查明报部议叙。"

谕军机大臣等："策楞、岳钟琪奏到杂谷脑招抚番民已及四万余口，俱照内地民人制换衣帽，并查出苍旺侵收银两分赏及相机进剿各情形。具见办理合宜，肤功迅奏。已有旨交部议叙，惟俟苍旺就擒捷音耳。至折中所奏，自杂至梭可通之桥梁俱经苍旺预令头人拆断之处，若苍旺因攻围梭、卓拆断桥梁，则杂谷处亦其一窟，何以不行防范，反割绝而委之度外？于理似未可信。若苍旺闻官兵进剿拆桥抵拒，则前度必已多方守御，据险设备，可能即成破竹之功？此处尚未明晰，可谕该督等查明具奏。"

（高宗朝卷四二三·页一〇下～一二上）

○ 乾隆十七年（壬申）九月丁亥（1752.11.5）

四川总督策楞、提督岳钟琪等奏："梭磨所属之吗尔密等处流番，经臣等招复该土司勒儿悟回巢抚插。旋因苍旺攻围卓克基官寨甚急，并檄令梭磨遣兵救援。该逆酋闻杂谷脑已失，退守巢穴。都司本进忠等带领土兵从后追击，贼番败回巴尔康，驻营拒守。臣等现抵卓克基，俟确探形势，即行进剿。"报闻。

又奏："臣等侦探苍旺巢穴，在山冈险隘之区，碉寨鳞接，而北路山顶一泉，系其取水之路，因分兵三路进剿。北遣游击李华等攻克达凹山梁，直至山顶，绝其水道；南派副将额僧格等攻取大小战碉七座，并招复番寨数处；中路令副将李中楷带领先锋官兵，前驱夺卡。臣等率领大队，并力攻击，连日夺取碉卡二十余座，直逼贼巢。并令通事人等晓谕番众，有投诚者即从宽免。贼番相率乞降，苍旺势穷就缚，现在牢固禁守，候旨献俘。"

得旨："欣慰览之。苍旺不值献俘，即于军前正法以警番众可也。卿等已有旨交部议叙。兹可将一切事宜悉心妥议，务期番疆永享敉宁之福，以副朕绥靖之志，卿等其共勉之。"

（高宗朝卷四二三·页二七上～二八上）

○ 乾隆十七年（壬申）十月庚寅（1752.11.8）

军机大臣议复："四川总督策楞、提督岳钟琪奏称，番众苦苍旺残虐，投诚者四万余人，悉愿改土归流，其已入版图之杂谷脑等处应筑城，并设副将、理番同知各一员，兵一千二百名，杂谷脑之西南系梭、卓接壤，均系建汛设兵。查威茂营，旧制原系参将，今应仍改参将，即将该协副将移驻杂谷脑，均归松潘镇管辖，兵即以威茂所裁，并通省各营通融抽拨。同知亦有泸宁一缺，可以裁改，并照松潘同知之例，增设照磨一员，统于善后事宜内分别筹办等语。其改设副将、移驻同知、拨兵设汛之处，均应如所请。至筑城大兴工役，恐远近诸番闻而骇异，将以问罪兴讨之举疑为利其民人土物，殊非镇静之道，应毋庸议。"从之。

（高宗朝卷四二四·页四上～五上）

○乾隆十七年（壬申）十月辛丑（1752.11.19）

又谕（军机大臣等）："前据策楞、岳钟琪奏，杂谷苍旺恃强凌弱，侵扰梭、卓土司，不遵开示，现经发兵进剿等语。朕令其悉心筹画，如办理不善，又如金川、瞻对大费周章矣。不意其数日间直抵松关，并擒苍旺，且奏请于杂谷脑建立城卡，添设防兵，将投出之番民尽改归流。苍旺果有心滋事，岂毫不设备，竟如此之易灭耶？岳钟琪前带兵金川时，留驻党坝一年有余，何曾攻克一处？以此观之，必系土司自不相睦，汝等乘人之危耳！设他处土司望风惊骇，谓天朝寻衅加兵，利其土地民人，由此各怀疑惧，所谓绥靖边陲者安在？且又未熟筹现在军兴所费几何？将来改归内地后每年岁赋几何？一切添设兵卡是否所入能敷所出？此次效力土司内未必无苍旺旧部，辄将伊家口、什物分赏汉、土官兵，尤属不知大体。岳钟琪何足深责，策楞受恩深重，亦复如此轻举不晓事耶！所办殊与朕意不合。但事已如此，只可不加深究。将此寄策楞知之。"

寻奏："本年四月内，杂谷苍旺以杀害头人易沙等起衅。维时遴委都司本进忠等前往化诲，并未料有用兵之事。该酋抗不遵依，日夜攻打勒儿悟，并焚掠卓克基地土。经该土司屡次声报，未便置之不问，一面将商办情形奏闻，一面派兵陆续进发。因乘杂谷脑空虚之际，进至松关。番人等一闻招抚相率如归，并献计断其水道，情愿引路前进，势如破竹，直捣贼巢，遂得生擒逆酋。总之，此次用兵之始实属商谋出其不备，乘杂谷脑空虚而入。继因该酋逆迹确凿，连夜进剿，值机会之相凑，幸而竣事易速。"

得旨："此何言耶？岂有先欲乘其不备，而后始知其逆谋确凿之理？如此，则先欲乘其不备者为何事而起？此不过欲实前言之谬，而不知反露辞游矣！"

（策楞、岳钟琪）又称："将抄获苍旺资财人口一时分赏汉、土官兵，意在鼓励，而未计及有失大体，实属冒昧。再，始事之时并未通盘筹画前后经费，率尔举行。设使无此机会，该酋得以有备，必致告竣无期。接到谕旨，不啻如梦初醒，此后遇有事涉两可，请旨遵行，不敢草率复蹈前辙。"

得旨："岂复有一易破之苍旺？此不待言也。即如郭罗克，现今抗不遵命，尔等能如彼何哉？"

（高宗朝卷四二四·页二五下～二八上）

○乾隆十七年（壬申）十月癸卯（1752.11.21）

军机大臣等议复："四川总督策楞、提督岳钟琪奏称，松冈投诚番民一万余口，应按寨分设抚夷掌堡，并择番目内素为番众信服者设为土守备、千、把，以备调遣等语。查杂谷本吐蕃苗裔，自唐宋以来世守其土，明代授为安抚司，康熙十九年率属内附，仍予旧封。未便以苍旺一人悖逆，遂致亡其世守。应饬该督、提另择苍旺近属内伯叔兄弟一人素为番民信服者，授为土司。所奏应无庸议。"

得旨："依议速行。"

（高宗朝卷四二五·页一下～二上）

○乾隆十七年（壬申）十月丁巳（1752.12.5）

四川松潘镇总兵马良柱奏："准督臣策楞、提臣岳钟琪知会，前往招抚黑水后番。于九月十一日行抵七步地方，该处番民口称土司苍旺残暴不仁，情愿归顺。当即招来四十八寨番民儿不太、儿噶他等百十余名。查黑水后番上寨二十寨，总名果坝，共三百四十四户，大小男妇一千五百七十五名口，下寨二十八寨，总名南窝，共五百五十八户，大小男妇二千九百一十八名口，俱查造册籍申报。寻至黑水后番适中之赤布寨地方，番民悉众来迎，喻以大义，令其各安住牧。"

得旨："如此兵威何不于向之金川及今之郭罗克用之？将此旨寄策楞、岳钟琪知之。"

（高宗朝卷四二五·页一九上～下）

○乾隆十七年（壬申）十一月壬戌（1752.12.10）

谕军机大臣等："策楞复奏进剿杂谷经费并将来驻防官兵所需及杂谷、松冈出产各确数一折，殊未明晰。国家帑项正供于边防要计应动用之处本不应惜费，然亦不可因一二好事之人以致虚糜，掷之无用之地。今既冒昧办理，则现在已费几何，将来每年需用几何，所入不偿所出者为数几何，抑或如此一番经理较之向来经理者实省几何，俱当一一详悉具奏。何得谓'仓猝兴师，未及通盘筹画'一语，朦混了事耶？著传谕策楞，令其再行详细确查，一一奏闻。且向时内外地界原属犁然，官兵尚有阑入番境需扰土司者，今即将此辈移驻其地，盖恐鱼肉番徒，一不相安必致激成变故。况环蜀皆番，设或他处土司望风惊骇，谓天朝畏强凌弱，掩袭邀功，人怀疑惧，则开无益之疆，启莫大之衅。策楞、岳钟琪其能置身事外乎？将此一并传谕知之。"

寻策楞奏："前奏军营经费银二万一千余两，只系约略核计之数。今据报详查动存各项实费一万九千余两，即将来报销亦决不出此范围。至驻防官兵每年需用确数，除松冈现经奏明另设土司外，止有杂谷脑移驻各官兵役俱系裁改抽拨，各有本营本缺之俸薪粮饷，无庸另添。惟是川省边兵口粮向系折色，其折价之低昂各处不同，今议抽拨之兵较向来米折应增银四百九十两。又，威茂营新设参将一员、千总二员，理事同知衙门所设通事各项，计将来杂谷税赋，每年所入尚敷所出。但以现在已费之数而论，则所存抵项，实为所入不偿所费。此番用兵之始，只虑苍旺缓则有备，并未计及久远，实属冒昧。若就目下而论，番民久受苍旺欺凌，今得剿灭，人皆称快，并无惊骇。所有驻兵，自当严加约束，不致稍有滋扰。"

得旨："览。"

岳钟琪奏："臣于边疆重事何敢不筹及万全，致启衅端。惟是苍旺恶迹种种，恃强凌弱，土司勒儿悟畏其攻击，逃避黑水地方，娘儿吉连次声请救援。臣再四思维，宁受冒昧擅发官兵之罪，断不敢于军事稍有贻误。

故与督臣悉心筹酌，为先发制人之计，乘杂谷脑空虚，率兵直捣贼巢。苍旺就擒正法之日，各番情形莫不踊跃，谓为番部除一大害。至各番改土归流之后，恐官兵阑入其境，鱼肉番徒，亦皆事之所有。但查下寨、杂谷脑、孟董、九子、龙窝等五沟其所属番民原系内地熟番，非松冈上寨可比，以之归流，人皆乐从。若虑因苍旺剿除，各土司人怀疑惧，现在察看情形，番众相安，并无惊骇。"

得旨："览奏俱悉。事已如此，亦不复究，未免始终回护费词耳。"

（高宗朝卷四二六·页七下～一〇上）

○乾隆十七年（壬申）十一月乙亥（1752.12.23）

军机大臣等议复："四川总督策楞等奏称，查得苍旺之胞兄大朗送素有残疾，人亦痴愚，此外别无近属。惟梭磨土司勒尔悟之弟根濯斯加与苍旺为再从兄弟，金川用兵时曾经出力，又素为梭、卓、杂三处番众信服，堪以办理土司事务，应请授以松冈长官司，照例给印信号纸。应如所请，根濯斯加准授为长官，管理松冈地方，以承杂谷旧业。"从之。

（高宗朝卷四二七·页四上）

○乾隆十八年（癸酉）二月丁亥（1753.3.5）

谕军机大臣等："川省地当边徼，番夷杂处，抚驭之道当令怀德畏威，不可贪功启衅，从前瞻对、金川相继蠢动，频年用兵，民气未复，正当予以休息。上年九月内，据策楞、岳钟琪奏报杂谷土司苍旺密谋叛逆，现在领兵进剿。该督一面奏闻，一面即行办理，势难挽回，深为廑念，当谕令加意慎重。旋据策楞等奏报，官兵直抵维州，占踞险隘，番众迎降，进取松冈，苍旺就擒等情。番酋恃险跳梁，杂谷乃其巢穴，彼必悉力拒守，备御多方，何以官兵乘胜长驱毫无阻碍？与伊等前奏负固情形未免自相矛盾。屡经降旨询问，该督等复奏情节率多支饰，俱未明晰。看来伊等所办总不出于乘易邀功，伺间袭取。但此处朕若深求，伊等必获重谴，姑念事已完竣，不必追究，惟令将善后事宜留心妥办。乃近日岳钟琪因朕批谕马良柱有'如此兵威，何不用之郭罗克'一语，误会朕旨，辄请亲赴松潘，督率擒捕。是不知出师杂谷之非，而并欲用兵郭罗克，其纰谬不几甚乎！

总之，绥靖番夷，贵知大体。如遇强番肆横，逆焰方张，骤难扑灭，则人怀观望，否即乘其不备，因以有功。似此办理，将致他番闻风惊骇，妄生猜疑，甚非绥辑边围之道。黄廷桂现署川督，该省情形素所熟悉，到任之日，即令策楞将此案前后所奉谕旨转交阅看，并将从前办理情节详悉告知，黄廷桂再加确查具奏。……"

（高宗朝卷四三二·页一下～三上）

○乾隆十八年（癸酉）十二月戊戌（1754.1.10）

吏部议准："四川总督黄廷桂奏称，旧保县地方汉、番及梭磨、大金川等各土目请归新设理番同知管辖。再，旧保县城内汉民、满溪十寨熟番及竹克基、松冈、小金川、沃日等地方并请归该同知兼辖。"从之。

（高宗朝卷四五三·页五上～下）

○乾隆十八年（癸酉）十二月庚子（1754.1.12）

（兵部等部）又议准："四川总督黄廷桂疏陈杂谷脑善后事宜：

一、移驻官兵。查威茂副将辖十三土目，额设官兵一千二百余员名，驻茂州。今杂谷改土归流，梭、卓、松冈、大小金川、沃日等处接连旧保，请将副将并左营中军都司移驻旧保弹压。茂州增设都司一员，于协标原额官兵内拨经制千总一员、把总二员、马步兵四百名、外委千把三员。余官兵八百员名，应派经制千总一员、把总二员、马步兵三百名、外委千把三员，归右营都司，驻杂谷。余官兵五百员名，应随副将并左营中军都司，移旧保。

一、分驻弁兵。查杂谷官兵三百余员名内，拨把总二员，分驻维关、卜头，外委一员，住丹占木。杂谷留都司一员、千总一员，马步兵各按营分拨。茂州官兵四百余员名内，千总一员，驻保县，把总三员，分驻汶川、茶关、通化，马步兵亦各按营分拨。新移威茂副将改维州副将，茂州新设都司改茂州营，仍归维州协管辖，均给关防。

一、移贮仓粮。查泸宁营原贮米二千石。裁移官兵后，止存官兵三百余员名。请以五百石归并冕宁县存贮，备该营之用；以一千五百石改贮理番同知，资兵民之用。杂谷、保县现存剩军米杂粮，足敷存贮。估建仓房并斗级书役应需银两，统于泸宁厅裁剩铺司工食内拨给。

一、安设文员。查理番同知驻扎旧保，催征夷赋，听断词讼，应需通事、译字各一名。工食请于嘉定、宁远、雅州、叙州四府通判衙役内裁给。顺庆府司狱裁改理番同知，照磨原设门皂各一名，不敷差遣。请于松潘、打箭炉、叙永、照磨内裁拨。

一、修葺衙署营房。查旧保移驻副将有都司衙署可改，都司有千总衙署可改，千总衙署并存城兵营房有旧基可修。分驻兵营房应估造，均动项兴修。

一、严禁汉奸。查杂谷番民错处，外商贸易，令向本地方官领照至旧保，赴理番同知衙门缴换汉夷印票，到杂谷送都司验准货买。货完，带原照层次缴销，并令各衙门按次知会。

均应如所请。"从之。

（高宗朝卷四五三·页八下～一〇下）

○乾隆十九年（甲戌）六月辛亥（1754.7.22）

户部议复："四川总督黄廷桂疏称，前任督臣策楞题准杂谷善后事宜案内，以各番改土归流应照内地编连保甲、牌头、保正，其各寨旧有之寨首改为乡约，派差之中书科改为差头等因。番民一寨之中立有守备、千、把、外委，今复设乡约、差头各名目，俱得免徭，是在官人多，应差人少，番民禀称不便，至旧有寨首，半系苍旺私人，百姓素不悦服。今若改为乡约，令其管束众人，未免大失民望等语。应如所请，将寨首仍循其旧，止令催纳粮赋，遣派差事。另选素为众番悦服之人拔为乡约，教化番民，调处词讼。旧有之外保改为甲长，令其稽查奸匪。寨首、乡约、甲长，均听抚夷掌堡管束，其差头、牌头、保正等名目，请一并裁汰。"从之。

（高宗朝卷四六六·页一下～二下）

○乾隆二十年（乙亥）十月丁巳（1755.11.20）

（大学士管陕甘总督黄廷桂、四川总督开泰、四川提督岳钟璜等）又奏："杂谷归流番众向挑屯兵三千人，每秋由副将点验，须有劝惩。请于钱局各炉加带一卯，计除还工本获余息五千两。于秋冬点验，令协属干弁率领行围一月，月各给口粮、犒赉，均于前项动支。"报闻。

又奏："打箭炉地当边冲，向无城垣，宜建设。勘得城基，周六里余，长千一百四十丈有奇，高自七八尺至一丈二三尺。请照番民垒碉法，砌石为城，坚实省费。"

得旨："嘉奖。"

又奏："打箭炉为西藏门户，向设阜和营游击，辖马步兵五百名。该营毗连化林、里塘，多隘口。又，甘孜番地须分差游巡，兵少不足资弹压。查普安、安阜二营管辖雷波、黄螂，虽系蛮地，倮民皆向化。普安原设马步兵八百，请裁一百五十名、千总一员；安阜马步兵四百，请裁五十名、把总一员；添阜和营内，仍令游击管辖。"

得旨："如所议行。"

（高宗朝卷四九九·页六上～七上）

○乾隆二十三年（戊寅）八月乙亥（1758.9.23）

军机大臣等议复："四川总督开泰奏称，杂谷改土归流屯兵，廷议停其一月行围，并不必拘佥兵名色，致滋纷扰。其纳粮当差、弹压统辖之处，行令妥议。查此处番民系四川土司中劲旅，自立屯兵以后，与选者皆以为荣，而旧时大小头人得充土守备、屯总等名目，亦皆知奉法，且与地方官渐习。如遇番蛮争斗，可以克期调集，请照旧佥兵。再，屯兵本不食饷，今行围既停，遇调遣时止给口粮，无需给赏。其土弁等仍应酌留，量给养赡之资。除土守备、屯总照旧外，请将总旗十五名减五名，大旗三十名减十名，小旗六十名减二十名。酌拨每年钱局加卯息银七百三十八两，分别赏给。均应如所请。"从之。

（高宗朝卷五六九·页一〇上～一一上）

○乾隆二十九年（甲申）八月癸巳（1764.9.9）

谕（军机大臣等）曰："阿桂奏，松茂道驻扎茂州，有弹压诸番之责，向来道员每借口在成都办公，驻茂之日恒少，殊旷职守，请分别改隶，以杜推托等语。著照所请。将成都、绵州二属改归驿盐道兼巡。其松茂、龙安、杂谷厅所属，专令松茂道员管辖，并兼兵备职衔，改为题调之缺。其松潘镇属各协、营、都司以下，均听其节制。该道驻扎地方所需赏赉颇繁，本任廉俸之外应于公项内量为增给之处，该督阿尔泰酌议妥协办理。"

又谕（军机大臣等）曰："阿桂奏巡边查阅营伍折内所称'新附杂谷、苍旺番民三千余户'一节，此事端委未甚明晰，已于折内批谕。苍旺番民自前此策楞等办理之后，其设立土屯，是否兼隶内地官员管辖，抑或另设屯弁专管兼现在兵制营务？一切情形若何，著传谕阿桂，令其详悉查明奏闻。"

寻奏："查此项番民，自乾隆十七年经策楞等办理后，改土归流，将威茂协副将、都司带兵共七百名移驻弹压。并设理番同知办理案件。又于各寨番民内设屯兵三千名，土都司、守备、屯总及大小总旗等项头目，分隶管束。平时不支粮饷，遇有调遣，照土兵例支给守粮。每年秋间，该协点验一次，衰弱者裁汰另补。土都司、守备等员俱在武职衙门听差，各土弁仍听该管文武统辖。二十年，督臣黄廷桂议请设法鼓励，每年秋冬调集土兵行围一月，操演武艺；动余息五千余两，以为支给一月口粮及修理军装、赏给牛酒花红之用。嗣于二十三年，督臣开泰恐碍番民耕作，奏准减围十日，照旧佥兵，止拨银七百余两，分赏土备、屯总等七十七员名。又，银二百四十两，买办烟茶、牛只，于佥兵时分赏屯兵。现在遵照办理。臣此次巡边，查各寨番民日在该管文武衙门听候差遣，预备夫马，为数颇觉过多，已严饬该协丞减去十之八九。并将酌定数目移咨提督，行令藩司立案，除额外差派。"报闻。

（高宗朝卷七一六·页一七上～二〇上）

果洛克滋扰及对其防范、镇慑

○乾隆十六年（辛未）七月甲申（1751.9.9）

谕军机大臣等："据办理青海夷情事务副都统舒明奏折，郭罗克贼人抢劫班禅额尔德尼使人，致有杀伤，后询知颁发敕谕并赏赐达赖喇嘛物件随经给还等语。是郭罗克尚知畏悍天朝威德，其心尚属可原。但该处系进藏要路，常有信使往来，岂可使中途频有抢劫之事。著将原折抄寄策楞、岳钟琪阅看，令其酌量情形妥协办理。务期明白开导，俾知输诚贴服，既足以申国家之宪典，而亦不致操之太急，激成衅端，方合驾驭远人之道。将此详悉传谕知之。"

（高宗朝卷三九五·页一一上～一二上）

○乾隆十七年（壬申）二月己酉（1752.4.1）

谕军机大臣等："策楞、岳钟琪所奏办理郭罗克番贼情形一折，据称该镇马良柱以土目丹增自知畏罪，托故不到，非用兵不足以示儆戒等语。郭罗克近在松潘口外，马良柱身为总兵，不得不以用兵为请，且以尝试总督之意，未必实有见于兵之不可不用而为是请也。番人越在远徼，不能如内地州、县绳以国法，原属人性不通之类。第该处乃通藏要路，不可听其恣行劫掠。是以应化诲约束，使知畏服，庶以儆其将来耳，用兵一事谈何容易？必当权其轻重，值与不值。并非骚扰边境，自无须轻用兵威，驯至不可收拾。亦非谓此时封疆宁谧，习于恬熙，以偃武为了事也。著传谕该督、提，令其妥酌筹办。"

又谕曰："西宁副都统舒明奏查郭罗克番子抢夺班禅额尔德尼之使臣所领赏物等项有未交还者，移咨督臣严查具奏。今据策楞奏称，查明即令交还，并将已毁缎匹、银锞等物追出，其从前偷窃牲畜别案尚未呈报等语。此等番子与内地民人不同，原系无知之辈，但既居西藏大路，焉有任其抢夺之理，须化导使知法律，已降旨策楞。郭罗克番子虽系四川所属，离省窵远，而与西宁尚近，故令舒明善为留心。此后无论过往差务及赴藏使臣，俱由舒明处酌派青海、蒙古、西宁番子沿途护卫，期于无失。不可托言非其所属，以致疏懈。"

（高宗朝卷四〇九·页三下～五上）

○乾隆十七年（壬申）四月己亥（1752.5.21）

谕军机大臣等："四川总督策楞等折奏办理郭罗克贼番抢劫喇嘛物件一案。堪布所开失物或前无后有，或前少后多，种种先后悬殊，诚有得陇望蜀之意。但此等劫掠之案，只在查得真盗真赃，以申法纪，得其大概足矣，非必将所失财物全数追出也。即内地办理盗案亦岂能起获全赃，一一清出耶？在喇嘛等或不知办理本意，将从前所失全行开报。该督等若照开报之数，逐一向郭罗克查追，殊非办理之道。今该督又复咨查驻藏大臣，恐喇嘛等谓屡次行查即应地方官照数赔出，而驻藏大臣又复偏护喇嘛，则更不成体制矣。著传谕策楞等将此意行文驻藏大臣等知之。"

（高宗朝卷四一二·页四上～五上）

○乾隆十七年（壬申）十二月丙辰（1753.2.2）

四川总督策楞奏："接准松潘镇臣马良柱寄奉朱批，臣实深惶悚。此次杂谷用兵，乘番众之解体，斯首逆之就擒，其与金川情形实有难易不同。"

得旨："尔等不过乘人之危耳。"

又称："郭罗克纵放夹坝，其罪原无可宽。但该酋抢劫班禅额尔德尼使人之后，知有颁发敕谕及恩赏物件，随畏惧退还，似尚有一线可原。现在郭罗克土目丹增已遵将贼首一名交出，并称于数日内再拿一名出献。臣讯得交出之人止系从贼，尚有那富丹等为首之人未交。当经指名严饬，勒令缚献。"

得旨："辞甚费而终于不能回护。但朕旨所戒尔等之既往，非欲兴事于将来，尔等莫又错会朕意欲办回郭罗克也。此非尔等所能，恐不似杂谷之易与也。"

（高宗朝卷四二九·页三一下～三二上）

○ 乾隆十八年（癸酉）正月丙子（1753.2.22）

谕军机大臣等："据岳钟琪奏称，郭罗克屡次劫掠，请于三月内前赴松潘，饬令擒献贼赃，倘该土目抗拒不遵，一面檄调汉、土官兵，亲身督率前往擒捕，并力攻击等语。是竟欲用兵于郭罗克矣！昨策楞奏内尚止欲令其擒献正贼，今岳钟琪此奏则更庸妄纰谬，又不当仅以错会朕意责之。在伊等不过欲回护杂谷一事，而究之终不能回护，且恐自速其罪耳！上年杂谷之役，据伊等初奏，以为逆迹已著，不可不除，故亦听其前往。然朕彼时方以瞻对、金川旷日持久为戒，不免深为廑念。及观其节次奏报情形，其乘虚袭取，事属显然，是以屡经降旨训饬，并于马良柱折内明切批谕，令寄伊等知之。原欲使之知所警愧，乃竟不但不愧，而且欲又生衅端。国家之兵马粮饷，该督即不知慎重，而边圉重地全不为培养元气、休息人民之计，是岂封疆大臣之用心耶！以国家全盛之时办一郭罗克本非难事，然即使立就擒捕，亦复何关紧要？而况其未必如杂谷之易与乎！看伊二人所奏，意见似有不同，是策楞尚知所畏惧，而岳钟琪则几无所顾忌矣！著一并传旨，严行申饬。如伊等意在必行，不妨据实奏闻，并出具军令结状，定限几日可以成功，朕亦不难准行。若将来稍有稽误，惟伊二人是问。可令伊等自审度之。"

（高宗朝卷四三一·页八下～一〇上）

○ 乾隆十八年（癸酉）二月丁亥（1753.3.5）

谕军机大臣等："……至郭罗克，原系徼外远番，如尚知畏法，不致恣横，尽可置之不问。倘怙终不悛，罪恶昭著，有必不可已之势，黄廷桂详察情形，妥酌奏闻办理，将此一并传谕知之。"

（高宗朝卷四三二·页一下～三上）

○ 乾隆十九年（甲戌）七月丙申（1754.9.5）

又谕（军机大臣等）："川省郭罗克穷番三百余户从前所借牛羊、籽种，原议收获、孳生后照数缴还，但念该番等僻处徼外，生计维艰，若勒限催追愈致拮据，著加恩将乾隆九年借给穷番牛羊、籽种、银二千九百余两概行豁免，以示体恤。著该督黄廷桂即行晓谕知之。"

（高宗朝卷四六九·页五上～下）

○ 乾隆二十三年（戊寅）十一月庚子（1758.12.17）

又谕（军机大臣等）："据集福奏称：孟固勒津部落乌尔津、策塔尔、扎乌土百户吹塔尔等，交纳马匹银两至青海之伊玛图地方，为郭罗克贼匪劫夺，已咨川督查办；再，头等台吉纳木锡哩等四扎萨克，因避郭罗克贼匪，弃其旧游牧内徙等语。乌尔津等本年应交银两既被劫夺，著加恩宽免。郭罗克贼匪行劫，集福既咨行川督，开泰自必查办。至纳木锡哩等扎萨克，应各居伊等旧游牧。若有郭罗克贼匪抢劫牲畜，即派人设一防守，何得遽行内徙？著寄信集福，晓谕青海扎萨克等，令其退居旧游牧，于郭罗克经过要路设卡防守，遇贼奋力擒剿，俾知警惕。"

（高宗朝卷五七五·页八下～九下）

○ 乾隆二十八年（癸未）十月甲辰（1763.11.25）

钦差刑科给事中副都统衔七十五奏："据青海扎萨克郡王索诺木丹津呈请：由四川出派大臣一员，聚集郭罗克百户等，带领该扎萨克等约地会盟，嗣后青海、蒙古及郭罗克番子等倘有盗窃案件，将为首一二人从重惩治，法律既定，庶盗风可以渐绝，恳请代奏等语。查郭罗克番子习于攘夺，往往阻截西藏大路抢掠。唐古忒、蒙古被劫之人因距西宁、西藏、四川较远，走告无路。前任大臣等虽曾咨拿，因不知贼匪姓名，从未捕获。但该番虽习于为盗，然久服王化，若再开导训饬，俾共知宪章，或可改恶习。请咨商总督阿尔泰，可否照索诺木丹津所请聚集郭罗克百户会盟之处，俟阿尔泰查明移咨到日，请旨办理。"报闻。

（高宗朝卷六九七·页六上～下）

○ 乾隆二十九年（甲申）三月壬戌（1764.4.11）

谕军机大臣等："据七十五奏，番人郭罗克玛克苏尔衮布告称，现在郭罗克等肆行盗窃，从前提督岳钟琪曾将伊父用为头目管束，不致散处为匪，今若将玛克苏尔衮布授为头目，可以约束，应请特派大臣前往查办等语。此事虽据玛克苏尔衮布称岳钟琪曾于三部内将伊父授为头目，但当时所派番目是否足资弹压？今若将玛克苏尔衮布统摄别部番众，果否足杜盗匪之原？虽在该番未免借约束众人自图自利之意，但现在地方果有盗匪窃发，理应酌量办理。且近年金川与附近番寨时相构衅，虽经该督屡次折奏，而一切事宜正须面为筹议。现派尚书阿桂驰驿先赴西宁，会同七十五及章嘉呼图克图将选派头目管辖之处办有端绪，即令其前来四川暂摄督篆。阿尔泰俟其到省，交代起程。任内一切应办之事，可即告知阿桂，令其接办。在阿尔泰到京面奉指示，则回任办理更易遵循。而阿桂在川既悉情形，将来回京筹酌于该省事务尤多裨益。将此详谕阿尔泰知之。"

（高宗朝卷七〇六·页一七下～一八下）

○乾隆二十九年（甲申）八月己酉（1764.9.25）

　　工部尚书署四川总督阿桂奏："乾隆九年，督臣庆复于郭罗克善后事宜案内，请令松潘、泰宁派遣千、把各一员，各带兵二十名，于郭罗克、革赍两处地方侦察巡驻。并派兵十五名，于小阿树等五处安设塘递，以通消息等因在案。乾隆十八年，又经督臣黄廷桂以革赍原驻把总一员、兵二十名数少难以兼顾，请令泰宁协副将转饬德尔格等三土司加派土兵，交驻防官兵督率，于夏秋数月一体巡防。其驻防郭罗克把总一员、兵二十名，移驻阿坝之色住卡地方，以资防护。塘兵十五名酌留九名，分设三塘，以通文报等因亦在案。臣此次巡边，查得色住卡地方在黄胜关外十有余日之程，而革赍亦去打箭炉窵远。自设防兵以来，不惟郭罗克抢劫如故，而被劫之案亦从未有经防兵缉获者。盖孤悬番地，力弱兵单，每岁徒费口粮、盐菜等项银一千余两，竟成虚设。应请将此两处弁兵及安设台站之处均行停止。酌令该镇、协于每年八九月夹坝肆行之时，各派谙练千、把一员，各带兵二十名，酌给口粮、盐菜，赴色住卡、革赍地方，令阿坝及德尔格等土司就近添拨土兵，协同于郭罗克接壤地方巡查一次。其有控告盗劫之案易于查办者，该弁即为剖断完结。倘案情稍大，即报明该管镇、协秉公速办。均于十月内即行撤回。"

　　得旨："允行。"

（高宗朝卷七一七·页一五下～一七上）

○乾隆二十九年（甲申）十一月乙卯（1764.11.30）

　　青海办事大臣七十五奏："去年臣至西宁防范番匪，会同青海扎萨克王等定议，将沙拉图尚那克等处派兵防堵。出派王索诺木丹津、衮楚克达什、贝勒丹巴策凌、贝子那木扎勒策凌、沙克都尔扎布、扎萨克台吉萨喇等管辖兵丁。本年三月，郭罗克番匪将阿哩克牲畜掠去，被守卡兵截住，杀死多人，生擒二十余名，解送西宁，奏请正法。数月以来，并无贼匪滋扰。臣伏思防范郭罗克原为保护青海游牧，乃众扎萨克之事。今出派索诺木丹津等六扎萨克，自今年二月起至明年二月止，分为三班，轮流坐卡。若明年仍派伊等，不但差使不均，而伊等坐卡办事，一切无不需费。青海蒙古，并无徭役，仰受天恩，习于安逸，应一并轮派学习。臣与各扎萨克会议，明年防范番匪，除索诺木丹津、衮楚克达什、丹巴策凌等呈请愿再留一年外，仍应出三扎萨克。臣于青海扎萨克内，将谙悉郭罗克情性可以管辖兵丁之扎萨克公索诺木巴勒济、那罕塔尔巴、扎萨克台吉贡青策凌等出派。已严饬伊等，遵照原议，各按佐领多寡，出派兵丁，于明年二月起轮班遣往，加意防范。俟二三年后，四川督臣将郭罗克查办肃清，再将设卡兵撤回。"报闻。

（高宗朝卷七二二·页一二下～一四上）

○乾隆三十年（乙酉）九月乙亥（1765.10.16）

谕："据理藩院奏贝子那木扎勒车凌等报称，郭罗克潜进伊等游牧，肆行抢掠，若举兵往攻，恐附近之唐古忒等必疑我等任意妄为，不免生事，恳请由院转奏，颁给执照，如郭罗克等肆掠，即行剿杀等语。那木扎勒车凌等若举兵往攻郭罗克，诚恐唐古忒等疑惧，所见尚是。但郭罗克肆行抢掠自应严惩，亦不必给与执照，将此晓谕，俾协力剿杀，庶各游牧可得宁谧。擒获生口，解交驻扎西宁大臣办理。并谕青海各扎萨克等一体遵行。"

（高宗朝卷七四四·页二上～下）

○乾隆三十一年（丙戌）七月乙酉（1766.8.22）

谕军机大臣等："据七十五奏称郭罗克越境抢掳青海牲只一案，请交川省大臣向郭罗克索取给还原主一折，朕已降旨，此事令青海王公等会盟。伊等自量其力，能向郭罗克索取即合力向郭罗克索取，不能则已，不可令川省大臣办理。但郭罗克系四川所属，此事朕虽如此降旨，而阿尔泰亦不可视同局外，理宜悉心办理。嗣后饬该管官员严加约束，不可听其越境行窃。所有命青海人等会议谕旨并七十五奏折，著抄录传谕阿尔泰。将如何办理之处，即行奏闻。"

（高宗朝卷七六五·页二上～下）

○乾隆三十一年（丙戌）九月辛巳（1766.10.17）

谕军机大臣等："据海明奏称，与青海厄鲁特王、公、扎萨克等会盟，会议得将附近郭罗克居住之众扎萨克等内迁，归于别扎萨克游牧安置，驻卡兵八百名外，再添兵二百名，共作一千名，令驻扎西宁，理藩院章京、笔帖式巡查卡座，遇有空误即行参处等语。海明所奏尚是。但卡座所关綦重，青海人等原因玩愒，始时被郭罗克等抢掠，今虽添兵，若仍不以为事，亦属无益。著传谕海明，令其派驻西宁之理藩院章京、笔帖式等不时巡察。如有兵丁不齐、军械残缺者，即将管卡之王、公、扎萨克等指名严行参处。"

（高宗朝卷七六八·页一七下～一八上）

○乾隆三十一年（丙戌）九月己丑（1766.10.25）

谕军机大臣等："据阿尔泰奏，郭罗克贼匪逾青海境抢掠马匹牲只一事，交松潘总兵德兴等派员前往郭罗克部落严查训饬；再，嗣后巡察番人地方，预为防范，严饬郭罗克约束属下人等语。近郭罗克贼匪逾境抢掠青海马匹牲只，朕曾降旨：'郭罗克系四川所属，阿尔泰不可置之度外，不悉心妥办。'阿尔泰接奉此旨，即应将此次郭罗克人等掠去马匹牲只追取，查出贼首，办理治罪。今观阿尔泰所奏，只于晓谕郭罗克等，又称嗣后防范查禁，则是此案伊全不以为事，仅以空谈具奏。朕从前又何必降旨令其查办乎！阿尔泰所奏非是。著传谕阿尔泰遵朕前旨妥行办理。其现在若何筹办之处，著即行奏闻。"

（高宗朝卷七六九·页一〇上～一一上）

○乾隆三十一年（丙戌）十月戊申（1766.11.13）

理藩院议奏："疏防卡座致郭罗克抢掠之扎萨克贝子、台吉等，请分别斥革。"

得旨："扎萨克有管人办事之责，罗布藏色布腾、恭格车凌俱系扎萨克，乃选懦无能，致令游牧处所为郭罗克抢掠。著照理藩院议，革去扎萨克，另行派人承袭。伊等之贝子、台吉仍加恩赏留。应如何议处之处，交理藩院再议。"

（高宗朝卷七七〇·页一九下）

○ 乾隆三十三年（戊子）十月癸酉（1768.11.27）

谕军机大臣等："据傅景奏，喇嘛诺彦绰尔济等赴藏熬茶，回至哈拉鄂博地方，被贼枪伤三人，抢劫行李，据同行之那旺老藏认系郭罗克之贼，请交总督阿尔泰严查办理等语。郭罗克素不安分，今复敢肆行劫掠，甚属可恶，不可不严加办理，以示惩创。阿尔泰现在准其来京陛见，恐不及查办此事。董天弼历任四川副将总兵，于夷情素所熟悉，昨复将伊补授四川提督，著即将此事交董天弼速行查办，并谕阿尔泰知之。"

（高宗朝卷八二一·页一二上～下）

○ 乾隆三十四年（己丑）五月戊戌（1769.6.20）

谕军机大臣等："董天弼奏查办郭罗克贼番劫掠伤人一案，未免意存姑息，于事理尤不明晰。如那旺老藏在西宁供有阿玉楚扣之名，自应切实根究。现在案内获犯已有二十八名，若将各犯隔别研讯，诘以阿玉楚扣之踪迹，则其有无虚实何难立辨。其中如有数人指供逸犯下落，即可据供向土目索取，彼亦自不敢复事支吾；若其名本属乌有，众供佥同，原可置之不问。乃该提督惟知向该土目根询，因其坚供无有，竟尔束手无策。似此一味糊涂，岂不转为土目所笑。至此等边外番匪敢于肆行滋事，皆由地方文武平日优柔玩忽，渐至养痈。及其事发之后，又不严行追缉尽法创惩，任其将所抢赃物匿不全交。而未获要犯，又信其诡词掩饰，遂欲颟顸了事，何以使此辈黠悍野番畏惧敛迹！况边人素性不常，惟视临边大吏之控驭得宜。果能执法严明，使之凛不敢犯，自皆望风惕息。若事事曲为宽假，彼将效尤无忌，渐至滋生事端。此乃一定不易之理。……董天弼久任蜀中，昨因其熟悉事情，总兵未久即特擢为提督，交办郭罗克之事。今办理不过如此,谁则不能?所谓熟悉者安在?岂伊甫经升用,便自以为志足意满,不知奋勉报效,辄希图苟且息事,殊负朕委任之意。董天弼著传旨严行申饬。至阿尔泰于此事亦不免将就完案之见。该督素称朴诚,何亦迁就若此?此案即遵旨照指示之处,严切确讯,务得实情,速行妥拟具奏。并著传谕知之。"

寻阿尔泰奏:"遵旨将各犯隔别严审,始终供称并无阿玉楚扣之名。其未获逸犯及未缴赃物,现饬原派督催土目追献贼赃之员,上紧严拿追缴。如贼犯将赃物花消,即著落土目罚赔。"

得旨:"知道了。看来董天弼已为提督,心满意足,自然不似先努力矣!此折与他看,令其回奏。"

又谕:"本日据董天弼奏查办郭罗克贼番一案,于原抢赃物,任其匿不全交,而于未获之要犯阿玉楚扣,仅向该土目询索。听其捏称无有,遂欲完案,并不知向现获各犯隔别研求,根寻虚实,未免姑息了事。已传旨严行申饬矣。此等边外夷人素性悍黠,惟在临边文武控驭得宜。平日固应实力绥辑,使之怀德畏威,谨遵约束。设有不逞之徒,稍滋事衅,则必须实力严办,尽法创惩,俾皆凛不敢犯,庶足以儆凶顽而安边徼。若遇事存苟且消弭之见,势必无所顾忌,渐至养痈。……著传谕沿边及苗疆各督、抚,嗣后务须加意振作,勿稍优容。间有此等案情,尤须执法痛惩,不得略存化大为小、化有为无之见,以期绥靖边隅,方不负封疆重寄也。倘事发之初视为无关轻重,希图将就完结,不顾后来贻患,所谓'萌蘖不折,将寻斧柯',朕惟于该督、抚是问,决不少为宽贷也。将此传谕知之。"

(高宗朝卷八三五·页三上~六下)

○乾隆三十五年(庚寅)二月壬戌(1770.3.11)

又谕(军机大臣等)曰:"阿尔泰奏查办郭罗克抢劫喇嘛货驮一折。此事只可如此办理,已于折内批示。前因董天弼擢用提督以后,于办理郭罗克一案不能加意振作,惟图颟顸了事,因降旨督责。乃伊一经申饬,率尔奏请亲往,并有不得贼赃即欲将土目革去。彼时恐其任意妄行,或致扰激滋事,因交该督议奏。今阅阿尔泰折内情节,土目既知畏罪,陆续缴出贼赃,较原失之数所差无几,自可就案完结。而核之董天弼前后所办,直是一胸无定见之人，恐于汛疆阃寄或非所宜。著传谕阿尔泰留心察看，其一切办理营务，是否尚能奋勉，抑或不胜提督之任，即行据实奏闻，毋得稍有回护。"

寻奏："董天弼才识未充，遇事疑虑，不无轻重失宜。然小心谨饬，颇知奋勉，且由四川守备荐升提督，于营务及夷情较谙。"

得旨："览。人材难得，若另换一人，亦未必能胜彼也，不致误事则可矣。"

（高宗朝卷八五二·页二六下～二七上）

松潘口外化番制度及其停行

○乾隆十九年（甲戌）七月丁未（1754.9.16）

吏部尚书管四川总督黄廷桂等奏："松潘镇总兵曩例三年一次携带赏银赴番部化导。查口外各土司彼此从不往还，今因化导调集一方，互相猜疑，转启控争之渐。且来者大都附近土司，贪图赏项。其远者，则以往返口粮较多，所得不偿所费，往往借病不来。化导一事，有名无实，应停。"

得旨："所见是。"

（高宗朝卷四六九·页二六下）

调解孔撒、麻书两土司争产构衅与金、绰、革、德等土司逞私妄袒

○乾隆二十年（乙亥）五月壬寅（1755.7.8）

升任大学士吏部尚书仍管四川总督黄廷桂、四川提督岳钟璜会奏："泰宁协地方惠远庙向由达赖喇嘛派人住持。自派达汉来庙，随带跟役丁巴羊平等，竟干与[预]地方事务，招诱士民，不服土司差唤，经前提臣岳钟琪行知达赖喇嘛撤回。另派罗藏桑结前来，讵又将逐回之头人丁巴羊平等携带来庙，复行滋事。臣等正在查办，适罗藏桑结病故，即转行达赖喇嘛拣派老成端正喇嘛前来，其丁巴羊平等俱撤回。"

得旨："此人即应汝等唤至内地治罪，失于柔纵矣！然既已放回，亦不必勒要也。"

又奏："打箭炉外孔撒、麻书两土司系嫡堂叔侄，有祖遗孔卖宫寺院一所，又有科则、图根、草贲、管冲四小土百户，彼此争执，各欲兼管，两相构衅。大金川、绰斯甲系麻书亲戚，革布什咱、德尔格、上中瞻对又系孔撒亲戚，彼此袒护，各遣头人帮兵助势。当即选差标弁前往化诲剖解，并译写番牌，晓示金、绰、革、德等酋不得逞私妄袒。又饬泰宁协副将陆天德驻扎打箭炉，就近弹压，酌量办理。"报闻。

（高宗朝卷四八九·页三八下～四〇上）

○乾隆二十年（乙亥）七月庚辰（1755.8.15）

谕军机大臣等："前有旨令黄廷桂俟开泰到川交代后即驰驿赴京陛见，再赴陕甘新任。但川省现有麻书、革布什咱等番互相攻击之事，已据黄廷桂奏明亲往弹压，此时未知曾否宁息？若开泰到川，诸番已各解退，可即将番境情形，嗣后应如何办理方为妥协之处，详悉告知，俾其遵守接办。

倘该番尚未宁帖，则开泰系生手，恐一时未能得其要领，黄廷桂当暂留办理。一面将现在情形详悉奏闻可也。"

（高宗朝卷四九二·页八上～下）

○乾隆二十年（乙亥）七月己亥（1755.9.3）

谕军机大臣等："前据黄廷桂奏，打箭炉外孔撒、麻书两土司争竞构衅，应亲身前往，随宜料理，拟于六月十五日前赴打箭炉等语。此折即系黄廷桂六月十五日拜发之折，此后黄廷桂于何时到炉，及如何办理，并番蛮曾否解散一切情形，俱未奏明。即伊于六月二十一、二十七两次奏折，亦并未奏及。传谕询问，令将现在办理情形作速具奏，以慰悬念。"

寻奏："孔撒、麻书争产恃兵，大金川、绰斯甲、革布什咱、德尔格袒护构衅，臣亲往弹压，差弁化诲，绰酋先将围角洛寺兵撤去。炉地防备严密，随酌定机宜，于七月初一日回省。松冈、梭磨、卓克基三土司已檄撤归。绰酋遣头目阿结赴省禀称：'因德尔格、革布什咱是孔撒亲戚，挑唆帮兵，蹂躏麻书。又，角洛寺往来炉地道路被革布什咱抢夺，故与他打仗。'臣等谕：'孔、麻之事，遣大员前往公断，角洛寺派兵驻扎，分送四家兵归巢。'该目听闻，口称：'如此公断，土司无不遵依。'臣等译牌传示，分差弁员，往金、绰、德、革下营处，谕令撤退，此现在办理情形也。督臣开泰到省，臣将此案原委、川省番情一切告知。俟妥筹善后事宜，再驰驿赴京。"

得旨："览奏俱悉。只可如此办理而已。"

（高宗朝卷四九三·页九下～一一上）

○乾隆二十年（乙亥）八月壬戌（1755.9.26）

大学士管四川总督黄廷桂等奏："绰斯甲又差大头人孔本到省禀诉孔、麻旧事，求还杂谷所取也耳日地方，又恳赏给路票，以便赴省禀诉等情。臣等当谕：'孔、麻之案已委员剖断，角洛寺派兵驻扎。至也耳日地方及路票二事，尔土司撤兵后，自有定夺。'该番叩头感激，即押送回巢。又金、绰分往甘孜之兵，被德尔格、孔撒等击退。麻书土司丹津旺溥年幼势孤，禀恳救助。臣等选派参将宋元俊等星往孔撒地方，调齐各家头人，从公剖结,已于八月初六日出口。"

得旨:"览奏俱悉。"

（高宗朝卷四九五·页六下～七上）

○乾隆二十年（乙亥）八月辛未（1755.10.5）

大学士管四川总督黄廷桂等奏:"金川、绰斯甲等闻知已委大员出口剖断,派兵驻扎角洛寺,俱各悦服,分遣头人一面往甘孜听断,一面至丹多、吉地撤兵。八月十五日,金、绰及德尔格土兵尽撤回巢,麻书土司丹津旺溥逃往瞻对地方。孔、麻两家番民,十室九空。查麻书虽孽由自取,然系受印土司,未便听孔撒兼并,飞饬将麻书土司搬回,孔、麻被难番民安插。再开导孔撒,令将所占地方、百姓吐退,然后将原案断结,晓示诸酋。"

得旨:"览奏俱悉。"

（高宗朝卷四九五·页二一上～下）

○乾隆二十年（乙亥）十月丁巳（1755.11.20）

大学士管陕甘总督黄廷桂、四川总督开泰、四川提督岳钟璜等奏:"臣等前将金、绰、德尔格三酋土兵各撤归巢,委令宋元俊等招抚安插。据宋元俊等禀报,德尔格头人四朗结于八月二十一日带兵三百余名占据麻书寨。该员行抵甘孜,将四朗结兵驱押归巢。麻书土司丹津旺溥年十二,与伊叔喇嘛群赞藏匿,招之始出,安置原寨等语。查德尔格乃甘孜以下最大土司,历来恭顺。此次遵谕退兵,俯首归巢,其畏敬官长出众土司上。臣等一面饬令宋元俊妥办,一面差员驰赴德尔格,谕以麻书乃受印土司,擅侵掠干咎,令将百姓交出。九月二十日,土司鲁朱江错赴甘孜投见。宋元俊传集德尔格、孔撒、麻书三土司,将孔、麻控案分断,给照收领,各具悦服夷结。德尔格送出麻书土民三千九百余名,交麻书管束。孔撒逃民一千三百余名俱招出,仍归孔撒。麻书土司丹津旺溥年幼,留喇嘛群赞抚之。照前督臣岳钟琪派兵防护巴旺土司勒儿悟例,派弁兵十一员名,并千总温钦守护。又,革布什咱角洛寺系金、绰赴炉要路,酌派把总一员,带兵十名驻扎。此项弁兵均按季于泰宁协标轮换。宋元俊事竣回炉。绰酋头人八东求追还杂谷所取地方，委员剖断，绰斯甲头人愿赔礼，杂谷头人愿还其土地、人口，不复争。当经传见大小金川、革布什咱、沃日、木坪头人，面加训谕，并书番牌示各土部，均为悦服。"

得旨："览奏俱悉。"

（高宗朝卷四九九·页四下～六上）

○乾隆二十年（乙亥）十一月丁亥（1755.12.20）

四川总督开泰、四川提督岳钟璜等奏："据千总温钦带领德尔格、孔撒、麻书、章谷、工邬三朱竹窝各土司所差头人赴省赍呈夷禀，具谢从前孔、麻交攻经委员剖断，请给执照并来省路照。臣等会同查明，谕令各守疆土，毋得交争，给照奖赏，饬即回巢。"报闻。

（高宗朝卷五〇一·页七下～八上）

土尔扈特差人赴藏，禁俄人乘机同往；渥巴锡等由俄回归

○乾隆二十一年（丙子）五月戊寅（1756.6.8）

谕军机大臣等："据土尔扈特敦多布达什奏请差人赴藏一折，著寄知麒麟保。查照从前谕旨，如此系土尔扈特遣人前来，一面奏闻，一面带领来京，沿途准与蒙古人等交易。倘仍带俄罗斯同往，须谕以俄罗斯不应赴藏，即行停止。并谕令土谢图汗延丕勒多尔济遵照办理。"

（高宗朝卷五一二·页二〇下～二一上）

○乾隆二十一年（丙子）七月戊子（1756.8.17）

谕军机大臣等："前因土尔扈特遣人前往西藏，特派麒麟保带领同行。今据奏称已于七月初旬起程赴藏，计其回时朕已驻跸热河。著传谕麒麟保即带领土尔扈特使臣由张家口外前赴热河入觐。"

（高宗朝卷五一七·页六下～七上）

○乾隆三十六年（辛卯）六月丁亥（1771.7.29）

又谕（军机大臣等）："据伊勒图、舒赫德等奏称土尔扈特台吉策伯克多尔济遣格隆讷木库巴勒珠尔、寨桑集布赞等请安，并将其投来情形具奏。看伊等力穷远来，投诚属实，一切迎抚安插，所关甚要。此内渥巴锡系土尔扈特阿玉奇汗之嗣，原系无罪之人，因与俄罗斯之俗不同，是以来投，应遣人往迎。……尔等欲往西藏熬茶，亦无不准。现今西藏俱隶我版图，达赖喇嘛、班禅额尔德尼黄教中无有逾此者。……"

（高宗朝卷八八七·页八下～一〇上）

设中甸同知，中甸、维西改隶丽江府管辖

○乾隆二十一年（丙子）五月乙未（1756.6.25）

吏部议复："原署云贵总督爱必达等奏称：'滇省中甸地方，自内附三十余载，地辟民聚。原设州判一员，管理词讼、钱粮等事。稍涉疑难，必赴府、州请示，往返千里。更因夷寨众多，设有土守备、千、把，分地稽查，统听州判管辖，而微员究难弹压。查楚雄府同知与知府同城并无专司，请改为中甸同知，将州判缺裁，即将旧署作为同知衙署，俸工书役照旧设立。再，中甸、维西地界接壤丽江，向系丽江府所辖。嗣因将鹤庆府通判移驻维西，后将中甸州判隶剑川州，遂均属鹤庆府。第自鹤庆以至中甸、维西，必由丽江取道，窎隔殊难遥制。应将维西通判及现设中甸同知俱改隶丽江府管辖。至中甸同知、维西通判俱以极边要缺注册，缺出在外拣调。'均应如所请。"从之。

（高宗朝卷五一三·页一七上～下）

○乾隆二十二年（丁丑）四月癸酉（1757.5.29）

吏部议准："云贵总督恒文等疏称，鹤庆府属中甸州判及维西通判接壤丽江，请改中甸州判为中甸抚夷同知，维西通判为维西抚夷通判，均隶丽江。其关防均照改驻字样铸给。"从之。

（高宗朝卷五三六·页二七上）

○乾隆二十三年（戊寅）二月己卯（1758.3.31）

户部议准："云南巡抚刘藻奏，前裁中甸州判，移楚雄同知于中甸，议给养廉六百两。部议以数增原额复令核题。查原议移员养廉较楚雄原额虽增二百两，但裁二为一，且该员有查验进藏商贩、征收钱粮诸务，请仍照原议数增给。"从之。

（高宗朝卷五五七·页一四上～下）

七世达赖圆寂，第穆呼图克图摄政；认定七世达赖转世灵童，遣官进藏照看坐床

○ 乾隆二十二年（丁丑）二月辛卯（1757.4.17）

四川总督开泰、提督岳钟璜奏："川省口内外土司番蛮素皆崇奉达赖喇嘛，今闻其于本年二月身故，将来赴藏熬茶者必多。恐其间良顽不一，现谕沿途台汛各官加意查察约束，毋令在途滋事。"

得旨："固属先事预防，然不可因此而致番子等疑惧生事，莫若视之如无事为美。"

（高宗朝卷五三三·页三〇上～下）

○ 乾隆二十二年（丁丑）三月癸卯（1757.4.29）

又谕（军机大臣等）："适据伍弥泰等奏称，噶隆与众堪布共议，迪穆呼图克图熟习经卷，达赖喇嘛在日曾分外优待，藏内亦皆敬服，请将迪穆呼图克图掌办喇嘛事务等语。前此伍弥泰等奏到达赖喇嘛圆寂，朕念卫藏地方紧要，曾于折内批谕遣章嘉呼图克图前往。此特因卫藏不可无为首办事之人，原系抚恤伊等之意。今噶隆与众堪布等既同推迪穆呼图克图为首办事，即毋庸遣章嘉呼图克图前往。但伊等接奉朕前批谕旨，或已向噶隆、众堪布等宣告，均未可定。今发去谕旨二道，若前批发之旨已向噶隆等告知，即将停止章嘉呼图克图另准迪穆呼图克图为首之旨向噶隆等宣谕。若前旨尚未向众告知，即毋庸言及，只照伊等所请，著迪穆呼图克图为首。伍弥泰等接奉此旨后，将用何旨宣谕之处，务须据实奏闻。"

（高宗朝卷五三四·页一三下～一四下）

○乾隆二十二年（丁丑）三月壬子（1757.5.8）

谕军机大臣等："前因卫藏之人性好擅权滋事，颇罗鼐故后办理珠尔默特纳木扎勒时，曾经降旨将卫藏一切事件俱告知达赖喇嘛办理，噶隆等惟令遵办达赖喇嘛所交事件。是以数年以来，甚属安静无事。兹达赖喇嘛圆寂，览噶隆等请将迪穆呼图克图为首之奏，只称请掌办喇嘛等事务，所奏殊属含混。噶隆等颇有擅办喇嘛事务之心，日久恐不免妄擅权柄。是以朕赏迪穆呼图克图诺扪汗之号，俾令如达赖喇嘛在日一体掌办喇嘛事务。除明降谕旨外，再谕伍弥泰、萨喇善务宜留心，遇有一切事务，俱照达赖喇嘛在时之例，与迪穆呼图克图商办，毋令噶隆等擅权滋事。将此情节已降旨交章嘉呼图克图，命其写信，由赴藏之扎萨克喇嘛亲身密交迪穆呼图克图矣。伍弥泰、萨喇善只期相安无事，妥为留心，毋得稍有泄露。"

（高宗朝卷五三五·页一〇上～一一上）

○乾隆二十三年（戊寅）九月己酉（1758.10.27）

又谕（军机大臣等）："据章嘉呼图克图奏，俟认明达赖喇嘛呼毕勒罕后，即行回京；再，闻自叶尔羌逃往和沙木巴察之厄鲁特三百余人，现住彼处等语。朕令呼图克图赴藏，特为辨认达赖喇嘛之呼毕勒罕出世。俟辨认明确后，呼图克图即行回京，所奏甚是，朕亦将此敕谕伍弥泰、官保矣。……霍集占不日就擒，即可藏事。将此谕呼图克图知之。并谕众唐古忒，如霍集占势穷力蹙，窜入藏地，或逃往拉达克等处，著遵旨擒获解送，朕必加以懋赏，断不可容留疏纵。"

（高宗朝卷五七一·页一四下～一五下）

金川与革布什咱、党坝等兴兵构怨,清廷"以番攻番",九土司会攻金川

○乾隆二十三年(戊寅)二月丙戌(1758.4.7)

四川总督开泰奏:"金川与革布什咱结亲构衅。革布什咱丹多番众通金川夺取丹多,土司四朗多博登并赴援革布什咱之小金川土司子色刚桑,均被围吉地官寨。小金川孙克宗地方亦有金川蛮兵。除译谕金川撤兵,有不平允事禀明候断外,分拨弁兵往打箭炉并近革布什咱之章谷、泰宁等处驻扎。复令沃日、杂谷各土司派土兵赴孙克宗,助小金川防范。令绰斯甲布乘金川围攻吉地官寨时,相机捣虚邀击。仍令川西文武员弁查看小金川兵力,不足即禀拨土练往驻。"

得旨:"览奏俱悉。只可如此办理而已。"

(高宗朝卷五五七·页四一上~下)

○乾隆二十三年(戊寅)四月乙丑(1758.5.16)

谕军机大臣等:"据开泰等奏,革布什咱四朗多博登并色刚桑被围救出,金川复带兵回攻丹多吉地,现在分委将弁晓谕控制,如有必需另办之处,再行奏闻等语。向来番苗自相攻击,原可不必绳以内地官法。此次金川与革布什咱等兴兵构怨,据该督等两次查奏,原不过因结亲起衅,量其情形本与蛮触无异。但所奏有分拨土练、弹压打箭炉等处地方一节,未甚明晰。该地系通藏之道,自属紧要,然番目等如果不过于巢穴中自相劫掠,于打箭炉何涉耶?但开泰、岳钟璜素非好事之人,其所陈奏,虑其有偏于息事之意,断不致过于张皇。果使土酋之意不专在革布什咱,势必为边圉滋扰,伊等别有访闻踪迹,则必须彻底办理,当据实速奏,候朕另行降旨。然此非可以专恃川省绿营弁兵及略派土练便可济事也。再,绰斯甲

布现与小金川、沃日诸土司联络，其人众兵力不甚单弱。或传知该土目，果能自出其力，惩创金川，则所得地方人众，不妨量赏伊等，以示鼓励。以番攻番之策，亦属可行。总之，情形非可悬度，朕意如果番蛮自相攻劫，乃事所常有，只可将就了事，设不得不办，则亦非川省绿营所能任其事者，十三年其明验也。若事在必不可止，则该督等转当以无事处之，一切不露，而密行速筹二三千人数月之粮饷，一面奏闻请旨。奏到之日，朕自相机酌办。若就现在委员晓谕约束，便可宁辑无事，则又不必多一番布置矣。将此详谕该督等，速行明白回奏。"

（高宗朝卷五六〇·页一五下～一七下）

○乾隆二十三年（戊寅）五月丙戌（1758.6.6）

谕军机大臣等："金川所踞革布什咱官寨，既经明正、绰斯甲布等土司全行夺回，可见番蛮挟仇攻击之事原所时有，殊不必以内地官法绳之。该处文武果能晓谕约束，可以宁辑，固属甚善。否则，惟有以番攻番之一策，惟须静镇以处之耳。金川原属不安分之土司，若众土司等能协力除之而分其地，于番境转可久远相安，正不必以滋衅不已为虑。第此等机宜自不便于明谕，宜密饬文武各员，微示其意于众土司，俾其知所从事。至于布拉克底土舍德租不安住牧，竟敢附和金川，其情甚为可恶，必应示以惩创。该督、提等或以计擒，或令邻近土司攻取，亦可以酌量办理。著一并传谕知之。"

（高宗朝卷五六二·页一上～二上）

○乾隆二十三年（戊寅）五月戊子（1758.6.8）

谕军机大臣等："据开泰、岳钟璜复奏，金川已被章谷、绰斯甲布两路进攻溃逃，其侵占革布什咱，未能得志，目下情形，可以渐为排解，毋庸再行另办等语。金川与革布什咱构怨滋事，原系番苗自相攻击，不必绳以内地官法。前已降旨，令该督等据实速奏。今据该督等复称，现在办理情事可以随机驾驭，所见颇合机宜。但金川之莎罗奔、郎卡在土司中最不安分之人，此次与革布什咱结亲构衅，本其向日素性狡黠，故有此耳。昨谕该督等相机令绰斯甲布、小金川或分据其地之说，该督、提等可留心，不动声色为之。著传谕开泰等知之。"

（高宗朝卷五六二·页五上～下）

○乾隆二十三年（戊寅）十月癸未（1758.11.30）

四川总督开泰奏："本年革布什咱各土司攻扰金川，杀获甚多。伊等逐一禀报，须分别奖赏，以资驾驭。此等夷务未便糜费钱粮，查卬、雅、灌、汶等州、县山民种茶日多，于行销额引外尚有余茶，请借支臣及布政使半年养廉，发盐茶道购买，择地行销，获价扣还借支，余备赏土司之用。"

得旨："调剂得宜，甚可行也！"

（高宗朝卷五七三·页二七上～下）

○乾隆二十四年（己卯）四月辛酉（1759.5.7）

又谕（军机大臣等）："据开泰奏，金川与革布什咱构衅一案，各土司仍在相持，未曾对敌。现在姑为驾驭，俟番地山雪渐融，随时察看，再行相机办理等因。各土司互相攻击，节据该督、提等奏到情形，业经屡降谕旨，令其相机办理，不必绳以内地官法。看来革布什咱等与金川相持不下，不过欲众分金川之地。莎罗奔、郎卡盘踞金川，终非善类，如果能协力瓜分，正可听其自然，所谓以蛮攻蛮之一策也。折内所称莎罗奔、郎卡俱有畏惧乞怜之态，向来苗性狡黠，万不可以此凭信，转启事端。即山雪消融之后，其如何往彼察看再行办理之处，亦毋庸稍涉张皇。惟在该督、提等密饬该管文武，得其实情，相机办理。一切行所无事，镇静以处之可耳。各土司文书大概系用唐古忒文字，该处翻译恐不尽其详细，一并传谕该督等，嗣后接到各土司文书，除一面办理外，即将原文进呈。此次该土司文书如尚未发还，即速驰奏，则彼地情形，自无不洞悉矣。"

（高宗朝卷五八四·页二二下～二三下）

○乾隆二十四年（己卯）七月丁丑（1759.9.20）

四川总督开泰、提督岳钟璜奏："中瞻对土司俄木丁被兄子四朗工布谋杀，臣等委员前往查办。据俄木丁之妻称有下瞻对土司班滚主使，而班滚坚不承认，未便深求，止令擒献四朗工布，质讯完结。其俄木丁之子俄木扎什，安置官寨，俟取具图结，另请承袭。至金川与革布什咱构衅一案，臣等派员前往金川，见莎罗奔、郎卡词甚恭顺。臣等思该酋最为狡黠，应外示羁縻，一面令绰斯甲布、党坝、小金川、革布什咱等密为防范，俟其有隙，相机办理。"

得旨："不过如此而已。"

（高宗朝卷五九三·页三八上～下）

○ 乾隆二十六年（辛巳）四月癸酉（1761.5.8）

四川总督开泰等奏："金川土司郎卡禀称：我本天朝土司，惟与众土司不和，众土司因将不法之事向内地官府前控告。如今止求作主剖断，情愿恪遵，丝毫不敢多事等语。臣等思金川与革布什咱构衅，以致各土司围堵两载有余，郎卡既不获逞其吞并之谋，且数经挫衄，禀求剖断，若仍令各土司驻防攻守，既不能克日奏功，转恐日久生懈。随委谙练员弁前赴绰斯甲布、丹坝、金川一带，会同各土司所遣大头人，宣扬恩德，切指郎卡罪恶，明白剖断。将金川在丹坝界上所修碉卡押令拆毁，侵占丹坝山地全数退还。并差弁员前赴布拉克底，令将金川所助番兵悉回巢穴。然后传知各土司，将各处土兵及土练次第撤收。惟是革布什咱两被金川蹂躏，残破良多，而巴旺毗连布拉克底，人少力单，仍留弁兵十余名在革布什咱、巴旺中间章谷地方驻扎，以为声援。昨绰斯甲布、丹坝、革布什咱、巴旺、小金川、沃克什、梭磨、卓克采、从噶克九土司，以土兵均撤，陆续遣人赴省请安。臣等谕以郎卡为人狡诡，目下虽已竣事，仍当时刻留心，不可堕其诡计。郎卡亦遣人来，臣等严行教诫，谕以天朝之于土司，正如雨露之于草木无有二致。自己向顺，即享安全；自己作孽，即受灾祸。惟郎卡自择之。头人又称：'上年莎罗奔已死，郎卡恳求换给印信。'臣等复谕以郎卡止见有罪，未见有功，即使分当承袭，亦应照例取具各土司印结，由地方官详报请题，方能换给印信。头人又称：'郎卡因沙［莎］罗奔之死，欲遣人赴藏熬茶，求给路票。'臣等复谕以熬茶本系善事，郎卡应遣大头人虔诚预备，将随去人数若干，报知该管地方官转禀核办。该头人俱领诺而去。至前此所需犒赏，臣等会同奏请将总督及布政使养廉各借支半年，于邛、雅、汶、灌等州、县购买余茶，酌量行销。所获茶价，除归还借支之数，余作为赏需。今除已经动支及扣还借支外，尚余六七千两，发交打箭炉及杂谷两处各二千两，购买谷、麦、青稞，贮仓备用。余银仍存藩库，以为夷务之需。"报闻。

（高宗朝卷六三四·页六下～八下）

○乾隆二十六年（辛巳）四月丙申（1761.5.31）

四川总督开泰等奏："金川土舍旺扎勒系郎卡之弟，投诚后补授里塘额外副土司。前因金川与革布什咱构衅，臣等以打箭炉逼近革布什咱，声息易通，将旺扎勒押赴泰宁协驻扎之化林坪，交副将等收管。该番自抵化林坪甚属守分，本年二月赴省来见。臣等思革布什咱夷务已竣，若将该番遣回里塘，该处既有正、副土司，转成赘设，且里塘远隔边外，照料难周。臣等会同商酌，请将旺扎勒即安插化林坪，仍将里塘每年应得额外土司养赡照数拨给，俾各番知归顺者获享安全，更为有益。至布拉克底土舍德租已死，其兄安多尔接管地方。闻安多尔及属下番民俱不愿与金川联络。臣等以土司狡诈难信，仍谕该处员弁随时体察，不得以夷务已竣，遂为忽视。"报闻。

（高宗朝卷六三五·页二二上～二三上）

○乾隆二十七年（壬午）二月乙亥（1762.3.6）

又谕（军机大臣等）曰："开泰等奏金川请袭土司莎罗奔之缺，无庸取具土舍头人暨邻封土司甘结一折。在该督等如此办理，意在直截简便，且不令土司等复因此通同附和，所见固是。然不为郎卡等明白宣谕，恐此等土舍不知怀畏，转疑开泰等有意迁就，一似徇其所请，竟不待各处甘结者然，或致潜生骄纵，殊非控驭之道。著传谕开泰、岳钟璜即行晓谕郎卡等，谓：'邻近土司与尔素有嫌隙，今因承袭之事照例取结，伊等定不乐从。今据尔恳求，竟免其辗转取结，以示加惠土司之意。但袭职之后，在尔与邻境诸部既不能相协，而封疆大臣亦断不肯为尔少贷。'如此方足令其知所警惕，于体制亦为允协。"

（高宗朝卷六五四·页一三下～一四下）

○乾隆二十七年（壬午）十一月丙子（1763.1.1）

谕军机大臣等："开泰等奏金川土酋郎卡滋扰党坝，各土司前往援助，已将所侵儿麦让地方夺回，现饬守备温钦等诘责查办一折。未免先事预设调停之见，于办理机宜未能领会。前该督等于乾隆二十三年奏金川与革布什咱结亲构衅之事，杂谷、绰斯甲布两路进攻，屡经传谕不必绳以官法，惟有以蛮攻蛮之策，或相机令绰斯甲布、小金川分据其地。而彼时开泰、岳钟璜不能体悉朕旨，未免意存姑息，是以但取解纷了事，以致养成骄纵。此时郎卡初为土司，即已垂涎党坝，其明验也。殊不知此等鼠子野心，即使目前诘责认罪，又安能保其永远受约安静乎？土司内如革布什咱、党坝等类，其力之强弱虽殊，然皆可借此以为狼酋之敌。如果因其挟仇攻击，竟将狼酋吞噬，岂非策之最善者！著传谕开泰等，现在断不可有先事部署官兵，协力傥助之计，致涉张皇。所有邻近各蛮土兵既集，或即协力剿除，分有其地。止可听其各自为计，番境转可相安。倘各土司不能并力剿除，而郎卡仍怙恶不悛，有必须另行办理者，则亦非该督、提等以川省绿营官兵所能任其事，开泰等临时据实奏闻，候朕酌办。此时止须静以听之，不可调派纷纭，徒骇番人观听也。"

（高宗朝卷六七五·页二下～四上）

○乾隆二十八年（癸未）七月壬午（1763.9.4）

谕军机大臣等："据开泰等奏九土司绰斯甲布等攻打金川一折，所办尚未得綮要。开泰向于郎卡遣人赴蜀时，每许进见且常加慰抚，而阴纵绰斯甲布等与之攻击。在郎卡素性狡黠，此等行为岂能掩其耳目？即绰斯甲布见此依违两可，亦将窃笑。甚非天朝开示诚信，驾驭番夷之道。郎卡既于绰斯甲布等屡肆侵凌，众土司合力报复，原不为过。督臣既闻其事，惟应明白宣示绰斯甲布等以郎卡既得罪于众土司，尔等悉锐往攻，倘能剿灭番碉，亦免尔等后患，但不必官为应援。而于郎卡来人严为拒绝，且切谕以尔既结怨邻境，岂甘为尔蚕食，必将联集各寨奋力复仇。此亦尔所自取，我等断不肯曲为庇护。如此，则郎卡既不敢恃以逞强，而绰斯甲布等亦可泄其积愤，于事理方为两得。乃开泰既谲以笼络郎卡，复隐为援助土司，殊失控制大体。阿尔泰嗣后一切，当以光明正大，经理得宜，毋事调停迁就，致蹈开泰故习。并将此传谕岳钟璜知之。"

（高宗朝卷六九一·页二三下～二四下）

○乾隆二十八年（癸未）九月癸未（1763.11.4）

四川总督阿尔泰、提督岳钟璜奏："臣阿尔泰到任后与臣岳钟璜详查西、南两路，惟金川居各土司之中，地势险峻。该土司郎卡贪顽成性，狡黠异常，向来逞强，滋扰邻境。如绰斯甲布、革布什咱、巴旺、小金川、党坝五土司，与金川连界，夙被欺凌，结怨已久。又有沃日、松冈、梭磨、卓克基四土司，距金川稍远，与绰斯甲布等五土司接壤，非亲即族，唇齿相依。九土司中绰斯甲布势力稍强，可与金川相敌。其余或兵力微弱，或土司庸愚，分处各巢，只可勉力防守。联为一气，则可并力攻击。此九土司共为合从之计，以遏郎卡窥伺之机也。上年九月，因郎卡侵占党坝地方，绰斯甲布发兵相助，并约会各土司禀恳准其攻打，以图报复。本年五月二十九日九土司会攻金川，分路前进。三月以来，节据两路委员禀报，各土司或连得胜仗，或互相杀伤，核计杀掳数目及焚碉夺卡、抢获马匹器械，郎卡甚为受创。臣等已饬委员谕各土司：'尔等会攻金川，乃自图报仇泄愤，以除后患，各宜努力进攻。'并饬委员：'如郎卡遣人投禀求救欸关请见等事，务严为拒绝。并谕以郎卡滋扰邻境，致各土司公愤会击，伊孽由自作，我等断不肯曲为护庇。'如此驾驭各土司合力进攻，固可长除后患，即一时不克，郎卡亦必畏惧自守，不致滋扰邻近土司。"报闻。

（高宗朝卷六九五·页二八下～二九下）

○乾隆二十九年（甲申）六月丙申（1764.7.14）

谕军机大臣等："阿桂奏绰斯甲布等九土司与郎卡互相攻击各情形，内另折所奏虚衷体察全局机宜，不必急急办理之处，所见甚是。其第一折所奏，将金酋罪在不赦传谕各土司，以破其疑等语，则未免迹涉张大，于现在事理未协。在金酋等仇衅相寻，正如鼠斗穴中，本属外番常有之事。督臣为边方重镇，即欲相机办理，亦惟不动声色，先为体勘确情，再行斟酌措置，方得控驭大体。况朝廷于此等幺麽丑类，如郎卡之垂涎邻寨，固不为之护庇，而绰斯甲布等之欲除害已，亦不为之抑制。此正所谓光明正大之道。若如阿桂所云'金酋罪不可赦'，则似郎卡实已获罪天朝，于理即当声罪致讨，又岂应假手九土司，竟类常人挑构取事者所为耶？至遣官前往晓谕绰酋新任总督钦命来川云云，又竟明示以出自朕旨，特令阿桂为总督，专办此事者然。无论有乖体制，且徒使酋目等因此惊惶骇听，又安足以破其疑！总之，揆诸此时，应行筹酌事宜，均不免为过当也。阿尔泰现既来京请训，阿桂在彼先事悉心熟计，借巡边以审察其动静。一切务须安详镇定，坦然行所无事。惟自守其另折之说，待阿尔泰回任，商榷定局可耳。将此详谕阿桂知之。"

（高宗朝卷七一三·页一下～二下）

○乾隆二十九年（甲申）六月戊申（1764.7.26）

谕军机大臣等："前据阿桂奏查看土司互击情形一折。现在金酋等不过自行蜗斗，并无获罪天朝之事。前降谕旨甚明，即阿尔泰到京所言亦止于此。将来相机筹办，綮要实亦不外乎是，亦不屑别有所设施也。但阿桂折内有'于九月间前赴查边'之语，阿尔泰现已到京陛见，若照常回任，八月初旬早可抵川。朕因阿桂有应预行前往体访之处，是以令其待至七月，候送木兰，再行起程。然量其程期，迟亦不过在仲秋之末即可到川。若阿桂俟其回川后再行巡查，则转似另设一总督专办其事，既于观瞻未协。若竟尔停止，又未免有失信番酋之迹。莫若此时早为部署起程，一切留心察勘，事竣回省，则阿尔泰亦即到川之时。彼时会晤，将土酋行径详悉告知，亦可熟筹妥办，于事理庶为允协。而阿桂来京后，此间亦详知番中情形矣！将此即传谕阿桂知之。"

（高宗朝卷七一三·页一五上～一六上）

○乾隆二十九年（甲申）六月庚戌（1764.7.28）

工部尚书署四川总督阿桂奏："据驻藏副都统福肃咨称，在藏学经之金川喇嘛温布壬占噶等九名以学经事毕禀请回巢，解赴省城。臣思金酋郎卡怙恶滋事，其喇嘛温布壬占噶等九名自不应遣令回巢，或应即在成都昭觉等喇嘛寺安插，或径解京师安插之处请旨。"

得旨："暂在成都安插。事定请旨，或可问伊等郎卡情形也。"

（高宗朝卷七一三·页二〇下～二一上）

○乾隆二十九年（甲申）八月癸巳（1764.9.9）

谕军机大臣等："阿桂奏前往番地体察各酋情形折内所称郎卡狡狯，岂不知有内地主张，但不肯明言速祸，且欲以尚未见弃天朝为安慰熟番之计等语，所见颇悉番酋情状。看来以番攻番，自是乘机善策。九土司等果能齐心协剿，其势实有可图。但各土司未经明白传谕，未免尚存观望迟疑之见。著传谕阿桂，俟阿尔泰回任时悉心会商妥议，不必云奉有谕旨，但称钦差、总督之意明谕九土司：'郎卡反复狡诈，为众土司之害，彼虽借词欺诳番属，自以为不见弃于天朝，然天朝岂肯以众人之蠹，再事曲为覆庇！是以从前请颁印信，现在留存成都，不准给发。尔土司等集众往攻，原为自除己害起见。钦差及总督控制边隅，不惟不为禁制，且有应行奖励之处，亦决不为之勒惜，尔土司等能殄灭此酋，所有金川之地，就各番寨所近即令分析，画界管理。'如此开导，土司等既可剪灭仇雠，又得增开疆土，自必倍加踊跃，其事尤属易成，而于内地不动声色镇靖边番之道亦深有裨益。阿桂与阿尔泰即熟行计议，一面相机妥办，一面将宣谕后该土司等情形若何，据实奏闻。阿桂不必在川候旨，即来京可也。"

（高宗朝卷七一六·页一七下～一八下）

○乾隆二十九年（甲申）九月戊寅（1764.10.24）

工部尚书署四川总督阿桂、四川总督阿尔泰、提督岳钟璜会奏："查绰斯甲布九土司会攻金酋一案，屡奉谕旨令臣等熟筹妥办。窃以郎卡所恃，不过地险碉坚，然合计众土司之力较金川多至数倍，若果奋力攻击，必可成功。是以番攻番，实为镇静办理之善策。查九土司内如巴旺、革布什咱地小兵单，只可借以牵制一面；沃日不与金川接壤，又兵少力弱；杂谷之梭磨、松冈、卓克基三部地势隔绝，与金川相通者只有一路，进攻颇难；又党坝一部，系杂谷土舍于乾隆二十四年始行分设土司，地小力微，逼近金川，屡被侵陵，势难自立；惟绰斯甲布番部，其地势兵力堪称金酋劲敌，且与金川连界之处甚多，进攻颇易。绰斯甲布与党坝如果各思努力，再加以小金川之众，则金酋小丑实有可图。第攻守之势既异，要须持之以久，方可使金酋疲敝。愚番只顾目前，必在随时提掇，酌加赏恤，以鼓其奋往。并于每岁金酋种植、收获时，四面环攻，使之顾彼失此；常时则惟相利而进，俾各土兵亦得休息，庶为有益。查前因川余茶壅滞，经原任督臣开泰奏准，借动鼓铸余息购买，运交打箭炉、松潘两路变卖，所获余息暂为夷务赏项之费。除用外，现有余存。臣等酌议于明岁各部土兵进攻要紧之时，量给口食之费。并照现定赏格，或割获首级、耳记及阵亡带伤者，均予赏恤。如有不敷，另于别项通融办理。俟事定将余茶一项多办数年，亦可补苴，不至另筹正项。如此，庶各部番兵可期得力，数年可望成功，至于番性无常，临事机宜难以预定。臣阿尔泰、臣岳钟璜悉心办理，随时据实奏闻。"从之。

（高宗朝卷七一九·页二三下～二五下）

○乾隆二十九年（甲申）十月甲辰（1764.11.19）

四川总督阿尔泰等奏："九土司会攻金川情形，查绰斯甲布一路，进攻穆康寨、儒锡寨、日旁后山寨，攻克金川水磨九座，绰斯甲布兵亡失三十名；丹坝一路，同三杂谷土兵，抢金川凯立叶牛厂、博迪喇嘛寺等处，歼杀金蛮甚多，丹坝兵伤损二十余名；小金川一路，在鄂硕觉、木达关、多噶尔等处，捉获男妇数名口并骡马牛支等项，土兵带伤五名；革布什咱一路，至郭察地方打仗，伤土目一名、土兵五名。臣等酌量给赏，并谕各委员驾驭鼓舞，设法进攻。又，据各路禀报，金川番民斯达克塔尔、磋摩两户男妇十五名口及班第母子二人逃投小金川，阿咱纳塔尔等男妇三名口逃投丹坝，扎斯嘉等男妇三名口逃投绰斯甲布。诘问伊等情形，金云金川年成荒歉，各处添修碉卡，日夜防守，番民穷苦，供词约略相同。臣等饬令土司将逃番安置窎远之处，以防其潜通信息。如有空闲田地，酌给安插，使番众闻知，咸思远害投生，以广招徕之路。"报闻。

（高宗朝卷七二一·页一六上～一七上）

○乾隆二十九年（甲申）十二月丙戌（1764.12.31）

四川总督阿尔泰、提督岳钟璜奏："遵旨指示机宜，令臣等会给九土司谕稿，委员分发。今据禀称：'亲抵各土司巢穴，传示檄谕，且驾驭鼓励，量为犒赏。该土司、土舍、头目人等俱感激踊跃，或奋欲剿掠，以冀复仇，或亟图攻取，思除后患。'委员等目睹小金川、党坝、三杂谷、绰斯甲布等土司，派拨头人土兵分路前赴金川地界，明击暗攻，并将攻劫抢掠情形禀报前来。臣等查各土司近日攻剿金川，屡经得胜，金川势必力图报复，正不可不严密防范。臣等飞饬绰斯甲布、革布什咱、巴旺等土司，各于要隘添兵防守，并于路通金川之处设伏巡警。如有金川番众前来，便于奋力截杀。"报闻。

（高宗朝卷七二四·页一六上～下）

○乾隆三十年（乙酉）正月丙子（1765.2.19）

四川总督阿尔泰等奏："绰斯甲布等九土司会攻金川，节次得胜，宜乘机鼓励。现在赏需虽有代销余茶息银凑集拨用，尚宜宽裕筹备。查川省惟犍为、富顺二县近年盐井旺盛，令灶户于额引外将存剩余盐尽数报官登册，由盐道发给印票代销，计每年可征银万两。汇解道库，贮充赏需。"

得旨："如所议行。"

（高宗朝卷七二七·页一四下）

○乾隆三十年（乙酉）闰二月壬子（1765.3.27）

四川总督阿尔泰等奏："据西路维州副将、知州，南路游击、同知等先后禀报：委员分赴所属土司，查验毗连金川地方碉卡，并饬各土司相机进剿。各土司屡蒙恩赏，且谓殄灭金川于彼有益，俱感激踊跃。旋金川郎卡差头人因通事迎见委员，自陈悔罪。委员晓以利害，当即遣送所掠党坝人口五十一名，拆毁穆尔津冈战碉五座，惟山梁尚未退还等语。查郎卡恃地险碉坚，构衅以来从未乞怜。今忽输诚，恐有别情，随调委员等来省面询，据称悔惧似出实情。但后此果否安分，臣等难逆料。仍饬委员驾驭，令各土司设法进攻。"

得旨："不必二三其意，仍持前议，久而不懈，自可成功，况又无甚大费。莫为属员了事将就之议。"

（高宗朝卷七三〇·页一〇下～一一下）

○乾隆三十年（乙酉）闰二月乙亥（1765.4.19）

（四川总督阿尔泰）又会同提督岳钟璜奏："绰斯甲布等九土司会攻金川郎卡，节次小有杀获。现讯金川逃出男妇，据供金川刮耳崖一带年岁歉薄，情形甚苦。且闻逃投各土司者均有赏赐，因逃出求生等语。查毗连金川之党坝、小金川一带，虽亦间有歉收处所，各土司通融交易，粮食尚可接济。金川岁歉，且被九土司围困，不能运粮赴巢，穷蛮乏食，谅难支持。应乘此青黄不接之时，一面招徕，一面进攻。"报闻。

（高宗朝卷七三一·页二一上～下）

○乾隆三十一年（丙戌）二月庚戌（1766.3.20）

四川总督阿尔泰、提督岳钟璜奏："据维州副将、同知禀称，上年十二月二十五日半夜闻党坝额碉一带枪声不绝，随令该土司前往接应。见金川番众聚集围攻，并于格藏、嘉噶尔河设卡截断额碉道路。至二十八日将额碉攻破占据，用炮轰击党坝格藏官寨。经驻扎绰斯甲布千总袁国琏拨兵救援，又于正月初一日催到从噶克土兵援助，已将金川新设营卡攻开。番众现据额碉山梁拒守。又据打箭炉游击、同知禀称，十二月二十八至正月初一二等日，金川同布拉克底聚众攻围巴旺卡卡角，烧毁寨房，杀掳人口。询系巴旺头人陆塔尔弟兄勾引。现饬革布什咱等土司星速赴援，初四日与金川战于罗哩地方，奋力击退等语。查党坝、巴旺地小兵单，今被金川分路滋扰，亟须援助。现饬绰斯甲布、三杂谷、小金川、革布什咱各土司并力协攻，务期捷胜。"

得旨："看此光景，金川又略有猖獗之势。究当如何制胜，不可隐饰姑息。"

（高宗朝卷七五四·页一九上～二〇上）

○乾隆三十一年（丙戌）三月癸酉（1766.4.12）

谕军机大臣等："阿尔泰等奏金蛮围攻额碉并占巴旺卡卡地方各情形一折。看来此次贼番抢夺碉卡，该处土司未免惊惶失措。金蛮在诸番中虽稍强横，若九土司果能齐心协力，联络声援，不难夺卡进攻，捣其巢穴，自属以蛮攻蛮之善策。但恐土司等因连次挫衄，心存畏沮，遂尔闻风辄怖，裹足不前，致金蛮益得肆其猖獗，究于番地有碍。此等边隅小丑，不过自相残杀，并未敢稍侵内地，不至用大兵申讨。若仅仅小试兵力，又恐于事无裨。然金川所攻者，非各土司之地乎？苟人自为保，亦不致失其土地。若董之以官，则各土司方且以为当官差，而犹豫日生，气渐馁而势渐涣，不肯奋勇攻拒，久之将屡弱难振。此亦不可不告之以为伊等之故也。况以蛮攻蛮，止当用其力而不可使之知。若坐视其敝而不为之经理，伊等或窥见意指，岂肯复为我用！此非天朝控驭番夷之体。该督、提等当详察机宜，或于攻剿之时，量增赏恤，以励其心，或于驻防处所，酌助军声以壮其气。俾土司兵目有所恃而不恐，立效自当较易。但须坐镇运筹，不动声色，方合事机。著传谕阿尔泰、岳钟璜将该处情形悉心筹画，斟酌尽善，据实妥议复奏。"

寻奏："郎卡虽狡诈强梁，仅于邻近单弱土司侵其一二碉卡，无须大兵申讨。各土司中如松冈、梭磨、卓克基、沃日距金川窎远，革布什咱兵少，只可随众攻守。绰斯甲布、小金川地势兵力堪与金川为敌，因郎卡未大挫衄，观望不前。党坝、巴旺贫懦，番民甚少，且贼番据险下攻则易，而党坝、巴旺仰攻则难。现拟择土练兵之精壮者，分拨党坝、巴旺地方，助其军声。果能奋勇攻剿，量增赏恤。至绰斯甲布、小金川等土司，若能于防守外奋力进攻，亦可使金川挫衄。已谕以进攻获胜，不但可分其地，兼除伊等子孙之害。总使金蛮分头抵御，党坝、巴旺即可乘虚而入。"

得旨："览。"

（高宗朝卷七五六·页六下～八下）

○乾隆三十一年（丙戌）三月戊戌（1766.5.7）

四川总督阿尔泰、提督岳钟璜奏："党坝添修新碉一十八座，有杂谷土兵及维州土练二千余名分布协防。巴旺亦添碉七座，与革布什咱、噜密土兵八百余名协守。若用此防兵进攻，人数不敷，且各土司言之似锐而力实不足。惟土练稍知纪律，各路土兵资其董率。至绰斯甲布、小金川、革布什咱业经委员谕令于本境添兵防守，一面进攻。现据绰斯甲布具报，于甲索及俄坡等处添兵暗袭，互相攻击，杀获多人。金川亦于夹坝抢获绰斯甲布男妇数人，该土司深以为恨，力图报复。窃思党坝、巴旺懦怯贫瘠，拟在维州土练及沃克什、瓦寺、木坪、明正各土兵内酌拨三千余名，分遣攻守。第查党坝额碉、巴旺卡卡角，此二处山势陡险，贼番添碉盘踞，势须令各土兵声东击西，分其势力，乘间而入。惟土兵代人攻守，势难自裹糇粮，党坝、巴旺地瘠民贫，办粮更难，均需赏给口粮，有功加赏。"报闻。

（高宗朝卷七五七·页二〇上～二一上）

○乾隆三十一年（丙戌）六月甲寅（1766.7.22）

谕军机大臣等："九土司会攻金蛮一事，相持已将数载，尚无就绪。兹询之岳钟璜，亦未有善策。惟奏称土司中与金蛮最近之党坝力弱兵单，难以抵御。其地处阻远如沃日等土司，大率意存观望，不为策应。而其中绰斯甲布又与金酋迹涉姻党，不无首鼠两端。看来土司等性多狡猾，以蛮攻蛮之计似难责效。伊等并称金酋倘知悔罪，归还党坝额碉，恳请网开一面，施恩宽宥等语。所奏未得此事要领。金川侵扰土司，乃番夷互相仇杀，并不敢干犯内地，本毋庸加以兵威，又何罪之可宥！若欲为解怨息争之说，潜递消息，令其设誓吁恩，此不过蹈绿营虚诞恶习，以图掩饰耳目，于事仍无实济。如虑金酋渐肆跳梁，欲大加以惩创，则预筹运粮，密侦地利，然后厚集兵力，分路夹攻，一举而殄灭之，并非难能之事，但用兵究属无名，亦不值一办。至该督平日遣往宣谕之员，文职不过府、厅、州、县，武弁不过参、游、都、守，欲得通达事体者，亦颇难其人。万一措辞失当，转致误事机而损国体。且传述或有粉饰，更不能得该处实情。就目前大局而计，莫若阿尔泰会同岳钟璜亲赴该地，传集九土司详悉开导，谕以金蛮与尔等构衅残杀，并不敢侵犯边境，本与内地无涉。尔九土司情愿协力攻剿，原系尔等自为保守报复，并非中国欲借尔众土司之力为剿灭金蛮之策。况金酋自悔罪抒诚以来颇为恭顺，并不欲加之申讨。设彼敢作不靖，为征伐之所必及，则以国家全盛之势锄强诛暴，不过一举手之劳，其事无难立就。即如准噶尔之强横、诸回部之骁悍，不数年间悉已剿平，收其疆土，尔等岂不闻知！何有于蕞尔金蛮，取之更不啻摧枯拉朽，奚借尔众土司之助力乎！至尔九土司地广人众，如果齐心奋力，联络声援，抵敌亦非难事。岂有合九土司之力不能制一金蛮，转使小丑恣其猖獗之理！此皆尔等各怀犹豫，畏缩不前，其中又有暗存瞻顾之人，以致众志不齐，事功难就。尔等自为计，尚不肯同心尽力，朝廷岂肯无故发兵，为尔雪仇泄忿乎！尔等如此因循观望，致金蛮得肆鸱张，势必近者先被其并吞，而由近及远渐遭蚕食，甚为非计。此亦尔等自贻切肤之患，于天朝毫无所损。且俟金蛮将尔众土司尽行占踞，即当特发大兵捣平金川巢穴，并将尔等地方概行收取，改土归流，以永靖蛮服。若尔九土司中敢有与金蛮潜相勾结稍犯边疆者，即将干犯之土司先行殄灭，再行剿洗金蛮，以申国威而昭炯戒。朝廷之大旨不外乎此。其祸福利害，一任尔等自行决择，毋贻后悔。如此明白申谕，则九土司必知猛省，当不致复蹈从前故辙，并可察伊等情形若何，得其梗概，以定进止。至督、提大员亲临该地，即金酋未必不憬然畏服，或可召之使来，与九土司同听约束，俾知感悔输诚。否则，阿尔泰等竟直入其境，恺切晓谕，以彰威德，亦无不可。然此须至彼酌量时势，随机应变，非有一定形迹所能预为筹度也。现已令岳钟璜回川，著将此先行传谕阿尔泰，俟岳钟璜到日，即会同前往，悉心妥办具奏。至现在该处情形若何，或有应另须筹办之处，并著迅速据实奏闻，候朕再行降旨。"

（高宗朝卷七六三·页一上～三上）

○ 乾隆三十一年（丙戌）七月甲申（1766.8.21）

四川总督阿尔泰奏："臣遵奉谕旨，俟提臣岳钟璜回川同往番境，相机妥办。至现在各土司于本境设伏巡哨，尚为严密。及至催令进攻，则以为无路可进，必须潜由僻路，暗放夹坝，乃为有益无损。其实，夹坝杀掳无多，且均有金川守碉番众救应迎敌。各土兵诚恐截其归路，即回本境。是以攻袭多次，未能深入。而郎卡见各土司防守严密，日夜巡哨，亦不敢轻出滋事。臣俟岳钟璜回川，再往体察各土司是何情形，郎卡是何动作，相机办理。"报闻。

（高宗朝卷七六五·页一下～二上）

○ 乾隆三十一年（丙戌）九月乙亥（1766.10.11）

四川总督阿尔泰等奏："提臣岳钟璜于八月初七日回川，臣等悉心酌议，此次会同查办夷务，以巡边为名，先期传示各土司知悉。臣等拟于八月十三日自省起程，由维州出口，巡历土司处所，确查情形，严切训饬驾驭。如该土司果能畏罪恳求，与各土司退还碉卡，各安住牧，同听约束，自当就便完结。倘仍狐疑不决，据险防御，臣等亦即查核情形，相机酌办。"报闻。

（高宗朝卷七六八·页七上～下）

○乾隆三十一年（丙戌）九月辛巳（1766.10.17）

四川总督阿尔泰、提督岳钟璜奏："臣等会同出口，查办郎卡事务。于八月二十八日起程，行抵杂谷脑口外。据郎卡差大头人当噶尔拉等投禀，内称'郎卡前蒙皇上天恩赦过宥罪，本不敢多事，惟因党坝各土司连年扰害。我谨依天朝大臣饬谕拆去战碉，退还所掠之人，不期党坝潜来我地暗放夹坝，我无处禀诉，复来夺占额碉。今奉严谕，自当即行拆还。惟求博噜古留碉五座，保守门户。并恳谕令绰斯甲布与郎卡连姻，将两家边界清楚。至布拉克底所占卡卡角，当劝其退还。并恳赏给新印，赏还自藏回川喇嘛七人，开通赴成都及进西藏之路'等语。臣等谕以岭上碉座与乾隆十四年所定界址不符，不便准行。郎卡与绰斯甲布结姻，系属尔土司私事，听尔等自为说合，不便官为办理。至明正土司失去人口，应候查办。尔郎卡既知感恩畏法，惟有安分住牧，自守巢穴。该头人等无不战栗，领诺而去。查郎卡一闻臣等出口巡边之信，即差人迎禀，退地还碉。禀词虽属恳切，臣等仍当亲至其地，示以威棱，晓以利害。如果感悔输诚，即饬委员督令退还各处碉卡，并取各土司收明退还地方印结，划清界址。各安住牧。郎卡既与各土司同听约束，将来差人赴省投禀贸易等事，似可准其与各土司一律遵行。其求还自藏回川之喇嘛，亦应给予。至金川土司印信，现贮司库，恐该酋反复靡常，拟俟察看数月，果属安静，明春再行给发。"

得旨："另有旨谕。"

谕军机大臣等："阿尔泰等奏郎卡遣人恳请退碉息争及查办情形一折，似有将就了事之意。金酋原无干犯内地，不过与众土司互相仇杀，本无庸声罪致讨，且不值一办。至九土司各怀观望，不能并力进剿，以蛮攻蛮之说既属无益，断无转助其兵力代为合剿之理。前谕该督、提等亲赴该处，明悉晓谕，原欲令细察番众情形若何，审度事势，以定进止。如果郎卡实心畏惧输诚，面求退还额碉，安静守分，不敢再行滋扰，或可察其悃忱，酌量奏办。今该督、提等并未身履其地，又未亲见郎卡，只据伊所遣头人禀恳之词，信以为实。及宣谕以后，辄云'战栗领诺'，亦未必果属真情。况其所夺之碉尚未拆毁，侵占土司之地亦未退还，是其实在畏威悔罪与否尚未可定。乃遽听其所恳，奏请给还人口、喇嘛，并欲给予贮库印信，与众土司一体羁縻，诸事悉遂其所欲，为此和事老人之举，适足为外夷所轻。殊不知蛮性反复靡常，现在不过慑我先声，姑为乞怜幸免之计，岂能保其永远不复滋事！若止图苟且了局，何以尊国体而靖夷情？阿尔泰年齿就衰，岳钟璜又复善病，设或各存只图目前之念，以为十数年后皆非伊所及见，不复筹出万全，则是自贻伊戚。倘此次办理不善，将来或仍不免跳梁滋扰，朕惟原办之人是问。伊等各有子孙家业，又岂能保无身后之虑乎？总之，此事若无从筹办，竟不必置论则可，而欲就事完事，敷衍塞责，则断不可。著将此传谕该督、提等知之。"

（高宗朝卷七六八·页一九下～二二下）

○ 乾隆三十一年（丙戌）十月甲辰（1766.11.9）

谕军机大臣等："阿尔泰等奏自杂谷亲至金川康八达地方，郎卡畏惧，率众跪迎叩吁，业经退还额碉、人口及办理各情形一折。未免存将就了事之见。金酋与众土司互相仇杀，并未干犯内地，原无庸声罪致讨，且其事亦不值一办。特因九土司各怀观望，不能齐心并力共剿金酋，则以蛮攻蛮之策难以复行。是以谕令该督、提等亲赴该处明白晓谕各土司，俾其咸知鼓励，合群力以自相捍御，使金蛮不敢侵扰邻封。如土司等游移两端，致为金蛮蚕食，或潜相党附，则并土司之地收剿之，改土归流，永靖边徼。仍令细察番众环听之际能否畏悟感奋，以审事机，或并至金川地界，传谕郎卡，示以天朝威德，觇其情形若何，以定进止。并非欲招致郎卡，完结目前之局也。嗣据阿尔泰等奏，行至中途，郎卡遣人恳请退碉息争各缘由，朕以该督、提等尚未见郎卡之面，率信其来人禀吁数语，遽令尽如其愿，未中此事綮要，当经降旨详悉饬谕。今复据阿尔泰等称：'亲抵金川地方，郎卡率领土舍头人环跪叩首，畏罪输诚，情愿将所占额碉山梁并先后所抢各土司人口退还，各安住牧，不敢再出滋扰。'该督、提业经验办完结，并面许以准颁承袭新印及给还喇嘛、人口。既已允其所恳，自不便复有改移，此时亦只可将错就错以完此案矣。但该督、提如此办理，究未妥善。不知蛮性反复靡常，现在姑为此乞恩幸免之计，果能保其永远不复更滋事端耶？即如从前办理金川时，郎卡畏惧兵威，归诚悔罪，今甫十余年，已不能谨守约束，尚有肆扰邻境之事。阿尔泰等自问，一督一提亲临其地，较前此平定之役声势轻重若何？而谓蛮酋竟诚心凛惕，从此遂与各土司共安住牧永无侵轶耶？此奏姑从所请办理，但该督、提等迁就苟安，实未能体朕原谕大旨。著将此传谕阿尔泰等知之。"

（高宗朝卷七七〇·页一三下～一五下）

○乾隆三十一年（丙戌）十月丙寅（1766.12.1）

四川总督阿尔泰等奏："查布拉克底与巴旺争界，郎卡帮兵，据占卡卡地方。兹郎卡经臣等亲至夷巢宣谕，当即退还党坝额碉及灭金岭，并遵从差遣头人跟随委员前至布拉克底夷巢，撤退防兵，劝令退还卡卡。布拉克底土舍安多见郎卡不能为力，又经委员严切责谕，遂将卡卡地方退还巴旺收领，并求准其盟誓和好。"报闻。

（高宗朝卷七七一·页二四下～二五上）

○乾隆三十二年（丁亥）正月甲午（1767.2.27）

（四川总督阿尔泰）又奏："据管理夷务各员禀报：金川郎卡节次查出递年抢掳南路各土司人口一百三十三名口，并前掳革布什咱人口八名及革酋之母，均情愿送还。经各委员眼同该土司收领。郎卡并将伊女许配小金川土司泽旺之子僧格桑为婚。"

得旨："此又伏一衅端矣！当留心，不可隐讳。"

又奏："郎卡与邻封各土司现俱严戒番众安分住牧。其前恳赏还金川喇嘛七人，已由维州发交领回。至请领新印一事，俟开印后，郎卡另选亲信大头人赍领另报。"

得旨："览。"

（高宗朝卷七七七·页三五上～下）

二世哲布尊丹巴之呼必勒罕益西丹白尼玛于里塘访获，清廷特派大臣护送库伦坐床

○乾隆二十六年（辛巳）十月丁丑（1761.11.8）

谕曰："第穆呼图克图奏：查访里塘第巴阿木布木之孙生时异兆甚众，喜诵梵经，计距哲布尊丹巴呼图克图涅槃甫及十月，疑即其呼毕勒罕等语。哲布尊丹巴呼图克图为众喀尔喀等尊信甚深，涅槃时曾有百年后转回本处之语，遍访无踪。兹据奏，正与前言相符，朕甚欣悦。除遣沙克都尔堪布等赴藏面问，先将此谕喀尔喀汗、王公、台吉等知之。"

（高宗朝卷六四六·页一六上～下）

○乾隆二十七年（壬午）九月庚申（1762.10.17）

又谕："迎接哲布尊丹巴呼图克图之呼毕勒罕，著巴勒达尔前往，派侍郎福德一同照料。所过地方准其交易马匹、牲只、口粮，著该部院行文各处大臣、扎萨克等遵照。"

（高宗朝卷六七〇·页二下～三上）

○乾隆二十八年（癸未）二月癸巳（1763.3.19）

谕（军机大臣等）曰："福德著往库抡办事，即来京请训。其往迎哲布尊丹巴呼图克图之呼毕勒罕，著派集福即行驰驿前往。"

（高宗朝卷六八〇·页一〇下）

○乾隆二十八年（癸未）二月辛丑（1763.3.27）

又谕（军机大臣等）："前经降旨，令集福更替福德，前往迎接哲布尊丹巴呼图克图之呼毕勒罕。现在西宁无事，不必特派大臣驻扎，著传谕

留保住，令其自彼处带领喀尔喀等，前往迎接哲布尊丹巴呼图克图之呼毕勒罕。即令福德仍遵前旨回京请训，以便前赴库抡同桑寨多尔济办事。此际福德若已经起程，谅亦不远，留保住即驰赴多伦诺尔，更换福德速行回京。集福在何处得此信，即回京。"

（高宗朝卷六八〇·页二七上～下）

○乾隆二十八年（癸未）九月壬午（1763.11.3）

又谕曰："扎萨克图汗巴勒达尔呈控副都统留保住迎请哲布尊丹巴呼图克图之呼毕勒罕途次妄自尊大，欺凌伊等，并向番子需索金两、皮张等项一案。朕令军机大臣询问，据留保住称并无需索之事，途次因巴勒达尔肆行滋事，曾经约束等语，询之随往章京等语亦相同。巴勒达尔所控留保住需索金两、皮张系一面之辞，并无实据，又不值因此提巴勒达尔质问及究讯章京等。但留保住系特派前往照料之人，巴勒达尔等即有不晓事体之处，亦只当开示训诫，乃谓其汗、公及扎萨克等不堪，及伊等请见复不肯见面，并令众人下马不与巴勒达尔同行，令其与章京等同行，种种倨傲，俱属不合。且伊等呈递丹书克，原系喀尔喀之事，与留保住无涉，又何必争坐次耶！此皆由留保住糊涂所致。至巴勒达尔亦非安分之人，伊等往迎呼图克图之呼毕勒罕，自应约束属人，乃欲取巧，少给番子价银勒买羊只，并欲在现有禾苗地亩内住宿，亦属非是。留保住著革去副都统，在理藩院郎中上行走，巴勒达尔亦著严行申饬。"

（高宗朝卷六九五·页一三上～一四下）

○乾隆二十八年（癸未）十一月己巳（1763.12.20）

又谕（军机大臣等）："据桑寨多尔济奏称，哲布尊丹巴呼图克图先世颁给新旧册封二道，现在呼毕勒罕或另给新册，或即将旧册二道赏给，请旨等语。著交桑寨多尔济将哲布尊丹巴呼图克图之先世册封二道，送该理藩院，由该院另颁给册封一道。"

（高宗朝卷六九九·页二上）

○乾隆三十年（乙酉）闰二月丙寅（1765.4.10）

谕军机大臣等："据桑寨多尔济奏称，哲布尊丹巴呼图克图坐床以来，赛音诺颜部落喇嘛清苏珠克图诺们汗未来叩谒，亦不遣人前来。令堪布诺们汗、尚卓特巴等差哈勒噶齐喇嘛沙喇布询问，伊托词支吾，复令沙喇布拜见彼处一小喇嘛，令其询问前世呼图克图之亲随老喇嘛，据云清苏珠克图诺们汗前曾力言此小喇嘛系哲布尊丹巴呼图克图之后身，今未得为呼毕勒罕，心存怨忿，惑乱人心等语。清苏珠克图诺们汗叩谒哲布尊丹巴呼图克图与否，在彼无甚关碍。但哲布尊丹巴呼图克图系喀尔喀等供养之大喇嘛，从前据西藏吹钟等以里塘降生属实等因具奏，曾经晓谕四部落。四部落会盟，迎请坐床。今清苏珠克图推戴彼处一小喇嘛为呼毕勒罕，且露形迹于沙喇布。倘喀尔喀等妄生疑虑，于事大有不便。著交将军成衮扎布派侍卫、台吉各一员，将清苏珠克图处小喇嘛护送来京。如尚未出痘，即送至热河。俟朕看视后，再为定夺。将此传谕桑寨多尔济等知之。"

（高宗朝卷七三一·页八下～九下）

○乾隆三十年（乙酉）八月丁巳（1765.9.28）

谕："朕为阐扬黄教，安辑众生，特降谕旨将哲布尊丹巴呼图克图之呼毕勒罕由西藏接来。哲布尊丹巴呼图克图乃喀尔喀等供养之大喇嘛，今方年幼，正宜勤学经典，不可无教习之喇嘛。但堪布诺们汗扎木巴勒多尔济、尚卓特巴逊都布多尔济及堪布喇嘛沙克都尔等，昨据阿里衮、瑚图灵阿参奏，亦曾请给票照，私向俄罗斯贸易。并据成衮扎布奏，诺木布扎布、扎木巴勒多尔济等有擅打小呼图克图一事。经阿里衮讯问，虽互相推诿不肯吐实，然仍留于呼毕勒罕之侧，甚属无益，俱令来京。其普宁寺堪布喇嘛罗布藏扎木巴拉亦由西藏唤来，通彻经典，今特赏诺们汗名号，遣往库抡，为哲布尊丹巴呼图克图之教习，务俾呼毕勒罕勤学经典，慎守戒律，副朕阐扬黄教之至意，而喀尔喀等亦有厚赖焉。勉之勿怠！将此并谕喀尔喀四部落等知之。"

（高宗朝卷七四二·页一四上～一五上）

巴塘喇嘛民人抗掠土司事件

○乾隆二十八年（癸未）三月己卯（1763.5.4）

谕军机大臣等："开泰等奏巴塘地方番民与喇嘛一气，不服土司，聚众抢取银物一折。该督办理此事不合机宜，已于折内批示。堪布为约束喇嘛之人，既纵令徒众与番民抗掠土司，是其狼狈为奸，实属教唆滋事之尤，岂可转令代办土司事务？此理人所易晓，该督何以措置乖谬若此？且该处遇有此等不法之案，开泰即应前往办理，即心怀思葸，托词体统攸关，不劳总督亲往，亦当派司道大员前往查办。现在况有换班官兵一千余员名，乘便用以办理弹压，何所不可？而乃瞻顾调停，徒令二武弁前往了其事，不识事理一至此乎！开泰向来自负读书，于地方事务毫无断制，一味姑息优容。经朕屡次训谕，不知悛改，岂朕委任封疆之意！开泰著传旨申饬。所有案内为首及济恶之喇嘛、番民等俱著严拿按治明示惩儆外，其堪布喇嘛著即拿解省城，严行审讯，究明情罪，请旨办理。勿得仍蹈故习，希冀模棱了事，并将此详悉传谕知之。"

（高宗朝卷六八三·页一〇下～一一下）

○乾隆二十八年（癸未）五月癸亥（1763.6.17）

又谕曰："开泰奏拿获构衅之喇嘛堪布等，审明解省一折。堪布不能恪守清规，已非循分安静之喇嘛可比，况于土司生衅复从中教唆挑构，滋扰番民，尤为国法所不容贷。现在既经缉获，该督已迎赴打箭炉，即应就近审明，于该处速行正法，俾喇嘛、番民人等共知目击心惩，何必仍行解赴省城，徒稽时日，所见未免拘泥。可将此传谕知之。"

（高宗朝卷六八六·页八上～下）

○乾隆二十八年（癸未）六月戊戌（1763.7.22）

谕曰："开泰审拟巴塘喇嘛教诱番民聚众一案，及回奏博尔和患病各折，支离巧饰，乖谬已极。开泰当喇嘛等滋事之初并不亲往查办，经朕饬谕，始勉强一赴打箭炉，聊以塞责，辗转递委之道府、知州等官，不待人犯解审，辄借查阅营伍为名前赴川南。此有何不可缓之事，乃置边地重案于膜外，转亟亟于常行事件乎？在开泰不过中存畏怯托名避去耳。其实似此居心行事，即查阅营伍亦复何裨！初不料满洲世仆中竟有庸懦无能如开泰其人者！种种谬误，深负简任，著革职，赏给头等侍卫，自备鞍马，前往伊犁，随明瑞办事。"

又谕："向来各省督、抚于地方应办事务往往饬委属员，以次转详，遂成通例。此于寻常事件则可，若案情重大，督、抚自应躬先董率，庶足以资弹压而杜欺蔽。乃积习相沿，并不问事理之轻重，动辄批委属员。督、抚既委之司、道，司、道复委之州、县，层层辗转推延，初若不与己事者然！夫为通省表率之大员，遇事不能亲身奋往，而以责之递委之州、县，不知州、县官事权本轻，且不免有庸懦无能之辈混厕其间，安望其必能奋勉集事哉！即如开泰于喇嘛堪布等教唆生事之初，并不亲赴该处查讯，经朕降旨申饬，始行一赴打箭炉坐办塞责，旋委道、府知州审讯，伊复借口巡阅营伍，竟往川南一带查阅回省。其畏葸不堪之态，来折已自绘其状。是其平日养尊处优，若以略一举足即有失督、抚之体者。独不思督、抚遇地方要务，不辞劳瘁，亲身督办，所属官民岂不益加敬悚，何失体之有！若徒游衍衙署，坐失事机，不真可鄙之甚乎！……嗣后务宜各加猛省，痛改前非，毋溺于宴安鸩毒，及以掩饬弥缝为得计。……"

（高宗朝卷六八八·页一五上～一八上）

○乾隆二十八年（癸未）六月庚子（1763.7.24）

又谕（军机大臣等）："昨阅开泰查审巴塘为匪喇嘛等供词。其藐视汉官，情形显露。伊等丞、倅、州、县职分既轻，且无才识胆量，所谓办理夷情，亦不过如昔年办理准噶尔光景敷衍迁就，冀图苟且了事耳。番民等虽凶狡性成，其实中怀畏怯。任封疆者，遇有此不法滋事之徒，果能亲身董率，迅速严办，此辈一经惩创，即可长久帖服。若开泰之猥琐无能，平时既不知示以威重，临事复递委微末汉官，全不识事理之綮要，岂绥戢远番之道！著传谕鄂弼，到任后务宜留心，善为整顿。再，喇嘛、番民等名字由唐古忒字译汉，自有一定音释，乃开泰一任绿营汉员混行编造入奏，适足贻笑中外。已著军机大臣更正。再，汇列清单交发总督衙门，向设笔帖式二员，嗣后著于理藩院熟谙翻译人员内拣选一员，前往补授。一应陈奏事件，如有喇嘛、番民等名字，俱著斟酌对音，毋再草率舛误。将此传谕知之。"

（高宗朝卷六八八·页二一上～二二上）

○ 乾隆二十八年（癸未）七月辛巳（1763.9.3）

谕军机大臣等："开泰奏巴塘喇嘛教唆番民聚众滋事一案，其另折声叙抢劫正土司查什旺扎尔即扎什汪结，副土司诺尔布即罗布，此复成何语？前开泰将番民等名字混行译汉，业经改正，发令遵办，并降旨饬行。今复为此奏，可见开泰狃于外省书吏行文恶习，终不知省悟悛改。开泰著再传旨严行申饬。并著传谕阿尔泰，嗣后番民名字悉照改正字样书写，毋得仍蹈开泰故辙。所有副土司缺，即著阿尔泰另拣妥帖之人拔补具奏。"

（高宗朝卷六九一·页二一上～下）

○ 乾隆二十八年（癸未）七月甲申（1763.9.6）

谕："四川总督衙门向设笔帖式二员，嗣后著于理藩院熟谙翻译人员内拣选一员前往补授。一应陈奏事件，如有喇嘛、番民等名字俱著斟酌对音。"

谕军机大臣等："前开泰将巴塘滋事之喇嘛、番人名字混行译汉，业已改正交发。昨于审拟折内见有热敖名色，按番字对音应作沙尔鄂。此等译汉设使稍肯留心，即可不至舛讹若此。前已有旨传谕该督，于额设笔帖式二员内改设理藩院熟谙翻译笔帖式一员补授，现今拣选派往。著传谕阿尔泰，嗣后遇有关涉喇嘛、番人名字，务须留心斟酌音汉，勿踵开泰故习。并将现在笔帖式内拣选酌留一员，其一员送部另补。"

（高宗朝卷六九一·页二五上～二六上）

镇慑噶噶地方民人起事；查处竹巴笼等地"夹坝"窃劫

○ 乾隆三十二年（丁亥）正月丁亥（1767.2.20）

谕军机大臣等："据玛瑺等奏称，游击姚宗弼申报台布至噶噶地方，因乌拉马匹羸瘦，询问番子头目，答以并无肥马，动作不逊，台布令其摘去佩刀，其属下人等掷石击打，台布顶际中伤，在扎雅克住宿三日起程，当已饬交扎雅克喀萨顶之呼图克图、尚卓特巴等，将肆行掷石人等查报等语。台布因牲只疲瘦问及番子头目，即应将喂养之法严行教导，令其畏惧。纵伊等敢向台布动手，亦当示以镇静，何遽令其摘去佩刀自形怯懦！番子等因怀疑惧掷石击打，俱缘急迫所致。然竟敢将钦差侍卫击伤，实属目无法纪。可即传谕玛瑺等，由藏带兵二三百名前往噶噶地方查办。并传谕阿尔泰于成都满兵内派拨二三百名。雅郎阿如已到川，即著带领前往。若尚未到，著于满总兵或副将内拣选一员并派协领一员，一同带领前往扎雅克噶噶地方，会同玛瑺办理。途次仍听玛瑺等信息，如需此项兵时，即速前进。倘未到之先，玛瑺等业已办结，亦即将兵带回。台布至成都时，阿尔泰即询明起事之由，再传旨摘去翎顶送京。俟此事查明后，再行治罪。并将此传谕玛瑺等知之。"

（高宗朝卷七七七·页九下～一一上）

○ 乾隆三十二年（丁亥）二月己酉（1767.3.14）

谕军机大臣等："据阿尔泰奏现派索柱带成都满兵三百名，前赴扎雅克噶噶地方等语。昨因云南用兵需人，曾经降旨将索柱调补永北镇总兵，并传谕阿尔泰矣。云南兵事甚为要紧，著寄信阿尔泰，另行拣派一人前往扎雅克噶噶更换索柱，仍照前旨，即令其驰赴永昌办事。"

（高宗朝卷七七八·页三三上～下）

○乾隆三十二年（丁亥）三月庚午（1767.4.4）

谕军机大臣等："前因噶噶地方番子将赴藏侍卫掷石击伤，朕曾降旨，著玛瑺、雅郎阿各带兵二三百名前往查办。此特以掷伤钦差不得不从严办理。但番子等均系愚顽无识，且部落甚众，见我兵过往，恐复妄行扰动，反于事体无益。著传谕玛瑺、雅郎阿等，凡带兵经过地方及附近番众，俱宜预为晓示以尔等击伤大皇帝钦差侍卫，殊属目无法纪，今只将掷石为首之人擒拿治罪，盖因侍卫受伤不重，实系汝等之幸。并令将击打台布之人自行执献，解往成都候旨，庶可完事。若支吾不给，断不可稍为姑容，即当毅然以兵力从事。此旨到时，谅伊等已早抵该处，仍将番子举动及现在如何办理之处急速奏闻。并传谕阿尔泰，侦探得信亦即速行具奏。"

（高宗朝卷七八〇·页二一上～二二上）

○乾隆三十二年（丁亥）四月甲辰（1767.5.8）

谕军机大臣等："据阿尔泰奏称，托云、玛瑺至扎雅克等处，呼图克图、尚卓特巴等执献掷石案犯十一名，俟解至成都，讯明即行正法等语。前据阿尔泰奏称，扎雅克地方之尚卓特巴查出掷石番子二名献出。奏到时，朕即降旨以番子等掷石击打台布时其人必多，何以止将二人执献？托云等到彼，将献出番子严讯，动手之人尚有若干，务期全获。今经献出十一人，恐其中尚有隐匿。托云等现已带兵前往，断不可草率了事。著传谕阿尔泰，俟十一人解到时暂缓正法，讯明此事因何起衅，伊等是否动手正犯，此外或另有倡率之人，勿使漏网。"

（高宗朝卷七八二·页一五下～一六下）

○乾隆三十二年（丁亥）四月丙午（1767.5.10）

谕军机大臣等："托云等至噶噶地方，该处呼图克图、尚卓特巴等献出掷石案犯十一名，托云等正应加以严讯，前动手掷石时，必不止此数人，务期全犯就获。即欲完案，亦应将彼处呼图克图、尚卓特巴及众头目等齐集一处，示以兵威，俾知永远慴服。乃奏称余犯若加深究，恐信口攀及无辜，是不过欲草率了事，办理殊不合朕意，此事尚无关紧要，只可就此结案。托云系驻藏办事之人，若尽如此姑息，于事必多贻误，著传旨申饬。"

（高宗朝卷七八二·页二一上～下）

○ 乾隆三十二年（丁亥）五月丙子（1767.6.9）

又谕（军机大臣等）："据刑部议复，阿尔泰定拟掷石击打台布为首之番子扎什衮、固木布楚克应如所拟斩决，为从之索诺木扎什九人绞决。朕已降旨将为首者立斩枭示，为从者免死，发极边烟瘴安置。将此传谕阿尔泰，并令传集扎雅克喀萨顶呼图克图等，谕以番子击打台布，伊等不即将动手之人拿送总督处治罪，必俟大臣等带兵前往始行献出，甚属非是，本应一并治罪，始念伊等系庸愚喇嘛，加恩宽免。伊等嗣后务将属下番子严加约束，倘复有滋事之处，必将伊等一并治罪。"

（高宗朝卷七八四·页三〇下～三一上）

○ 乾隆三十五年（庚寅）四月丙辰（1770.5.4）

军机大臣等议复："萨安贼匪屡放夹坝，竟于驻藏大臣常在住宿之地劫掠巴塘副土司特玛骡马，实属目无法纪。今据奏请添设台站，或要隘增兵，自应酌定章程办理。但此项贼匪共若干户，有无为首及别项之人，去巴塘程途几何，臣等无凭查议。应交川督阿尔泰等查明奏到之日，再行定议。"从之。

（高宗朝卷八五六·页一六上～下）

○ 乾隆三十五年（庚寅）五月丁亥（1770.6.4）

又谕："据阿尔泰具奏竹巴笼地方贼番抢劫巴塘副土司乌拉一案，此事先经常在等于四月初六日奏到，经军机大臣议复，令交阿尔泰等查拿办理。乃距一月有余始据该督等具奏，殊不可解。贼番于钦差住宿地方敢于肆行窃劫，甚属可恶。该督闻报，自应一面具奏，一面选派弁兵擒拿贼番，查追赃物，从重办理，以示惩儆。乃仅饬交巴塘正、副土司派兵查追，而所奏又在常在之后。董天弼本系无能为之人，且不晓事理，不足深责。阿尔泰素为历练，任事实心，何竟不以为事，迟缓若此？阿尔泰、董天弼俱著传旨申饬。所有窃劫贼番，著该督等即速派员前往，实力严拿究治，不得仅委土司塞责，并将现在曾否获犯缘由迅速具奏。"

寻阿尔泰等奏："夹坝贼番未获，现派干练弁兵督土司、喇嘛访捕，并查伙党赃物，获日定罪。"报闻。

（高宗朝卷八五八·页一六下～一七下）

○乾隆三十五年（庚寅）十一月甲寅（1770.12.28）

谕军机大臣等："据阿尔泰奏拿获抢劫副土司乌拉之番贼嘉木滚等七名，照例拟斩立决枭示，请敕核拟一折。已批交三法司核拟速奏矣。此等贼番敢于抢劫官物，一经拿获讯明，即应于该处立行正法，俾番众知所儆惧。不应再照内地强盗之例问拟，听候部议，致稽显戮。将此传谕阿尔泰知之。"

（高宗朝卷八七二·页一六下）

大小金川之役，第二次用兵，两金川平定

僧格桑、索诺木攻掠邻封，清廷谕令先办小金川，阿尔泰、德福、董天弼抚剿不力，遭降旨严行申饬

○乾隆三十五年（庚寅）三月丁未（1770.4.25）

四川总督阿尔泰等奏："小金川、沃克什两土司争地起衅，用兵相攻。由小金川土司泽旺年老，伊子僧格桑与多事头人怂恿生事。明正、革布什咱各土司劝阻不听。经委员前赴夷巢弹压，责以擅自发兵，小金川禀即停止用兵。但沃克什既诅伊父子致病，又斗时杀伤伊多人，应照蛮礼打伤人口罚赔命价，求断沃克什一二寨与伊耕种。现饬委员严行查办，务使多事者知畏退敛。"报闻。

（高宗朝卷八五五·页二八上～下）

○乾隆三十五年（庚寅）闰五月甲子（1770.7.11）

四川总督阿尔泰奏："小金川僧格桑与沃克什土司彼此相攻，委员查勘。据禀僧格桑托词观望，色达克拉请兵攻剿，僧格桑复围其官寨，防守官兵进剿各路等语。拟派官弁督各土兵攻围，俟其力尽求免再行请旨。臣与提臣董天弼即亲往查办。"

得旨："所办尚是。汝等既往，情形如何，速行具奏。"

寻奏："亲往查办小金川沃克什攻围一案，僧格桑闻知畏惧，禀求撤兵。现在围兵已退，而占地未还，守兵未撤。仍令各土司进攻示儆，已将事宜交副将接办。臣回省办理审案后，再行前往。"报闻。

（高宗朝卷八六一·页九上～一〇上）

○乾隆三十五年（庚寅）七月壬子（1770.8.28）

谕军机大臣等："据阿尔泰奏查办小金川与沃克什土司构衅一折，意在剿抚并行，所办亦是。番夷自相仇杀，其事本不值一办。乃小金川敢于恃强，侵占沃克什地方，督、提大员既亲临查办，自当速令解怨息争，各守境土，何得任其顽梗不遵。但该督等屡次遣官抚谕，仅就两土司曲直立言。番夷无知，转以内地大臣意存偏向，欲为和解调停，不足以使之输心畏服。尚未得办理此事要领。莫若传集小金川土司，面为开导。谕以尔土司地本弹丸，又非险要。尔若稍有不驯，大兵无难朝发夕至，尔自度力量能与天朝相抗乎？且尔从前屡被大金川欺凌滋扰，大皇帝悯尔残弱，特发大兵征服，尔得保守疆土，数十年来安享太平。今尔幸无外侮，辄敢自作不靖，侵扰邻封，屡经饬谕，仍然执迷不悟。是尔全不知感恩安分，竟成一冥顽不灵之人。设他日大金川复称兵侵尔疆界，肆行吞并，尔即窘极奔诉朝廷，岂尚肯加之怜念，为尔维持保护乎？尔若逞目前睚眦之忿，不顾将来切肤之患，其利害得失较然可见，又何所恃以无恐？尔当反复熟思，惕然猛省，祸福惟尔自取，早自决择，毋贻后悔。如此详切申谕，小金川土司自必感发天良，帖然服教，胜于派兵会剿多矣！该督等奉到此旨，即遵谕行。仍将宣谕时该土司作何对答，乃其神情词色若何，迅速据实奏闻。"

（高宗朝卷八六四·页一六上～一七下）

○乾隆三十五年（庚寅）八月丙子（1770.9.21）

又谕（军机大臣等）："前据阿尔泰奏，查办小金川与沃克什土司构衅，意在剿抚并行。当经传旨该督，令其传集小金川土司，将从前征服大金川，俾得安保疆土，此时若执迷不悟，将来即不复为怜念，谕以利害，详晰开导。仍令将宣谕时该土司作何对答，及其神情词色若何，迅速据实奏闻。迄今将及一月，未据该督复奏。此事虽边夷自相构怨，但既经关白地方大吏，即属紧要边务，自应迅速查办，以杜衅端，未便视为缓图，致令旷日滋事。著传谕阿尔泰，即将接奉谕旨并宣谕该土司后作何情形，速行具折，由驿六百里奏复。"

（高宗朝卷八六六·页六上～下）

○乾隆三十五年（庚寅）八月庚辰（1770.9.25）

谕军机大臣等："前以小金川与沃克什土司构衅，本系番夷自相仇杀，其事不值一办。曾传谕该督莫若传集小金川，将从前为彼征服大金川，俾得安居乐业，若复执迷不悟，彼将来或有外侮即不复加怜悯之处，面为详悉开导，晓以利害祸福，使知感发天良，帖然服教，胜于派兵会剿。今阿尔泰奏称：据明正、木坪两土司禀称，情愿前往晓谕僧格桑，令其退还沃克什地方。彼若顽梗不从，即合兵并力进剿等语。意在抚剿兼行，亦只可如此办理。但现在所派番兵几六千余未免过多。边夷蛮触相寻，原不足大烦兵力，倘集众合攻，或致有名无实，更属不成事体，且亦难于完局。仍当遵照前旨妥协办理，并将该土司作何对答及神情词色若何迅速据实奏闻。至此次阿尔泰奏折仍用清字，系尚未奉到前降谕旨。此事乃地方边务，且与提督董天弼同办，所调又系番土兵众，并无满兵，无庸以清文缮奏。即如折内'并行不悖'一语，明系先有汉字稿，再行翻出，可见该处并无精通满文之人。如此转觉委曲繁重，且于情事亦恐不能尽达，总以概用汉字奏折为是。将此一并申谕知之。"

寻阿尔泰、董天弼奏："据僧格桑亲来叩见，臣等遵奉上谕剀切开导，僧格桑面赤汗流，叩头谢罪。据称'我父子深受大皇帝厚恩，从来安分，不敢与邻封滋事。因沃克什土司欲以咒诅之术害我父子性命，由是发兵攻夺。色达克拉自知理短，愿将地方给我以为禳解之资。嗣委员至沃克什官寨，色达克拉倚恃委员在内，又思背约，调集多人欲与我等决战。我等惟恐受亏，添兵屯驻以为防备，并未敢于攻击。今奉面谕，愿将所得附近达木巴宗之墨穆尔吉、日古噜各地方及所抢沃克什之母舅僧格并番民二十四名一并交出。其沃克什愿给地方之处，仍听众土司调处，亦不敢抗违，自取罪戾'等语。臣等察看僧格桑神气辞色，尚知感激，惧取罪戾，其愧悔实出诚心。当日即将附近达木巴宗地方及所抢沃克什母舅、番民一并交出。其沃克什愿给地方，臣等未便绳以官法，应听各土司自行清理。"报闻。

（高宗朝卷八六六·页一〇上～一二下）

○乾隆三十五年（庚寅）九月壬子（1770.10.27）

四川总督阿尔泰、提督董天弼奏："臣等现驻达木巴宗，色达克拉病痊来见，臣等谕以尔本弱小土司，何得以咒诅挑衅自取祸患？色达克拉自知错误，恳求免罪，并称沃克什官寨被小金川围攻日久，粮食已尽，寨落已残，求住达木巴宗，以便修理。更恳暂留土练数百名协同防守。臣等查沃克什地方本系瘠弱，而色达克拉构衅邻封，致其侵害，本不足加之爱护。且川省沿边土司，其中削弱者不少，原无内地拨兵代防之理。但该土司既为内地所辖，亦难任邻境欺凌，因暂留把总一员，带兵二十名，驻扎达木巴宗，又留土练四百名，分防各卡。俟数月后，小金川如果安静，而沃克什亦稍为整顿，陆续撤回。至沃克什番民所种之麦已被蹂躏，现在乏食，应给口粮籽种，使得久长安业。"报闻。

（高宗朝卷八六八·页一一上~下）

○乾隆三十六年（辛卯）五月丙寅（1771.7.8）

谕军机大臣等："据阿尔泰等奏，革布什咱头人勾连大金川占据革地官寨，革酋不知下落，现委游击宋元俊驰往严谕，饬调土兵、土练前赴弹压，并陆续起程，亲往督办等语。已于折内批示矣。革布什咱土司索诺木多布丹素行苛虐，召祸实由自取，而蛮夷互相仇杀亦属常情，其事原可无庸查办。但金川土舍索诺木幼小罔识利害，而革地头人又复顽劣不法，则慑以兵威自不可少。阿尔泰等一闻员弁禀报，即饬调兵练前赴分布防查，并先后亲往确勘情形，相机办理，颇为妥速协宜。即折内所称俟招复故土后，择革酋支派中众所悦服者立为土司，亦必应如此措置。惟查追凶番正法一节，此时尚宜姑缓。该头人敢于勾引金川，占据革地，戕害革酋，其情固属可恶。但现在金川蛮众分据革地寨落，扰攘未宁，若速于穷治罪人，持之过急，恐其闻风畏惧，铤而走险，更与金川固结，自猝难解散，转致不成事体。阿尔泰等至彼，惟当遣人前往宣谕大金川以郎卡自经惩创以来，承受天朝抚辑深恩，极为恭顺。今索诺木父故未久，辄擅发兵袭占邻地，实为非理。念索诺木年幼无知，且受人怂恿，姑从原恕。特遣员明白晓谕该土舍速将土兵全行撤回，仍还革夷土地，本阁部亦不复加深究。使其晓然于恩威祸福，自当敛众归巢。阿尔泰等便可抚定其地，择立革酋宗派承袭土司。俟一切宁贴后，再行从容根究凶番，按法处治，亦不致虑其漏网。如此办理，于事机较有次第，不致张皇。虽明正土司稍有惊慌情形，而现有兵练在彼弹压，亦自足安其心。阿尔泰等务须镇静查办，行所无事，方为合宜。将此详谕知之。仍将目下情形，速行奏闻。"

（高宗朝卷八八五·页一九上～二〇下）

○ 乾隆三十六年（辛卯）六月甲午（1771.8.5）

谕军机大臣等："据阿尔泰等奏查办革布什咱情形一折，内称郎卡之子索诺木恳乞将革布什咱地方百姓赏给当差等语。此断不可允行。前因革布什咱头人内变，勾结金川占据其地，阿尔泰等已亲往督办，因令遣员宣谕，使其晓然于恩威祸福。如索诺木速将土兵撤回，仍还革夷土地，敛众归巢，原可就事完结不加深究。今索诺木乃请将革布什咱之百姓赏给当差，显系觊觎土境，妄思占据。此则断不可稍涉迁就，致彼无所顾忌滋生事端。至革布什咱土司虽已被害，仍须如前奏所云，择其近支众所悦服者立为土司，岂有归并金川之理！看来索诺木年幼愚顽，罔识利害，阿尔泰若稍露就便完局之意，使彼得逞其欲，势必于附近土司渐图蚕食，又复何所底止？正不可不防其渐。此时若过涉张皇，遽加兵力，固非所宜。若一味姑息游移，急图了事，于边疆大有关碍。著传谕阿尔泰等务须酌量机宜详慎筹度，以期经久无弊，方为妥善。前有旨令彰宝到滇后，德福即赴四川总督之任，阿尔泰入阁办事。今金川与革布什咱构衅一节，其情形乃阿尔泰所深知，且业已经手董办，不便遽易生手。现有旨令德福由滇赴京升见，阿尔泰可将革布什咱一事办理完妥，并筹及善后事宜，俟德福由京赴川后再行起程来京。仍将金川土舍于奉到传谕后情形若何，迅速奏闻。"

（高宗朝卷八八七·页一四下～一六上）

○ 乾隆三十六年（辛卯）七月甲辰（1771.8.15）

谕军机大臣等："阿尔泰等奏小金川土舍围攻沃克什，请临以兵威以挫其气一折，所见甚是，已于折内批示矣。蛮夷自相仇杀虽属常情，不值烦我兵力，但小金川去岁与沃克什构衅，占据其地，经阿尔泰等亲往饬谕，业已遵奉退还，乃为日无几，复敢称兵侵扰。似此怙恶不悛，非复可

以理喻。且现在金川与革布什咱之事尚未办完，而小金川又复效尤滋事，此而不加以惩创，伊等将视内地大臣专务调停和事，不复知所畏忌，于抚驭番夷之道甚有关系。小金川地方非若金川之险阻，今董天弼既亲往该处，甚为合宜。竟当统兵直捣其巢穴，或计以诱致，或竟以力取，将僧格桑擒解省城候旨，另择驯谨奉法之人立为土司，安抚其地，方为妥协。若僧格桑闻董天弼亲至其地仍来求见，即设法诱擒亦无不可，断不宜仍以和解了事。庶微外顽番稍知警惕，不复敢构怨相残。且可使金川闻风震慑，禀受教约，敛迹归巢，自为一举两得。将此传谕阿尔泰、董天弼知之。其两处办理情形若何，均著由驿迅速驰奏。"

（高宗朝卷八八八·页八上～九上）

○乾隆三十六年（辛卯）七月丁未（1771.8.18）

大学士管四川总督阿尔泰奏："据明正土司甲勒参得沁禀称：'僧格桑本与土司郎舅素好，因僧格桑发兵围攻沃克什，土司屡劝，药石成仇，现发兵将土司纳顶等寨占据。'查小金川如此跋扈，本宜即加攻剿。但革布什咱之事未完，沃克什之围未解。四面疲我兵力亦为非计。现令明正土司于要隘拨兵防守，计提臣此时已到沃克什，或小金川畏惧敛兵，则可相安无事。如敢抗拒，急宜袭击，臣亦于南路夹攻，使其首尾受创。"

得旨："所奏已迟。"

（高宗朝卷八八八·页二二上～下）

○乾隆三十六年（辛卯）七月戊申（1771.8.19）

谕军机大臣等："小金川复侵明正土司各寨，阿尔泰等断不可稍存姑息。前据奏到小金川攻围沃克什，董天弼亲往查办，已谕就近进兵，务擒僧格桑，另立土司，抚定其地。今沃克什之事未完，又敢于侵及明正，若不慑以兵威，大示惩创，番夷岂复知所畏惧！阿尔泰欲于南路酌用兵力夹攻，使之首尾受创，所见甚是。但虑及疲我兵练之力，尚未免犹存姑息之见，未为得要。小金川错居土司之间，地方本非宽广，况昔年进兵金川时曾经其地，是我兵长驱直入不致或虞艰阻。若云两路攻剿，土练或有不敷，何妨于成都调满洲兵一千，令铁保带领前往。兼于绿营内选派精锐数千，统以勇干将领，合之土练，约足五千名，办此自属易事。总宜捣其巢穴，务获凶渠。仍遵前旨，或以力擒，或以计诱，临时酌量妥协。切不可因其窘急求宥，辄事调停完局，致养痈贻患也。再，现在金川侵占革布什咱，尚未退兵。倘僧格桑因我兵夹击，力蹙势穷，联络金川，恐致蔓延难制。阿尔泰等酌量彼处情形，若能断其与金川往来之路，一面用力剿擒，自更无虞兔脱。设计其去路不能断截，则莫若谕令金川，如能纵掠小金川，所得财物即以赉之，惟地方仍还内地。彼若擒其土舍，亦即解献受赏。番夷贪利，自必踊跃从事。我既两面夹攻，复添此一层掩袭，僧格桑更无可逃，亦合以番攻番之法。阿尔泰等务须实力妥办，切勿稍涉游移。将此并谕董天弼知之。"

（高宗朝卷八八八·页二三下～二五上）

○乾隆三十六年（辛卯）七月壬子（1771.8.23）

大学士管四川总督阿尔泰奏："查金川与小金川后先起衅，若一并剿办，需兵既多，糜费愈重。拟将革布什咱案内所调之兵拣派四千余名，酌拨明正要隘防御。倘小金川再敢肆扰，臣即相机办理。"

得旨："据奏似无扼要之定见。朕意宜先办小金川，则大金川自知畏而从命。馀有旨谕。"

谕军机大臣等："小金川因金川与革布什咱相仇，敢于效尤滋事，其情甚为可恶。就两处情形而论，亦判然不同。朕意宜先办小金川，擒其凶渠，治以重罪，则金川自当闻风畏惧，敛迹归巢，斯为一举两得。阿尔泰何竟见不及此？且前此进剿金川至今不过二十余年，从前随征弁兵必有存者，小金川路径自所熟识，即可用为向导，更无难于深入。若筹及兵力或有不敷，则檄调满汉官兵、土练约足五千人，并非难事。前降谕旨甚明，此外复何顾虑？至阿尔泰督兵攻剿，原非所长，但将领中岂无勇敢明智者堪以带兵？阿尔泰第须就近随时调度，示以机宜，更不得诿为力所不给。此时自宜速与董天弼商酌，克期两路夹攻，剿擒僧格桑。相机而行，务在必得，此事方能完局，岂可稍涉游移耶？阿尔泰初奏言：'僧格桑非可复以口舌化导，令董天弼前往西路酌量进兵。'颇为有见。及前次所奏，即有'恐四面疲我兵练，复晓以利害祸福'之语，意已犹豫，不及初念之坚。今乃云酌拨兵练，防御明正要隘，倘再肆滋扰，一面相机办理等语，更属非是。试思僧格桑去岁甫受约束，曾未逾年复攻围沃克什，且又侵及明正土司。即宜兴师问罪以儆凶顽，尚何所用其迟疑缓待，必欲纵令鸱张坐贻养痈之患耶？阿尔泰久任封疆，不应不晓事若此。至金川形势，险隘非小金川可比，原不便轻率用兵。且果能将小金川迅速严办，示之炯戒，则索诺木自当闻风知畏，不待剿而自退。何至虑及一并用兵需兵多而糜费重！阿尔泰岂全未审度事理重轻，惟急于完事卸责乎？阿尔泰著传旨严行申饬。至董天弼自往西路以来为时已久，于何时进兵，及僧格桑曾否擒获，至今未据奏及，亦谕令迅速奏闻。仍与阿尔泰声息时通，协力妥办。"

（高宗朝卷八八八·页三五下～三七下）

○乾隆三十六年（辛卯）七月癸亥（1771.9.3）

谕军机大臣等："小金川贼首僧格桑去岁招降之后，理宜感恩安分，乃竟敢因金川构隙之便抢掠明正等处，甚属可恶。宜乘其诸事未集且未与金川勾结，急速派兵剿办。已降旨派四川满洲兵一千名，并绿营土练兵共五千名前往，军声甚壮。特恐阿尔泰年老，一人难以办理，又不值由京派员赴川，是以就近命德福前往帮办。铁保身系满洲，且任成都副都统，又曾身历行间，著先派满兵二百名，作为亲丁前往阿尔泰处。务与阿尔泰协心共济，相机妥办，不得稍存彼此推诿之见。将此由六百里加紧发往。"

又谕曰："阿尔泰现在办理小金川一事，胸中竟无定见，惟图急于迁就了事，已节经传谕饬示。小金川土舍僧格桑去岁与沃克什构衅，经阿尔泰等晓谕解围，乃甫受约束不及一年，近因金川土司索诺木与革布什咱相仇，辄复效尤滋事，且敢侵及明正土司，其罪实无可逭。阿尔泰初议慑以兵威，尚为有识。小金川之地非若金川险隘，我兵向曾经行，无难深入。董天弼既驰往西路进兵，阿尔泰亦即当会兵两路夹击，出其不意，执彼凶渠。或以力擒，或以计诱，声其罪而治之。然后另立土司，抚定其地。则金川闻而知畏，自当不待征剿敛迹归巢，方合控制机要。乃阿尔泰迁延不决，一味畏首畏尾，殊昧缓急轻重之宜。今此事办理已觉濡迟，若再因循时日，致两酋潜相联络滋蔓难图，于边夷要务甚有关系。阿尔泰久历封疆，朴诚任事，凡察吏安民，讲求地方实政，乃所优为。伊由部员出身，未娴军旅，且齿迈躯肥，于驰驱行阵殊非所宜。即令其独任运筹，而意涉游移，亦恐于事未必有济。因思德福已调任川督，边务乃伊分所应为。况伊曾在阿克苏等处办事，于调度军务亦所谙悉。而阿尔泰系多年总督，且已授为大学士，其责亦无可诿。两人协力妥商，自能和衷集事，断不至彼此稍存畛域。前谕德福于彰宝回滇后即来京陛见，再赴新任，原不过欲面询滇省军营应办诸务。今此事关系紧要，其滇省之事，德福如有应面呈者，不妨具折奏闻。著将此旨由八百里加紧发往。德福此时想已自永昌起身，途中接奉此旨，即由该处取道四川迅速驰驿前往会晤阿尔泰，公同商办，务期妥善。所有阿尔泰节次奏折及朕传谕阿尔泰之旨，并抄寄德福阅看。至该处带兵亦需练习之人，但此事原系该督等办理本省边情，不值由京派人前往。已谕令铁保带领成都满洲兵二百名，驰赴该督等现驻处所，以备领兵进剿。再，于通省满洲总兵、副将内，拣选得力之员调赴该处。著将此并谕阿尔泰、董天弼知之。德福接奉此旨，于何日起程，于何路前往，先行具折复奏。到川后仍将商办情形，迅速由驿奏闻。"

（高宗朝卷八八九·页一八下～二一下）

○乾隆三十六年（辛卯）八月庚午（1771.9.10）

又谕（军机大臣等）曰："阿尔泰等筹办小金川一事，节经传谕实力剿擒僧格桑，毋稍存姑息了事之见。现在办理若何？距前又将十日尚未据奏及，而董天弼于六月十五日自打箭炉驰赴西路，酌办进兵之事，至今四十余日，为时甚久。该提督于何时到彼？曾否进兵？僧格桑能否就获？该提督在彼所办何事？总未见其奏及一字，殊不可解。提督原有奏事之责，且值办理边夷要务，自应将该处情形随时迅速驰奏，何以一月有余默无一言？即云提督受总督节制，而事应入告，该督岂能禁其不据实上闻。况军务重大，该提督又与该督分驻两路，各有应办事宜，不容稍有牵制，何所顾虑，而钳口若此，殊不知事体轻重。董天弼著再传旨申饬，并著传谕阿尔泰等务将办理情形，迅即由驿六百里复奏，勿再延缓。"

（高宗朝卷八九〇·页五上～六上）

○乾隆三十六年（辛卯）八月乙亥（1771.9.15）

大学士管四川总督阿尔泰奏："近接提臣来札，小金川已各处添设碉卡，而官兵尚未到齐，故先行译谕晓以利害。第小金川占据沃克什，距巢穴甚远，势须先击退攻围沃克什之兵，然后捣其巢穴。兵力应否酌增，现与提臣商办。倘因调兵已多，茶息银两不敷，请动库项。其金、革一案，据游击宋元俊禀称，索诺木差人恳伊亲临其地。臣即令其前往，饬谕撤兵退地。"

得旨："诸凡不妥。恐汝不能办此事，早有旨命德福去帮汝。若再不知和衷，共可鄙矣！戒之。"

又批："彼既修卡据守，晓以利害，反令其知尔等欲将就了事之意矣！如此不晓机宜，奈何！奈何！"

又批："汝等已迟延时日矣，尚云稍需乎？看此光景，即应增兵，更何待商之提督？可笑！"

（高宗朝卷八九〇·页一〇上～一一上）

○乾隆三十六年（辛卯）八月丙子（1771.9.16）

谕军机大臣等："董天弼自六月十五日由打箭炉起身，驰赴西路，酌办进兵事宜。距今已五十余日，总未见其奏及一字，殊不可解。节经降旨申饬，并令将现在情形迅速具奏。今日阅阿尔泰奏折内，有'准提臣知会'之语，可见两路信息原自相通。该提督既可报知督臣，何难缮折上闻，有何顾畏总督而竟一味缄默若此？且该提督既往西路筹办进兵，即当出其不意，迅速掩击，使彼猝不及防。或以力擒，或以计诱，务获渠魁，方为有济。乃该提督到瓦寺后，见夷人修卡据守，仍以官兵尚未到齐，复行译谕晓以利害为词，更属不晓事体。番夷既设有碉卡预防，岂复文告可喻？该提督如此举动，徒令番夷轻视，如伊等惟务调停了事毫无能为，于事岂能有济？而伊等中无定见，游移不决，坐失机宜，岂实心任事之道？董天弼著再传旨严行申饬，并令其将现在办理情形，迅即由驿六百里复奏，毋再延缓。"

又谕："据阿尔泰奏筹办金川、小金川情形一折，诸凡不妥，已于折内明切批饬矣。小金川于甫受约束之后复敢乘隙滋事，自宜加以兵威擒剿，庶可抚靖边夷，且使金川望风畏惧。是小金川之必当进兵，不待再计而决，屡次所降谕旨甚明。又因阿尔泰前奏茫无主见，惟图迁就了事，恐致因循贻误，复念其于军务非所夙娴，已传谕德福由滇驰赴川省，协合妥办。今阅阿尔泰奏折，仍存姑息完局之见，种种不合机宜，甚不满朕意。小金川与沃克什构衅，阿尔泰得信后既亲往查办，且令董天弼驰赴西路用兵，自应乘其不备星速进剿，方为扼要。乃徒虚张声势，使僧格桑得以修卡预防，已属濡迟误事。迨番夷既已据守，犹以官兵尚未到齐为词，欲先以译词晓谕利害。惟思文告弥缝，益令番夷轻视，知伊等专务调停息事，毫无能为。似此措置乖方，岂能望其有济！且小金川之地并非若金川之有险可凭，昔年我兵曾经取道于彼，岂能遽化为险要，即一路添有碉卡，亦岂能各路皆然，即此可见其中怀畏葸矣！至既已办理进剿，汉、土兵练或有不敷，即当早为筹拨，如成都满兵、川省绿营皆可酌量调派。昨已谕铁保带兵前往，并谕挑选绿营精锐，特派总兵统率备用。阿尔泰既不能预筹及此，尚以兵力应否增添现商提臣酌办，尤为可笑。督臣统辖全省军务，即提督亦听其节制，有何顾虑牵掣，而以添兵之事诿之提臣，致往返迁延悠忽玩日乎？又所称茶银余息不敷支用，请酌动司库存项，以资经费等语，更为不晓事体。遇此等夷疆要务势须用兵，即当通盘筹画，俾得裕饷济师，果于国事有裨，即用至数十万金亦无不可。阿尔泰以阁部督臣综理军务，何得沾沾较量赢绌，动存惜费之见耶？朕于各省军民要务有应正项动支者，即所费较多，从不稍为靳惜，亦并未曾以此加罪于人，阿尔泰宁不之知？不宜识见卑鄙至此。著传旨严行申饬。至游击宋元俊，经总督派往晓谕索诺木，该酋既谆恳亲临其地，即应迅速前往严加面谕，庶番夷知所儆畏，何必又具禀请示，久延时日？明系该游击惮于此行，故为此迂回托卸之计，甚属退缩不堪。著阿尔泰即查明严行参奏。再，节次所降谕旨俱由驿六百里发往，并谕令由驿速行奏闻。乃此次复奏之折仍由四百里驰递，亦属拘泥。并著传谕阿尔泰，将现在办理情形即遵旨由驿六百里驰奏，毋得再致延缓。"

又谕："小金川与沃克什构衅一事，阿尔泰中无定见。恐其因循贻误，业谕德福迅速赴川与之会商妥办，并谕铁保带领成都满洲兵二百名前往备用。德福到后，铁保等如已统兵至彼，而绿旗精锐亦经调集，军务易藏，自无庸再为筹画。若不能克期集事，转不必急于用兵。……温福回至永昌，即统现有满洲劲旅，并选派出力黔兵数千名，就近星驰赴川，约计二三月可到。著传谕温福预为筹度。并令德福将该处情形随时驰寄温福，俾得留心部署。"

（高宗朝卷八九〇·页一一下～一六上）

○ 乾隆三十六年（辛卯）八月己卯（1771.9.19）

四川提督董天弼奏："臣于七月初二日抵瓦寺之卧龙关，与小金川现占之巴朗拉距八十余里。贼人已砌碉修卡，而沃克什之达木巴宗、木耳宗、日隆宗在巴朗拉西南，是小金川已将官兵进援之路隔绝。臣约计达木巴宗粮贮足供数月，无虞内溃，先谕小金川晓以祸福利害。如仍执迷，俟官兵到齐，即行掩袭。"

得旨："总不成事体，已有旨了。"

谕军机大臣等："前因董天弼自打箭炉西路酌办进兵，业经五十余日，总未见奏及作何办理，节经传旨申饬。今阅该提督所奏，总不成事体，已于折内批饬矣。董天弼既往瓦寺一路酌办用兵，自应乘其不备迅速进剿，擒获渠魁。乃七月初二日已抵卧龙关，至初六日尚尔茫无措置，岂兵贵神速之道！且董天弼身为四川提督，川省兵丁皆其所辖，何难飞檄催调，迅速掩击，使彼猝不及防。乃一味迁延坐待，转以官兵未能到齐为词，意欲推诿。至僧格桑甫经遵受约束退回，复敢围攻沃克什，实属顽梗不法。该提督前奏，明知其不可以口舌化导，必须慑以兵威，况小金川已筑碉拒守，仍复译谕晓以利害，徒为番夷轻视，知若辈之毫无能为，于事安能有济！董天弼如此畏葸不堪，何以膺专阃重寄！岂竟慢视边务，尚思迁就了事耶？至所称粮食足供数月，尚无内溃之虑，更不成语。董天弼此行岂不过虚应故事，竟思玩日老师优游坐食乎？至董天弼与阿尔泰分驻办理军务，该处一切情形，自应随时专折速奏，乃两月以来仅一陈奏，尚付差弁缓程赍递。而折内复云相距路远，不及与督臣联衔，实属可鄙可笑！提督有奏事之责，况系进兵之时，何至畏惧总督如此？真是全然不晓事体。恐伊福薄，不足以副委任，董天弼著再传旨严行申饬。嗣后宜奋勉痛改，毋贻重戾。"

（高宗朝卷八九〇·页一九上～二〇下）

○乾隆三十六年（辛卯）八月壬午（1771.9.22）

四川提督董天弼奏："贼人所占之巴朗拉山势险峻，难以仰攻。惟距卧龙关四十余里山神沟小路可以绕出巴朗拉之后，臣先行侦探得围困达木巴宗之贼番约有二千，沃克什尚能坚守，若由山神沟前往，五日可到。兹定于八月初七日进发。其巴朗拉山下邓仍地方，令总兵福昌驻扎，相机攻剿。"

得旨："仍属迟缓。既得捷径，观汝如何奋勇成绩耳！"

（高宗朝卷八九〇·页二五上～下）

○乾隆三十六年（辛卯）八月癸未（1771.9.23）

大学士管四川总督阿尔泰奏："明正地方现集汉、土兵练五千五百余名，除防守要隘兵二千名外，尚有三千数百名，似可敷用。但小金川与明正交界隔一大河，须用皮船过渡。而皮船仅容一二人，且小金川沿河设备，是以赶造木船，并设法遮护贼人枪炮，使兵练得以多渡。至僧格桑与索诺木本系同族，又兼姻亲。地界毗连，实不能断其来往。再，小金川近复于木坪连界地方添设碉卡，臣现拨兵防御。"

得旨："总不中机宜，不见奋勇。如何，如何！"

（高宗朝卷八九〇·页二五下～二六上）

○乾隆三十六年（辛卯）八月甲申（1771.9.24）

谕军机大臣等："据阿尔泰奏筹办小金川一折，总不中机宜，不见奋勇，已于折内批饬矣。看来阿尔泰办此一事，始终茫无定见。前奏令董天弼驰往西路相机会办，所云示以兵威，不过空言塞责，其实并未预计进兵之事。及见朕屡次饬谕，方知事难中止，而所办又已濡迟。故前以官兵未齐为词，今复以隔河艰渡为解。可见其始则惟图迁就完事，意涉游移，今则气馁心忙，畏难自阻，尚安望其能奋励集事乎！如所称小金川与明正交界隔有大河，因皮船过渡不能多载，一面赶造木船等语，足见其不合机要。阿尔泰驻彼已将三月，果知有必须舟楫形势，即当上紧制备船筏，克期济师，何至今始须成造，借为支饰玩时之计，且复虑及贼人枪炮，设法护船，作此畏葸无能之态耶？至小金川敢于设碉预防，显有抗拒官兵之意，则其与金川早相联络可知。若复日久因循，益滋养痈之患。小金川地界虽与金川毗连，其路径并非若金川险隘。昔年官兵进剿，取道安行，未闻小阻，何至今日忽变为岭巇难于深入？即金川之不宜轻进，亦因刮耳崖等处不能并骑长驱，非其番夷果皆骁悍难制。若彼轻离巢穴，至小金川之地相济为恶，抗我颜行，则彼已自失其险，何妨一鼓而并狝之，岂不更为直捷！乃惟以不能断其往来借口，岂因僧格桑有金川党助，竟欲置之不问乎？且小金川设碉之处，西路在瓦寺界，南路在木坪界，并非处处皆有碉卡拒防，我兵何难避越番碉别寻进路。即如董天弼在卧龙关访有山神沟间道，以图密进，虽未知其成绩若何，然可见贼巢之原非无间可入。阿尔泰在南路，何未闻购觅捷径率众进攻，徒为守株坐待之见，岂其智并出董天弼下乎？即或因伊等虚张声势，旷日缓期，致狡酋得以预为之备，一时未可猝议进剿，独不当多调兵练为围困计，竟尔束手无策？其番夷全赖耕种为食，必不能终年防守，自弃农功，更不能筑碉护田，广为守望。或乘其懈而忽为袭击，或就其地而频与蹂躏，使之应顾不暇，久将自溃。乃阿尔泰一味畏首畏尾，于近计远筹漫无措置。纵彼未娴军旅，岂平时实心任事之忱惘，至此亦复耄忘而竟甘于苟安？玩视边务若此，所为公忠体国之道安在？著再传旨严行申饬。昨德福奏至，已于八月初四日自贵州由永宁、泸州一路驰驿赴川，计此时可至阿尔泰驻兵之地。阿尔泰务须自励夙诚，与彼和衷妥办，速期奏绩。若再稍存畛域之见，计图推诿，则是自速罪戾矣。将此并谕德福知之。该处现在进兵情形，及与董天弼如何知会两面夹攻之处，仍著速行由驿复奏。"

（高宗朝卷八九一·页二下～五上）

○乾隆三十六年（辛卯）八月丁亥（1771.9.27）

谕军机大臣等："据董天弼奏已于八月初七日督兵由山神沟密往掩袭一折，自应如此办理。小金川之地，该提督向年随征时既曾经历，其路径犹能记忆，益当奋勇深入，以冀克期奏绩。但所称小金川首尾不能相顾，势必解去沃克什之围，退守巢穴等语，尚有急图完事之意。僧格桑去年甫受约束，曾未逾时复敢乘隙滋衅，不可不兴师问罪，并非专为沃克什解围。恐伊等尚狃于姑息之见，一闻顽酋解兵归巢，苟幸无事，不复擒捕渠魁，仍思将就完局，番夷岂复知所警畏！即或暂时敛迹，待官兵既撤，彼复侵扰邻疆，又将另为整理，往返徒劳，更复成何事体。总之，僧格桑一日不擒，其事一日不了。董天弼既经进兵，必须相机制胜，将僧格桑或以计诱，或以力取，务在迅即就获，以靖蛮陬。此旨著由六百里加紧发往。董天弼接到后，将何日直抵贼巢擒获凶渠之处，亦即由六百里加紧复奏。至董天弼已得间道进兵，而阿尔泰至今株守河干，坐待船成方渡，所谓夹击之义安在？据董天弼奏，木坪之甲金达、杂谷之曾头沟各路皆可分进。阿尔泰于此等扼要捷径，自应预为确访，密派勇练将领统兵分路掩袭，使番酋受敌首尾不能相顾，方为胜算。徒尔优游时日，漫无措施，则在彼闲驻数月，所办何事？阿尔泰于亲履行阵即非所长，若运筹调度尚当奋勉自励，何总未见其出一谋发一虑乎？著阿尔泰将近日作何办理情形，亦速即明白回奏。再，前谕于擒获僧格桑后，另择小金川安分妥当之人立为土司，俾令管理。今思小金川可作土司之人不外僧格桑支属，此等番夷锢蔽已深，积习恐难湔改，况与金川又属姻亲，易于蛊惑，难保其日久不复滋事。莫若于凶渠就获之时，即将小金川所有地方，量其边界，除近如沃克什、明正、木坪、杂谷等土司分拨管辖整理，不必复存小金川土司之名，庶该处番众旧染潜移，各知驯谨畏法。而金川见羽翼已除，亦当敛戢不敢复逞。实为宁谧边疆，一劳永逸之至计。将此传谕阿尔泰、德福知之。"

（高宗朝卷八九一·页七下～九下）

○乾隆三十六年（辛卯）八月癸巳（1771.10.3）

大学士管四川总督阿尔泰奏："臣南路造船，因物料、匠工均自内地发往，须十四五日造成方可渡河奋击。其金、革一案，前令宋元俊前往面谕，讵索诺木以弟兄五人商明再禀为辞。该游击见其难以化诲，已于八月初六日驰回。臣饬令宋元俊驾驭索诺木抄掠小金川，如能擒献僧格桑，更有重赏。再，宋元俊于边地道路颇为熟悉，副都统铁保未到之前，即令游击统兵渡河攻剿。"报闻。

（高宗朝卷八九一·页二〇下～二一上）

○乾隆三十六年（辛卯）八月甲午（1771.10.4）

谕军机大臣等："阿尔泰奏办理小金川情形一折，已于折内批示。据称游击宋元俊业已前往面谕索诺木，该土舍礼貌虽极恭顺，而以弟兄五人商明再复为辞，显系推阻之意。看来索诺木之顽劣不即遵教，总因僧格桑甫受约束，旋与沃克什构衅，又复侵及明正土司，尚未加以惩创，遂致无所忌惮。今惟有将小金川上紧攻剿，擒获凶渠，削平其地而分属之，则金川自必闻风畏惧，不敢复行梗化。办理之法无有逾于此者。昨据董天弼奏，已于八月初七日由间道进攻。此时当已捣其巢穴。现在阿尔泰所奏，亦称约计十四五即可进兵。果能克期夹击，僧格桑自必首尾不能相顾，断不敢仍前抗拒。如官兵到彼，僧格桑即能就擒，其局自易完结。设或僧格桑势窘力蹙窜入金川，亦不值引兵复进金川勒取。止须查其家属及党恶之人，收捕分别查办。仍遵前旨将小金川地方分给附近之沃克什、杂谷、明正等各土司管理，并酌留官兵驻守弹压。一面传谕索诺木，令即将僧格桑擒献，其事亦即可了。阿尔泰便可来京办事，德福亦可回至省城，惟暂留董天弼在彼统兵镇抚。俟数月后局势大定，董天弼再行回署。仍派明干将领在小金川与金川扼要地界驻兵，并不妨守御一二年，番酋等自不能经久受困也。至前谕令索诺木抄掠小金川，彼时因未知两土酋之已经联络。今就该处情形而论，则两酋久相比附，狼狈为奸，索诺木岂复肯与小金川自相残贼？乃阿尔泰仍以驾驭索诺木抄掠为言，可谓拘泥而不达事体。现在专办小金川，不必复向金川告谕。若僧格桑或向金川逃匿，则于传檄索取时并谕以僧格桑自作不靖，窜入尔界。今官兵已平定其地，散给附近各土司分管，仍留兵驻守，是僧格桑永远不能归巢。尔今留彼，养赡其众，何时能了？是尔无端为彼贻累，在尔亦殊失计。尔索诺木之父即系久经归化之人，尔若能将僧格桑擒献，自当将尔奖赏。番蛮等本属见小之人，为之明白开导，其势必不能久合。如此方得要领。至游击宋元俊，前因其不即向金川晓谕，懦怯无能，谕令阿尔泰参奏。今阿尔泰以宋元俊于边地情形颇熟，派令统兵攻剿，该游击如能奋勇自效，不但不必劾究，并当论功录用。若专务绿营欺罔恶习，仍不努力向前，即一并重治其罪。可即饬令该游击遵奉黾勉。将此由六百里加紧传谕阿尔泰、德福、董天弼知之。仍令将各该处进兵情形迅速具奏。"

（高宗朝卷八九一·页二一下～二四上）

○乾隆三十六年（辛卯）八月丁酉（1771.10.7）

谕（四川总督德福）曰："……前谕德福到川即接受总督印务，办理小金川军务。若执此懦怯庸谬之见，恐其于进剿事宜转致贻误，所有四川总督印务，仍著阿尔泰兼管，德福即著来京候旨。"

（高宗朝卷八九一·页二六下～二七下）

○乾隆三十六年（辛卯）九月己亥（1771.10.9）

谕军机大臣等："……（德福）其心实因不肯办理小金川起见……仍欲遣人招谕完事。……况前此谕令德福赴川时，曾将阿尔泰等节次所奏办理小金川事宜各折抄寄阅看。德福岂不知僧格桑之滋扰邻境土司，屡经阿尔泰等晓谕，受约归巢曾未数月，复敢与金川狼狈为奸，乘间攻围沃克什，且及明正土司，岂可仍以口舌化导！若不急事剿擒，使番蛮稍知惩儆，朝廷威令安在？且何以绥靖边方？德福何尚狃其怯懦之见，仍萌在阿克苏之故智耶？朕前以德福近日颇似实心任事，或可助阿尔泰所不及，因令其星速赴川协同办理。昨阅阿尔泰复奏之折，似能体朕节次谕旨，自知改悔，或可望其奋勉成事。若留德福在彼，逞其乖妄之见，必致掣肘贻误，是以令其来京候旨。但德福前日所奏敢于取巧，不但深负委任，其居心实不可问。著传谕德福，令其即行明白回奏。此时董天弼已由间道进攻，破其大碉，阿尔泰自亦派兵夹击。若能擒获僧格桑，抚定其地，或逆酋畏惧逃匿，将小金川分隶管辖，驻兵镇守，以结其局，固善。否则俟温福……于开春统率八旗劲旅驰赴川省，奋力进剿，自能克日成功。将此于阿尔泰、温福奏事之便，一并谕令知之。"

（高宗朝卷八九二·页七上～九上）

○乾隆三十六年（辛卯）九月庚子（1771.10.10）

大学士管四川总督阿尔泰奏："据宋元俊禀称，查有附近章谷之巴旺及布拉克底土司与小金川所占明正之纳顶等境毗连，若由此进兵，可将所占明正地方全复。经密饬该土司遵办。嗣据禀两处愿以兵一千五百引路，现在调集，是以未即渡河攻剿。"报闻。

（高宗朝卷八九二·页九下～一〇上）

○乾隆三十六年（辛卯）九月辛丑（1771.10.11）

谕军机大臣等："据董天弼奏：由山神沟山路进兵，至德尔密地方，连夺石卡并攻克大碉一座，剿杀番众数十人，余俱越岭而逃，我兵已扼险要，因该处雨雪交加，各兵俱系裹带干粮，不举烟火者已有八日，未免稍形疲乏。现俟分兵毕旺拉一路，探有消息，两路会合进攻，并照会镇臣福昌守御山神沟后路等语。董天弼办理此事尚属奋勉，已于折内批示矣。该提督虽系间道往攻裹粮而行，但岂无继运兵饷俾资接济？亦岂无续进之兵以为声援？阿尔泰初闻董天弼进兵之信曾否筹办及此？迨探知董天弼攻碉之后曾否速为策应？著传谕阿尔泰，即行据实复奏。至巴朗拉一面为攻小金川大路，董天弼原议令总兵福昌进剿，以挫其锋，彼由小路密进，两路夹击。今董天弼进兵后已攻克卡碉，福昌自八月初七日分兵以来至今已将一月，曾否进兵往攻？及巴朗拉一路有无贼匪拒守？该镇曾否与之接仗？所办情形若何？并未据奏报一字。总兵本有奏事之责，况当统兵分剿，尤应随时入告，岂宜缄默若此？并著传谕福昌，令其迅速详晰复奏。此旨著由六百里加紧发往。"

（高宗朝卷八九二·页一〇上～一一下）

○乾隆三十六年（辛卯）九月壬寅（1771.10.12）

又谕（军机大臣等）："据铁保奏称，伊至打箭炉，会同阿尔泰等候德福到后同往章谷观看形势一折，亦由六百里驰递。六百里驰递事件，专为紧要军情而设。铁保若遇贼打仗，或进兵得贼消息，不妨如此驰奏。今才至打箭炉，遇见阿尔泰系何紧要之事，亦由六百里驰递，甚属不晓事体。著传旨严行申饬。"

（高宗朝卷八九二·页一二上）

○乾隆三十六年（辛卯）九月丙午（1771.10.16）

谕军机大臣等："昨据董天弼奏，于八月初七日由山神沟密进至德尔密地方，已攻夺石卡大碉，因兵丁裹带干粮不举火已八日，未免疲乏，俟分兵毕旺拉一路，探有消息，会合进攻等语。随传谕询问阿尔泰，因何不筹办续进兵粮接济及派兵策应？今距该提督奏到之期又逾五日，尚未见有续奏，未知该处攻剿情形若何，深为廑念。阿尔泰既与董天弼会商夹击，一闻该提督由间道进兵，即应派兵分路合进，使顽酋首尾不能相顾。乃惟坐守河干迁延时日，又不筹拨西路应援之兵。是阿尔泰竟置此事于度外，于董天弼一路漠不相关。全不知体朕注念边陲，萦怀宵旰，岂大臣实心任事之道！至铁保甫至打箭炉与阿尔泰相见，并无筹办之事，辄用六百里驰奏。该副都统固不晓事，阿尔泰系满洲大学士兼管总督，统兵进剿，铁保由驿具折，即当询其所奏何事。设系铁保到后见阿尔泰调度不合机宜，密行陈奏，该督自不便与闻。若系筹画军营事宜，即当与之会商妥计，联衔合奏。乃以无关紧要之事听其徒劳驿递，阿尔泰竟不阻止，殊属不知大体。著一并传旨申饬，并将此谕由六百里加紧发往。著阿尔泰即将明正一路作何进兵及董天弼近日消息如何，迅速由驿复奏。"

（高宗朝卷八九二·页二六下～二七下）

○乾隆三十六年（辛卯）九月戊申（1771.10.18）

又谕（军机大臣等）："阅阿尔泰今日奏到之折，不意其糊涂无用若此，已于折内批饬。阿尔泰身为满洲大学士，凡有关国家要务，何一不当实心筹办。况系川省总督，番夷之事尤其专责。乃自五六月间即奏称督办进兵，至今四月余，尚安坐打箭炉，并未发一兵，未移一步，所为督办者安在？岂以专理地方日行案件便为尽总督之职，而于边情军务皆置之不问乎？其意不过以为德福将到，即可借以息肩，预存五日京兆之见。无论德福近日行为与彼同一无用，即使其果胜于彼，而竟甘心退让束手无策，纵不自顾颜面，独不凛覆辙之戒乎？阿尔泰既与董天弼预商分路进兵，自当与之克日同进。乃既已后期，又惟派一游击宋元俊前往，阿尔泰仍驻打箭炉不动，惟知敦体养安，岂满洲大臣所宜有。即其自问不能亲履行阵，而在后督催，以励将弁等勇往之气，于事庶为有益。若欲待德福会商，阿尔泰即先期进兵，德福到彼，亦无难循踪趋赴，何竟退缩不前，岂不为将领所窃笑乎？至董天弼由山神沟间道密进，于八月十三日打破德尔密大碉，距阿尔泰此次拜折时已将半月。阿尔泰前奏曾据西路粮员禀报得碉之事，自应即速派兵续进策应，并为筹拨继运兵粮以资接济，仍一面速行进兵夹击以壮声援，使顽酋首尾不能相顾，方为合理。乃竟视西路为董天弼之事，与彼毫无关涉，全然置之度外，岂满洲老大臣实心体国之道，言之不胜愤懑。阿尔泰著传旨严行申饬。仍将此旨由六百里加紧发往，著阿尔泰速将该处如何进兵情形及董天弼近日消息如何，阿尔泰作何探听接应之处迅速复奏。"

又谕："今日阿尔泰奏到一折，实属糊涂无用，现已降旨严行申饬。顷复据董天弼奏，所得碉卡复行失去，毕旺拉一路亦为小金川夺去，现退兵坚守要口等语。是贼兵竟敢抗拒我师，甚为可恶，岂可不加申讨轻为歇手？至董天弼所请交部治罪之处，且可不必，得失乃行兵之常。董天弼前此进兵尚属勇往，而此时之退失皆由带兵本少，不敷调拨，绿营积习又懦怯无能，阿尔泰复不早为筹拨，以至于此。且看其此后如何奋勉自效，以定功罪。若再不知努力，则其获谴更甚矣。但所称贼兵乘雾雨迷漫之时，于左右山梁蜂屯蚁聚而至，守碉之瓦寺土兵辄行惊溃等语，殊觉可笑。贼既能乘雾来攻，我兵岂不能乘雾迎剿？是兵力之不堪大概可知。且瓦寺与小金川同系土司，何以贼之土兵皆属有用，官之土兵即属无能？此皆调度不善之故。阿尔泰在川最久，岂竟漫无见闻？何以不详慎精选，听以懦弱充数，不能得力，所办何事？著传谕阿尔泰明白回奏。至董天弼本系乘间攻其不备，今德尔密一带既有贼兵屯拒，自难仍由原路再进，亦不必复与攻夺所失之碉。万一少有折挫，更觉不成事体。但我兵即不能深入，而守御隘口不使贼匪外逸，尚属力所能为。自当派拨弁兵严为堵截。西路现有总兵福昌在巴朗拉驻守，则山神沟、毕旺拉两处即可交该镇一并抵御，以缀贼势。董天弼在彼亦无可施展，伊于番地情形稍为谙悉，且曾经从征金川，尚系熟手。今阿尔泰坐守南路，毫无主见，现在无可协同办理之人，董天弼著即驰往阿尔泰军营，会商进剿，或可得其佽助之益。惟是绿营怯之兵实不足恃，看来未必遽能集事。设或调度又不合宜，致损威重，更难完局。第当围困贼人要隘，勿令轻出，以待厚集兵力，捣穴擒渠，以靖边徼。……而小金川敢于负隅逆命，若不急为剪除，养成贼势，于事大有关系。自当权其轻重，以期有济。温福前奏，原议于十月初进兵，此时尚在永昌部署。著传谕温福于奉到此旨后，即带军营所有之满洲兵星驰取道赴川，奋力攻剿。务擒贼酋僧格桑，分隶其地，使番蛮稍知畏惧。其黔省绿营兵，除派守边隘外，并精选勇锐者千余名一并带往。若以现有黔兵距川较远，即仍照温福前奏，奉旨后酌定应用兵数，飞咨黔省，于川省相近营镇速行选派精兵，即令前往，自觉更为妥便。其原派带兵之人，亦应酌留滇省防守。著照单内点出者温福带往，余俱留于永昌。所有副将军印务，温福即带往备用。至参赞大臣伍岱于军务颇为练习，亦著同温福前往，会商进剿。阿桂留于滇省亦属无益，著温福随带赴川差委效力。……至阿尔泰等现在进兵，若能乘间得利固善，否则，莫如极力围守，以待温福到川一举集事。川省绿营兵即多为调拨，亦未必能得力。并差派成都满洲兵一千名，速赴军营，听候温福派用。其各兵所需马匹、粮饷，著交阿尔泰即预为熟筹速备。若稍有玩误，惟阿尔泰是问，恐不能当其重戾也！此旨著由六百里加紧分路发往。董天弼折并抄寄温福，并谕彰宝、长清、海兰察、哈国兴知之。"

（高宗朝卷八九二·页三一上～三七下）

○ 乾隆三十六年（辛卯）九月己酉（1771.10.19）

谕军机大臣等："阿尔泰办理小金川一事全无主见，断难望其有成。昨已降旨详切饬谕，并令温福即带兵驰往四川妥办矣。看来阿尔泰、董天弼于土司之事，惟图迁就了局。从前金川、小金川与附近土司相仇杀，伊二人率自往劝谕而止，已非一次。阿尔泰等既意存姑息，习以为常，而番酋等亦视督、提为和事老人，狃不知畏。本非绥靖边圉之计。至僧格桑上年甫受约束，旋即抗违，其情甚为可恶，尤不可不痛加惩创。无如阿尔泰等狃于外省积习，畏难苟安，即其初奏称僧格桑不复可以口舌化导，必当示以兵威，貌似认真，其实全无措置，仍欲以空言塞责。及接奉朕屡次饬责之旨，始行筹及，遂致兵不敷派，粮无继供。此董天弼一路之所以虽由间道进攻得而复失也。今小金川竟敢抗拒我兵，尤不可以轻宥。奈阿尔泰始终毫无成见，于需兵若干，作何调拨，及何路可以进击，何路当为堵截，并未通盘筹画。不过东挪西掩，敷衍目前。若似此怠忽迁延，必致养痈贻患。至小金川形势，并非若金川有险可凭，难以深入。第因玩误日久，顽酋得以预为准备。而阿尔泰等至今尚未得其要领，杂凑懦怯之兵，零星搪塞，岂能制胜？自不可不厚集兵力，督率大进，以期捣穴擒渠。……著将此旨由六百里加紧驰发，谕令阿尔泰……知之。"

（高宗朝卷八九二·页三八上～四四上）

○ 乾隆三十六年（辛卯）九月庚戌（1771.10.20）

谕军机大臣等："据阿尔泰等奏宋元俊进攻小金川夺回贼人所占明正地方一折。所得不过纳顶、边谷数处，何至过涉夸张，辄称全胜。已于折内逐一批饬矣。斩馘尚有实据可稽，自不敢捏词粉饰。其所称滚崖落水死者不计其数，乃绿旗虚诳恶习。阿尔泰竟信而不疑形之章奏乎？我兵此时尚未深入，即明正被侵之地所复亦仅一隅，不足言捷。而阿尔泰遽有报功之色，窥其意总欲图姑息苟安。设或此时逆酋出而认罪求饶，阿尔泰必将迁就。此断不可。小金川屡经该督等晓谕遵依，复敢反复滋衅。若又因其请而宥之，彼益轻视内地大臣为无用。我兵甫撤，贼众旋屯。更复成何事体？况僧格桑竟敢抗拒官兵，实为可恶，尤不可不大示惩创。总以克期觅道进兵，捣其剿穴，擒获凶渠，将该处番地、番户分给就近各土司编管抚治，并将僧格桑之妻孥、近族及其党恶土目尽行俘系，请旨办理，其事方能完结。至德福折奏，阿尔泰自五月间办理军务以来，业已筹办兵粮及军装、火药等项，雇夫运送，并调驿马安台，从前未经具奏等语，殊不可解。此等皆行军要务，阿尔泰既经办及，何惮而不即上闻？况军需事宜，随办随奏，亦可表其并非安坐玩日，且可借以见长。阿尔泰久任封疆，事皆历练，不应疏略若此。岂其耄而志昏，计不及此乎！又，土练一项，向多临敌易退。且派自各土司，恐于贼人瞻顾不肯向前，或致泄漏机密，昨曾谕令此后毋庸派调。今此次夺回明正地方，土兵尚觉出力，是此辈又未尝竟不可用，惟在善为驾驭，令其奋勉向前耳。著传谕阿尔泰，仍照前酌量调拨土练，但须慎选精壮得力之人，勿令以老弱充数，并当与官兵相间配用，毋使独当一面，致其游移怯退。至现在攻打约咱及收取仲浓等处情形若何，并阿尔泰现在何处，均著即速据实复奏。此旨由六百里加紧发往，并谕桂林知之。"

（高宗朝卷八九二·页四五上～四七上）

○乾隆三十六年（辛卯）九月壬子（1771.10.22）

四川提督董天弼奏："达木巴宗被困已久，急宜救援。臣复探得木坪之尧碛一处，从山梁而下渡至河北，即系达木巴宗小路。臣一面带兵迅速起程，一面咨商阿尔泰等务期设法渡河，以断贼番归路，则福昌亦可乘势径进。"

得旨："此行颇觉勇往。看汝如何以功抵过耳。"

（高宗朝卷八九二·页五五上）

○乾隆三十六年（辛卯）九月癸丑（1771.10.23）

谕军机大臣等："董天弼奏现由木坪之尧碛地方带兵攻其不备一折。已于折内批示矣。董天弼因德尔密、毕旺拉一带贼匪俱添人拒守，复觅间道进攻，尚属勇往。但伊八月二十日具奏之折称兵丁不举火者已经八日，距此次拜发折奏时又将半月。寻常无事之人久不火食，尚难支持，况当攻剿之时，而令兵丁枵腹从事，又无此情理。或于何处觅有粮食，并何时得有续运兵饷接济，总未据董天弼奏及。朕自闻兵丁八日不举火以来，无日不以伊等疲馁情形深为廑念。董天弼何转不以为意？岂因续经得食遂不复置论，抑前说系绿营虚夸积习，过甚其词耶？著传谕董天弼即行明白回奏。再，兵行粮随乃一定之理，即欲令官兵因粮于敌，亦不可不筹运以为接济。阿尔泰既办军务，何以于此等竟未筹及，并曾否于董天弼一路运粮接济之处，前已询问阿尔泰，并著速行据实复奏。再，董天弼折内称，现议用兵之尧碛与甲金达相近，甲金达一处，已经阿尔泰派有游击陈圣矩带兵前往等语。而阿尔泰九月十一日具奏之折止有游击宋元俊夺回明正侵地情形，虽有另派参将薛琮、郑国卿、都司广著、守备李天贵、陈尚礼各员，亦仍系宋元俊一路。其陈圣矩前往甲金达之处并未据奏及。该督究于何日派其进兵，及令其与董天弼作何联络声援，最关紧要，因何尚未陈奏，殊不可解。至董天弼已督兵再进，而阿尔泰除宋元俊会约巴旺进攻外，并未另筹分路并进，与董天弼成夹击之势，使贼酋首尾不能相顾，会剿机宜安在？近日阿尔泰曾否筹画觅路进兵及亲自移营董促之处，并著即行据实复奏。此旨仍由六百里加紧发往。并谕桂林知之。"

（高宗朝卷八九三·页一下～三下）

○乾隆三十六年（辛卯）九月丙辰（1771.10.26）

又谕（军机大臣等）："闻明正土司向与地方官较为亲近，地方官相待亦遂过优，诸事并过于相信，以此各土司心不能平。则小金川之与彼构衅，未必不由乎此。现在小金川顽梗不率，敢于抗拒官兵，自当大示惩创，不必复问其所因。但边徼诸番久服王化，各土司本无分别，自当一体抚绥，岂可以明正土司语言、礼貌稍于内地谙通，辄至轻信其言，与众显形厚薄？伊等积习相沿，谅非一日。或不肖有司利其馈遗，因而倍加亲密，俱不可知。此与边地番情甚有关系。著传谕阿尔泰、董天弼，严饬沿边文武员弁，嗣后于各土司俱当一笔相待，毋得少存歧视。如有员弁等敢于收受土司礼物者，查出即行参处，勿稍庇纵。再，前曾降旨，平定小金川后，将该处村寨户众散给附近土司，分苴其地，自为一劳永逸之计。第恐阿尔泰等因明正素常熟习，且以其与沃克什同被攻围，不免意为轩轾，即难以令众心允服。著阿尔泰等于将来分拨时，务酌视其人户贫富、多寡，就小金川境壤毗连之各土司均匀派给。不可丝毫畸轻畸重，方足以帖群情而弭嫌隙。其大金川虽亦与小金川接界，究非绰斯甲布等九土司可比。且两酋狼狈为奸，若以僧格桑之地分给索诺木，是不问其党恶之罪，又从而加赏，何以示惩？且恐番众锢蔽益深，久之仍然滋事，断不可一体拨给。惟当择别土司之介于两金川之间者，分地编管。既可革其旧染，且可控扼大金川出入门户，使其不能任意外逸，于事方为妥善。至我兵进攻贼巢之时，土练中之奋勇向前者，自不能禁其抢掠，如番地所有米谷、牲畜及粗糙衣具等类，原不妨听其取携，使土兵心有所利，自更踊跃争先，并可借此以示赏劝。即官兵中果有能勇往出力者，收获亦所不禁，并不必泥于秋毫无犯之说也。若寨内所有佛像等项及贵重器什、蓄聚资财，则当逐一确查点验,开列清单具奏,候旨遵行,勿使兵练等任意擅取。阿尔泰等务妥协经理。此旨遇该督等驿章之便,附邮寄发。并谕温福、桂林知之。"

(高宗朝卷八九三·页七上~九上)

○乾隆三十六年(辛卯)九月庚申(1771.10.30)

谕军机大臣等:"阿尔泰、德福复奏办理小金川情形一折。据称德福自抵打箭炉以来,与阿尔泰商办必须剿灭小金川机宜,业已分晰具奏等语。总属空言搪塞,已于折内批饬矣。阿尔泰自抵打箭炉数月,不过坐守河干,并未奏及作何调遣分路进兵之事。即造船过河一节,亦经朕降旨申饬后始行赶办,而亦已历许久,究无造船果成、兵丁过河若干之实奏也。至德福于初抵成都时惟奏:'现经阿尔泰、董天弼檄调官兵五千,加以满兵二百,足敷掩袭。容到彼拟与阿尔泰分路夹攻,商酌机宜,另行具奏。'及彼抵打箭炉后,惟将阿尔泰已筹办之两路兵粮夫马奏闻。又会同阿尔泰奏报宋元俊攻复明正被贼侵占之河东地界,附称一面攻取所占明正之仲浓等处,一面分攻小金川之约咱地方。至于何路派兵若干,何人带领及总兵、副将可胜带兵者调到何员,派往何处,均未详晰陈奏,所谓用兵机宜安在?伊等节次奏到之折俱有案可稽,岂容仅以虚词掩饰取巧乎!即如阿尔泰原议与董天弼分路夹击,及董天弼由山神沟间道进攻后,阿尔泰并未筹及添兵策应、运粮接济,致董天弼已夺之碉得而复失。而阿尔泰等仍置若罔闻。昨董天弼复奏称,由尧碛山梁进兵,已飞商阿尔泰等。如意见相同,即将汉、土官兵二千续行随进。并称其地与甲金达相近,已经阿尔泰派游击陈圣矩带兵前往等语。董天弼折奏系九月初三拜发,距阿尔泰、德福此次奏折时已将十日,阿尔泰等自应早已得信。现在作何筹办兵粮接应,及于何路派何人夹击之处,并未奏及。是阿尔泰等竟将董天弼一路置之度外,所谓夹攻之道又何在?如此尚安望其协力集事乎?即阿尔泰前折所称拟攻之约咱、仲浓两处,距今六十余日,此次折内并未提及一字,殊不可解。伊等纵不以军务为重,独不念及朕于此事宵旰悬心,急于盼望信息乎?且阿尔泰、德福虽称进至章谷,其地距打箭炉若干,在彼筹办何事,均未奏及。伊二人何以同在一处,不思分路督兵?铁保既带满洲兵到彼，又何以不令统兵分进？是伊等于行兵要领全未能得，惟思以空言取巧。此等伎俩岂能于朕前尝试？阿尔泰、德福俱著传旨严行申饬。德福已令来京候旨。现在两路办理情形若何？仍著阿尔泰即速复奏。此旨并著六百里加紧发往，并谕桂林知之。"

（高宗朝卷八九三·页一二上～一四下）

○乾隆三十六年（辛卯）九月辛酉（1771.10.31）

谕军机大臣等："前据董天弼奏，从木坪之尧碛地方顺山而下，中隔一河，即系达木巴宗，若由捷径前进，易于攻破，一面带兵五百名星速起程，一面飞商阿尔泰等语。此折于九月十五日奏到，距今又将十日，尚未据将进兵以后情形奏闻。其与阿尔泰相商之处作何办理，亦未据阿尔泰等奏到，殊不可解。计该提督进兵之程日以五十里为率，旬日当行五百里，即以三十里为率，亦可行三百里。小金川疆界并非甚广，岂有行三五百里尚不能直抵贼巢之理。是董天弼前奏，仍不免沿绿营积习，以空言塞责，而阿尔泰又视董天弼之进攻与否不以为意，遂置之不论耳。岂知朕于此事宵旰廑念，自闻董天弼得路进兵之说，即日计其行程，盼其信息，伊等何总不知仰体朕意随时奏报乎？行兵之事大小悉系机宜，计日计程虽若细务，而实为军营要领。非此不能得先后缓急之宜，筹克敌制胜之策。朕前此办理金川及平定准部、回城诸务悉皆详为指画，巨细不遗，用能克期奏绩。阿尔泰、董天弼何皆视军旅若泛常，于进兵情形并不随时入告，以待朕之揆机遥度，得所禀承乎？看来阿尔泰等于攻剿小金川一事，并未通盘筹画，布置得宜，即董天弼之间道进攻亦不过击其一隅，实未尝计及全局，如此安能有济？著传谕阿尔泰、董天弼仍将现在进兵实在情形迅速复奏。"

（高宗朝卷八九三·页一五上～一六下）

○乾隆三十六年（辛卯）九月丙寅（1771.11.5）

谕军机大臣等："据桂林奏，山西境内六百里文报往来，尚照寻常事件令马夫投递，难免贻误，似应按照直隶之例，每站遴委把总、外委专司驰递，数站内派千总记载稽查，请饬下鄂宝详加筹办，川陕一带应请一并饬知等语。川省现有应办军务，文报往来最关紧要。其由六百里及加紧驰递者，尤不宜稍有延缓。而向来递到阿尔泰奏折多不能按所限期日，业交兵部沿途勘查。今据桂林所奏，则是山西省于紧要文报仅委之各站马夫，毋怪乎屡次递送之稽迟也。……嗣后遇有川省文报，务选派千、把总等官专司递送，按站交投。仍派大员不时巡站稽查，毋任文武员弁怠玩延误。其经由之陕西及四川本省各驿站，并著一体妥协办理，以期迅速。将此并谕阿尔泰、勒尔谨知之。"

（高宗朝卷八九三·页一九上～二〇下）

○乾隆三十六年（辛卯）九月丁卯（1771.11.6）

谕曰："德福前在阿克苏办事曾获罪谴，经朕弃瑕录用，数年之内由臬司简任巡抚。因其尚知实力奋勉，复加恩擢用总督。乃甫至四川，即意存自满，全不似向年之实心任事。且敢逞其乖谬之见，借滇省事宜，欲以讽谕罢小金川之事。夫小金川番酋僧格桑去年秋间与沃克什土司构衅侵扰，经阿尔泰前往晓谕，僧格桑即遵守约束，敛迹归巢。彼时以番蛮互相仇杀乃其常事，且既已遵谕退回，原可无庸再办。曾未半年，而僧格桑复敢乘间攻围沃克什，且及明正土司，此岂可复以口舌化导？若不用兵剿擒使番众稍知惩儆，何以申威令而靖边隅？乃阿尔泰办理此事毫无定见，惟图迁就完局，因令德福即赴川督之任，协同妥办。冀其经画得宜，克期集事。孰意德福尚未接印，即生畏事之心，希欲阻挠军务，妄奏取巧，深负朕委任之恩。著革去总督，赏给三等侍卫，以己力前往伊犁，听候差委。所有四川总督员缺，著文绶补授。其陕西巡抚员缺，著勒尔谨补授。"

谕军机大臣等："文绶已授为四川总督。伊所办哈密羊只皮袄完毕竟无所事，四川现在办理小金川贼匪甚为紧要。文绶接奉此旨，即稍有未完事件，亦尽交彼处大臣办理，即赴新任。一切事务悉心妥办，不必前来请训。"

四川松潘镇总兵福昌奏："八月初七日，臣与提臣分路进兵，于初八日至邓仍地方，贼人已有防守，因从巴朗拉北山绕越，夺贼卡三座。正在进攻巴朗拉正碉，准提臣札令撤回。现在提臣改由木坪一路进兵，令臣严守要隘候信。臣统率官兵不能夺寨，且愚昧未及陈奏，请交部治罪。"

得旨："已有旨了。"

谕军机大臣等："据福昌复奏，八月初八日领兵至邓仍，十三日夺获贼卡三座，十四日攻打巴朗拉正面碉房，官兵微有伤损，随撤回山神沟口防守。从前未及奏闻，请交部治罪等语。办理小金川一事，阿尔泰等毫无措置，种种不合机宜，其应得罪谴者不独福昌一人。福昌此时且不必交部，看其将来如何奋勉自效，以图立功抵罪，统俟军务告竣再行核定，另降谕旨。至其折内所称情形，总属不成事体。即如董天弼、福昌等一路进兵之事，阿尔泰竟若置之度外，惟将董天弼于德尔密攻夺碉卡之处附有折片。其退至山神沟，及复由尧碛进兵，并福昌攻打巴朗拉诸事，均未据奏及。阿尔泰以大学士兼管总督，现在统理军务，提镇分路进攻，距其驻兵之地并不甚远，谅无不逐一具报，自当随时据以上闻。乃阿尔泰于董天弼一路续进兵粮既不即为筹办接济，并该提镇等节次进攻情形亦视同隔膜，不为奏及。则其于军务边情全未通盘筹画，更可想见。而董天弼由尧碛进兵之折于九月十五日奏到后，迄今又已半月，亦未见其将如何进攻、行至何地、有无剿击之处续行奏闻。是仍沿绿营虚浮积习，未必实能有济。看来阿尔泰等于小金川一事惟图迁就完局，始终茫无定见。即其初云慑以兵威，亦不过空言塞责，及朕屡次降旨询促，始行办及。是以所调兵练，俱系陆续零星凑集，并未将分路夹击、需兵若干及调派将领、作何分进各紧要机宜统为熟计，徒尔东遮西掩支绌时形，安能中其窾要！似此敷衍迁延，非惟于事无益，且恐为贼番所轻，知伊等庸懦无能，益复不知畏惮。其至兵练等或稍有挫失，更属不成事体。前已谕令温福统兵赴川督办。兹复另降谕旨，促其先行兼程赴川。阿尔泰等此时转不必轻率进攻，惟当派兵堵守小金川要隘，毋使贼酋外逸。俟温福到后，筹画调度，一举集事，方为妥协。此旨仍由六百里加紧发往，著阿尔泰等即将现在两路办理情形迅速奏闻。若果大有剿杀，朝夕可得贼巢，则不必拘泥此旨，即当鼓勇速进。并谕温福、桂林知之。"

（高宗朝卷八九三·页二〇下～二六下）

○乾隆三十六年（辛卯）十月戊辰（1771.11.7）

又谕："昨降旨将德福革去总督，虽略言其应行罢斥缘由与办理小金川大概，而于德福之乖谬取巧及小金川不得已于申讨之故，尚未详为宣示，恐无知者且将为德福称屈，而疑朕之意或喜兵，不可不明白申谕，使众共晓。小金川乃九土司之一，久隶内地。曩为金川侵扰摧残，特兴师命将，征服金蛮，二十余年得以安居乐业。数年前金川间与绰斯甲布各土司交哄，节经督、提等遣员诫谕，随即辑和。朕知番俗蠢顽，穴斗乃其常事，原可毋庸过问。去年春间，小金川土司指称沃克什土司用法诅咒，致其父子同时染病。僧格桑遂借搜取咒经为名，引众前往攻杀。经该督委员查办，虽暂停兵革，仍未遽解围。彼时阿尔泰意欲剿抚兼行，朕以其衅端虽暧昧难明，而蛮触相争互存曲直，不宜有所偏向，轻议加兵。且僧格桑犊性未驯，罔知利害。因谕该督等详悉开导，冀其感悟自新。阿尔泰、董天弼即于八月内前至土境，僧格桑迎见督、提，跪聆训教，悔罪汗惶，情愿退地撤兵，永不侵犯，具结遵依，遂亦宥其既往。孰意僧格桑怙恶不悛，抗违教约，于本年六月乘间攻围沃克什，并占瓦寺之巴朗拉，拒阻援兵，寻且侵及明正土司地界。是其藐视督、提肆无忌惮，岂复可以口舌化诲？而阿尔泰等惟思姑息了事，意见游移，虽云当临以兵威，不过虚张声势。无论其不足以慑凶渠之胆，即使其暂时求息，勉强面从，而我兵甫回，贼众复集，致令封疆大吏仆仆靡宁，成何事体！且小金川以内地土司敢作不靖，暴侮邻疆，弁髦国法，此而不声罪致讨，朝廷威令安在？况抚驭番蛮，怀畏自当并用。若于梗化之人不大加惩创，则懦弱几无自存，而犷悍者必效尤滋甚，渐至徼内土酋跳梁化外，何以绥靖边围？至于佳兵之戒，朕所深知，岂肯稍存好大喜功之见？……若今僧格桑之冥顽不率，非擒戮无以肃宪典。而欲擒凶竖，非攻剿无以抵贼巢。是此小金川之兵，诚有不得不用者。然犹不欲特发京兵，劳师远涉。惟以阿尔泰未娴军旅，恐误机宜，因命温福兼程赴川，董率调度。以冀克期集事，无使我兵练等久劳行阵。此朕审慎筹度之衷，与必应剪刈之势，更无不可共白于天下也。且朕春秋已逾六旬，御宇三十六载，经事已多，临事知惧，岂不欲宁人偃武顺适几余！况既云用兵，运筹每萦宵旰，而军书夜阅宁不疲劳！即如前日董天弼间道进攻久无奏牍，辄为廑念不置。至于废寝，朕又何所乐而必欲用兵乎？而用兵之事于朕躬有益乎，无益乎？此愈无不可共白于天下也。至德福前在阿克苏时，一闻乌什之事即仓皇无措，思弃阿克苏而回。因将伊革退，留于新疆效力，而派明瑞统兵，剿定其城。意彼经前番儆戒，或稍知悔改。是以弃瑕录用，复不次超擢授为巡抚，颇觉奋勉有为，

因命其两署督篆。其初至云南时，所奏各折，尚似实心整顿。方谓其足以任事，为国家得力之人，因即命为四川总督，令驰驿遄行，往助阿尔泰协力妥办军务。乃伊至四川省城，并不计及小金川之当作何筹办。……其心实不肯办理小金川，故为指东击西，以售其诋欺之术耳。如果确有所见，发自天良，则彼自今年三月接署云贵总督，距其七月间自永昌起程已将半载，何不于在任时及早敷陈，直待抵成都方为此奏？若以为事体重大必须面达，则彼八月初甫至黔省，途中虽并程驰传，亦须俟朕行围事毕出哨后始得陛见，已届九月中旬。即使朕允其所请，迅速传谕温福，计温福接到时，业经进兵袭击，已属无及。德福岂不筹度及此？其意不过以幸得总督实缺，急图完局撤兵，安享丰厚，而又不敢明言。……此等伎俩，岂能于朕前尝试乎？至其明白回奏之折一味支离，理穷辞遁，不啻见其肺肝，更无庸置论矣。今彼两折具在，均著发抄，使见之者知其罪由自取。乃德福负朕委任期望之恩，朕于彼并无丝毫屈抑也。将此一并通谕中外知之。"

（高宗朝卷八九四·页四下～一〇下）

○乾隆三十六年（辛卯）十月庚午（1771.11.9）

大学士管四川总督阿尔泰奏："臣等前此收复纳顶等处地方，一面飞饬该将备等乘势掩杀。臣又于九月初二日亲往章谷军营，督催攻剿。节据宋元俊禀称，自官兵渡河之后，带领土百户等连日奋勇进攻，又收复仲浓、大寨、索布、密刚、玛哩五处，杀死小金川大头人一、小头人二暨贼番二百余，生擒五十余，我兵阵亡二名，带伤四十余名，其明正土司碉寨七百余所，已全克复，又攻得小金川噶中、拉莫、茹纳、扎功拉四处地方，现在进攻小金川约咱大寨等语。臣现同副都统铁保督催官兵，奋力攻击。其收回明正番民碉寨，业交明正头人管领安插。寨内藏匿被擒之贼，照例分赏各土司。其阵前擒获及讯明曾经抗拒者立即正法。再，董天弼改由木坪一路间道进攻，所需兵粮亦经赶办。"

谕军机大臣等："阿尔泰奏克复明正土司被侵之地，并攻得小金川噶中等四处，现在进攻约咱大寨，所办略有起色。盖阿尔泰因朕节次饬谕，实力督催，将弁等亦稍知自励，因得屡获克捷。可见人果奋勉向前，其效立见。阿尔泰益当加意董催，乘胜深入，直捣贼巢。前谕令温福赴川督办，并谕阿尔泰此时且暂停攻剿，俟温福到后合力进讨，克期集事。昨又授文绶为四川总督，令其赴川助办。今阿尔泰既已得手，正可鼓其锐气，一往直前。并促董天弼等上紧夹击，兼派练习带兵之将领分路合攻，使番酋首尾不能相顾，自可得制胜要领。不必拘泥前旨，坐待温福、文绶。若能于此时即抵贼巢，擒获僧格桑，分定其地，尚系阿尔泰全功。设因此次小胜，遂存自足之心，不复努力，非惟自怠垂成，事机可惜，且温福、文绶到后扫穴擒渠，其功即与阿尔泰无涉矣。至游击宋元俊勇往立功，殊堪嘉奖，遇有川省副将缺即行奏补。其出力之各土司，业将俘获番众分给。所有跟随宋元俊进攻之土百户等，阿尔泰亦当量加奖赏，以示鼓励。"

（高宗朝卷八九四·页二三下～二五下）

○乾隆三十六年（辛卯）十月癸酉（1771.11.12）

大学士管四川总督阿尔泰奏："小金川悉其番众固守约咱隘口，以拒我兵进剿之路。臣现于军营铸造大炮，击其坚碉。但有可进之路，竭力攻取。"报闻。

（高宗朝卷八九四·页二八下）

○乾隆三十六年（辛卯）十月丙子（1771.11.15）

谕军机大臣等："据阿尔泰复奏筹办调兵事宜及接运粮石各折，总不中事之肯綮。如所称'调兵二百，添派参将观太前往西路，帮同福昌妥为固守'之语，太不成话。前因阿尔泰安坐数月，漫无调度，必致迁延贻误，是以谕令温福往彼督办。兼以阿尔泰等庸懦无能，恐其举措不合机宜，转属无益，因谕伊等如不能奋勇进攻即当严密围守，使贼匪不致外逸，以待温福到川妥办。原以激励阿尔泰等，冀其稍知愧奋。昨阿尔泰既派宋元俊由巴旺一路带同土兵进剿，将明正被侵之地全行克复，所办似稍有起色。正当奋力深入，以期迅抵贼巢，不应仍为坐待之策。即董天弼一路，原有兵练及添派之兵共六千八百余名。而董天弼派赴木坪者，共三千八百余名，尤当奋勇速进，使贼酋首尾不能相顾，方合行军要领。至福昌在巴朗拉一路亦有兵三千余名，兵力不为单弱。纵其地现有贼人拒阻难于直入，亦当筹酌形势，相机攻打，俾贼众疲于支应，以挫其锋。何得仅为固守计？金川小丑岂有调兵如许之多，为时如此之久，惟资坐守，不独玩失事机，宁不为贼人所轻笑耶？总由阿尔泰等办理此事，始终毫无成见，一味心存观望，如何能克期集事！即所复之明正侵地，尚恐其未必能周防无失。昨已传谕，令其选派将领统兵驻守，无稍疏虞。今日温福奏到，已于九月二十八日带领满洲兵及黔兵三千名，分拨由永昌起程，驰赴川省，计其到军营甚速。此时阿尔泰、董天弼如能分路夹击，捣穴擒渠，以赎前过，断不宜复有懈驰。若竟自揣无用，甘于让人，只可俟温福到川办理，朕亦无如之何矣。再，董天弼带领由山神沟进攻之兵八日不举火一节，朕初闻其奏到深为廑念，昨董天弼复奏称，兵由间道进攻，恐烟火为贼人惊觉，因令裹带干粮等语。今阿尔泰奏亦相同。是各兵既有干粮可以充饥，并非枵腹从事。官兵为国宣力，分所宜然。岂身临行阵，必待张筵恣啖，然后谓之饱食耶？此乃董天弼深染绿营恶习，专务虚夸，实为可鄙可憾。至阿尔泰所奏，现驻章谷督兵进攻之处，并未将章谷距彼前驻之打箭炉计程若干，及章谷是否即系用兵攻夺之地，详细声明。是阿尔泰之意，惟图含糊掩饰。设果系督兵进攻之地，则彼前奏九月初二日亲往章谷，今兵已渐进，而彼仍驻章谷不移，其非随兵深入，已可概见。如此而附名进攻，何异身在京城，筹办古北口以外之事亦可谓之亲督耶！阿尔泰身系满洲大学士，承办军务，自当实心出力，倍于众人。不应置国事为无关重轻，视国法为不足畏惧。朕于军兴之际执法严明，如前此西师之役，策凌、哈达哈、达勒当阿并以玩误治罪。而金川之事，讷亲即以乖张伏法。前车覆辙，尤为近而可征。讷亲独非大学士乎？且彼系元勋后裔，备职禁近，夙夜宣劳，十有余年，乃朕所腹心委任者，而身获罪谴，尚不能为之废法曲贷。阿尔泰不过因其历任封疆，竭诚办事，此外并无可见长之处。且督、抚所得廉俸甚厚，平时丰衣足食，即勤劳宣绩亦职分所当为，并无足为异。朕将伊特擢纶扉，加恩已过于优渥。阿尔泰亦当深知感奋，何竟漠然全不动念耶！试令阿尔泰自问，其为国家出力之处比讷亲若何？朕向来待讷亲恩眷较阿尔泰若何？讷亲犯罪尚不能邀朕宽宥，阿尔泰果何所恃而不惧？岂以大学士为所固有可为护符而倚老卖老，妄存毫不加刑之见耶？伊办理小金川以来，游移延缓已非一次。朕皆曲加原谅，冀全其老颜面。若阿尔泰不自顾惜，仍然执迷不悟，贻误大事，致于朕之颜面有关，朕虽欲再为宽恩，亦恩无可施，而法难曲徇。讷亲炯戒具在，毋谓朕戒之不预也！著严切传谕阿尔泰，令其痛自猛省，及早奋勉自效，并将所询各情节，及现在进攻情形若何，迅速复奏。至军营文武各员功罪，前已谕令温福、桂林留心察核，俟事竣后据实分别奏闻候旨。著再谕温福等，除阿尔泰、董天弼二人前后所办之事丝毫不能逃朕洞鉴，毋庸另记外，其余大小各员并著逐一详加核记，毋稍疏漏。将此由六百里加紧一并传谕知之。"

（高宗朝卷八九四·页三一下～三六上）

○乾隆三十六年（辛卯）十月辛巳（1771.11.20）

谕军机大臣等："本日递到阿尔泰奏折，系九月二十九日章谷拜发，六百里驰奏。以程限而计，六百里之报半月应行九千里，章谷至京不及七千里，今阿尔泰奏折半月始到，约计逾限三日。邮政若此，尚可问乎！前因桂林参奏山西省驿站非若直隶之专派弁员递送，率凭马夫任意稽迟，曾通谕经过各督、抚一体稽查妥办，何仍前玩忽若此？著再通饬各督、抚，嗣后务须实力妥办，遇有川省紧要文报，毋再延缓干咎。并挨查阿尔泰此次奏折于何处稽延时刻，据实复奏。"

又谕："昨据阿尔泰奏攻打约咱情形，以坚碉林立，贼众固守，未能攻克为词。已详晰饬谕。今日复据复奏称现在围攻小金川，督催加紧进攻等语，其意专在攻碉，此外竟毫无一分筹画，实属至愚，已于折内批饬。贼人既设碉固守，乃所恃为抗拒官军之计，我兵即奋勇攻击，贼众亦必悉力支持，不惟旷日玩时，且恐兵丁或有伤损，更复成何事体。昔年讷亲办金川之事，曾以扑碉获罪。阿尔泰等何必欲蹈其覆辙。且贼人碉卡不过设于要隘之处，并非凡有路径俱筑碉楼。自当舍其坚碉，绕越他路而进，或探觅间道往攻，使贼人力不能及，失其所凭，方合避实击虚之道。阿尔泰总计不及此，惟以铸炮攻碉为长策，顿兵株守，此外竟一筹莫展。阿尔泰纵不娴军旅，岂于事理当然亦懵无体会？虽昏耄不应至此。看来阿尔泰始终全无定见，惟图观望迁延，屡训不悛，实不解其何意。阿尔泰此时或能速自猛省，设法进攻，克期集事，庶可自全颜面。若仍不知改悔，甘为下愚，则咎由自取，朕亦无如之何矣！且阿尔泰非独进兵之事不能尽心，其于邮递文报亦全不为筹办。即如今日阿尔泰奏到之折，系九月二十九日章谷拜发，由六百里驰递，而铁保于三十日约咱拜发之折，由四百里驿递者，亦同日奏到。其故殊不可解。驿站驰送文报，缓者在前，急者在后，赶上同递，尚属情理所有。今铁保四百里之折较阿尔泰六百里驰奏者后发一日，虽紧赶亦不能及，何至略无先后？且章谷、约咱至京均不及七千里，以程限而计，六百里章奏半月当行九千里，约迟三日余，而四百里者转早一两日，是沿途驿递之任意缓急，已可概见。至于铁保仅用四百里之故，必因从前初至打箭炉时以无关紧要之事擅发六百里，经朕传旨申饬，并饬阿尔泰之不行阻止，是以此次奏折不敢复从紧递。又以约咱距章谷不过二十里，即送阿尔泰处转发，而写为日递四百里耳。是否如是，著阿尔泰明白回奏，此等递送文报细事，当时届军兴，朕亦为之详悉核计。而阿尔泰等于行兵紧要机宜全不知多方筹画，岂习为安逸，惮于费心，抑灵窍全迷，不能稍有知觉乎？著将此饬谕阿尔泰、铁保随伊等今日奏折由六百里加紧发往。并谕温福、桂林知之。"

（高宗朝卷八九四·页四三上～四六上）

○ 乾隆三十六年（辛卯）十月甲申（1771.11.23）

大学士管四川总督阿尔泰奏："查董天弼进兵山神沟时，备办军食已为宽裕，因由间道密进，各兵携用干粮，不举烟火，以防贼番知觉，并非乏粮。至臣前因贼番在木坪交界地方连日添修碉卡，即令游击陈圣矩带兵驻扎甲金达以为防御。并令俟西路兵练将抵达木巴宗即行夹攻，为犄角之势。昨准提臣札称，由木坪、尧碛进兵。臣因尧碛与甲金达相近，已饬知陈圣矩相机策应。至提臣若由尧碛攻退贼番，兵抵达木巴宗层次取道，约一百一二十里即至小金川美诺巢穴。臣于南路进攻约咱大寨，亦系小金川要隘。攻破后即层次而进，约有一百六七十里可至小金川美诺巢穴。两路夹击，期于扫穴犁庭，无负委任。再，臣访有小金川汗牛地方间道一处。据土番云，由索布行二日至汗牛，又行二日至美诺，共约计三百余里，较约咱一路距美诺巢穴稍远。现差人密查确凿，另行办理。惟是约咱地方贼番日增，悉力固守。臣所调满汉官兵及各处屯练共七千余名，因收复明正司地方七处，及攻护小金川碉卡寨落四处，均须分兵严为防守。又，附近章谷之茂纽、东谷、刚察等处，与革布什咱地方止隔一山。金川现驻兵革地，亦须派兵防范。其余兵练并力专攻约咱一路，冀破此路要隘。即可统兵进取。"

得旨："仍属无策，览奏增愤懑耳！"

（高宗朝卷八九五·页四上~五下）

○ 乾隆三十六年（辛卯）十月戊子（1771.11.27）

大学士管四川总督阿尔泰奏："臣攻约咱一路，自克获噶中、茹纳、拉莫等处地方后，续又攻得附近约咱小碉三座。贼番于昏夜潜来偷夺，当经哨兵望见，各将备等率兵奋力迎杀追赶，贼番逃逸。查验枪毙贼番五十六，割获首级十三，生擒三名。参将郑国卿等俱得石伤，汉、土兵练内受伤一百六十余名，陈[阵]亡二十八名。除分请赏恤并饬严密防守外，又飞行藩司，将该路兵粮就近措办接济。现已运赴军营米二千石、面一万斤，尚有续办米石随即运往。并办火药等项，以资官兵并力合攻。"

谕军机大臣等："阿尔泰奏，续得小碉三座，并掩杀潜来夺碉之贼，稍觉奋勉。所有出力攻碉杀贼之弁兵等自应确查录记，俟事竣通行核办。其在事兵练之伤亡者，亦应查明照例分别赏恤。今既续得贼碉，歼戮番众，已少挫贼人之气，自当乘胜深入。阿尔泰何不急思奋勉，以图晚盖乎？惟阿尔泰称九月初二日起程，初七日至章谷，其地相距四百余里，何至需期六日？况军行机要刻不容缓，不应濡迟若此。至所称办运军粮、火药接应之处，均系行军要务。但现在温福自滇带赴川省之满洲兵及黔兵共三千余名，而川省各镇营兵续有添派，兵数较前倍多，则粮饷亦当筹备无缺。而所需火药、铅丸尤关紧要，必须宽裕预备，方为得力。设临时供用稍有不敷，惟阿尔泰是问。"

（高宗朝卷八九五·页一三下~一五上）

○ 乾隆三十六年（辛卯）十月庚寅（1771.11.29）

四川提督董天弼奏："臣于九月三十日到木坪查看道路。自小关子起至尧碛一带，多系山岩。一至尧碛以外，即可直抵甲金达。现在甲金达地方，已有陈圣矩带兵前往，小金川亦于附近要隘修立战碉。臣拟先破战碉，占据形胜，则东北可以救援达木巴宗，西北可以觅路进攻，抵小金川之美诺,与出本布尔桑冈等处,较为便捷。况甲金达一路,天气尚为和暖,非比卧龙关外早有冰冻之患。现在挑取精锐,由尧碛前进。计十月二十三四两日督兵攻夺。"报闻。

(高宗朝卷八九五·页一七下~一八上)

○乾隆三十六年(辛卯)十一月丁酉(1771.12.6)

谕军机大臣等:"办理小金川一事,总由阿尔泰、董天弼姑息了事,并未早为筹办。将来办理藏事,阿尔泰、董天弼功罪自不容掩,此时姑且无庸置议。况董天弼不过武夫,非若阿尔泰以阁臣兼办总督经理不善者可比。而其渐染绿营恶习,专务虚夸,实为可憾。伊现从尧碛一带进攻,若果自知奋勉,勇往建绩,未尝不可抵盖前愆,设复观望不前,坐昧机要,即于军营正法示众。亦其罪由自取,必不能复为曲贷耳。至温福以西路与贼巢最近,欲于西路进攻,自为扼要之见,但其形势亦不可不为审度。贼人所以拒守巴朗拉者,原因攻围沃克什,遂于要隘设筑碉卡,扼我援兵。贼既倚为负隅之势,且图自卫其死,守之必固。而番人之碉卡,其料皆取于近地,集众合作,不难终日而成。无论大炮轰击,未必能顷刻摧坚,即幸借大炮之力攻破一碉,贼即乘其残垒退而复筑,势岂能层层攻击!若于用炮之外,令士卒轻冒矢石,奋力攻取,倘或稍有挫损,更觉不成事体。看来小金川壤地有限,人户无多,除约咱及巴朗拉两处外,断不能分布抵御。此时南路既有重兵,西路复添兵力,声势极盛,僧格桑自必尽力守此两路,不暇他计。朕意总以为攻取要策,必当避其碉卡,越道而进,使贼人失其凭恃,官兵得以乘间捣虚。若能径抵贼人巢穴,擒获凶渠,则两路虽有坚碉,不攻自破。如此方为制胜之道。况小金川蕞尔蛮陬……而其人众又俱资耕作为业,更非能经久相持。惟在各路急攻弗懈,使贼首尾不能兼顾,并遵朕昨降之旨,设法招诱,使其自相解体,可望速奏肤功。至此次进剿小金川,必当一举集事。如兵尚不敷分拨,即添拨陕甘官兵备用,亦所宜然。朕惟期于事有济,并不惜此添调之费。现已谕令文绶,密为选备二三千名,兼为筹办军械等项,听候调拨。著传谕温福,悉心筹办。如果尚须添兵若干,即飞咨文绶如数派拨。将此并谕桂林知之。"

又谕曰："温福已于十月十八日至成都，即驰赴章谷相度情形，与阿尔泰面商进剿。从前阿尔泰迟误机宜，其咎实无可贷，今温福已至军营，惟当实力协同经理。所有兵粮、军器等项系督臣专责，阿尔泰固无可旁诿。况温福亲往西路，则南路进兵仍系阿尔泰之事，务当奋勉自励，相机攻剿，以期稍赎前愆。若再因循观望，或更与温福稍存畛域猜嫌之见，则是自速罪戾矣。至董天弼前赴木坪一路，往返纡回，已属玩日误事。今进攻达木巴宗，若能迅捣贼巢，尚可功罪相抵。倘仍迁延不进，坐昧机宜，军法具在，董天弼又何必欲身为尝试乎！将此一并传谕知之。"

（高宗朝卷八九六·页三下～六下）

○乾隆三十六年（辛卯）十一月己亥（1771.12.8）

大学士管四川总督阿尔泰奏："近日攻打约咱大碉，贼番添兵固守，臣饬令将领添布兵练，日夜围攻。凡见贼番往来，即用排枪击打。其藏匿碉内者，用炮攻击。务期设法破碉，抢占险要，以图进攻。至西路山神沟从前由间道密进之处，已被贼番知觉，于各要隘更加防备。臣曾嘱福昌严密固守。如提臣由尧碛攻至达木巴宗，贼番势难兼顾，福昌即可乘机由巴朗拉进攻。至董天弼于九月三十日已抵木坪，官兵陆续齐集，日内即可前进。"

又奏："臣奉谕将宋元俊换给副将顶带，其土目、土兵分别犒赏，无不感奋，各思勉力。现在一面用新铸大炮击其坚碉，一面于各隘卡分布兵练。如大兵攻破其碉，贼番奔溃，我兵即可截杀。"

谕军机大臣等："阿尔泰今日奏到各折，不过复奏节次所奉谕旨。而于攻剿事宜毫无筹措，不知在彼所办何事？即如约咱一路，阿尔泰九月十八日折内已称现在进攻，距此次奏折已阅三十余日，岂有聚集多兵攻围经月，不能得一碉卡之理！至所称现用新铸大炮击其坚碉，究于何日施放，并是否能得轰摧之益，亦未叙明。又所称凡见贼番往来，即用排枪击打，所办更未为周到。官兵既合力攻围，岂可复容贼众出入！且此往来贼番必为守碉之贼运送水、米，阿尔泰等即未能迅破其碉，而以现有之七八千兵练分派堵截，断其馈运之路，并非难事。且系此时紧要机宜，如果能严围密御，阻绝贼众应援，虽有坚碉，亦难持久。阿尔泰即未娴军旅，而以常情揆度事理，尚其思计所能及。阿尔泰何总不肯稍尽心力，甘于株守无策乎？今温福、桂林俱至军营，著将以上各情节交伊等查明，据实奏复。"

（高宗朝卷八九六·页八上～一〇上）

○乾隆三十六年（辛卯）十一月甲辰（1771.12.13）

大学士管四川总督阿尔泰奏："小金川因官兵连次克捷，遂踞约咱要隘，悉力固守。臣在军营铸成三千斤重大炮一位，食药十一二斤，配用生铁炮子，重二十斤。二十三日击其坚碉，目击碉尖坍卸，兵丁勇气加倍。从此尽力轰击，一得险要，即与董天弼并力夹攻。"

又奏："前在约咱因见寻常炮位不甚得力，是以赶铸大炮。近已铸成，日逐轰打。以大炮之力原能打透碉墙，第贼匿碉内，炮势一过，旋即在内填补。今复用靖远、劈山等炮，随同大炮一齐迸发，使贼番不及补苴。且贼碉受炮处既多，被击时复久，修筑虽坚，必归倾塌。并选勇壮官弁兵练伏于我碉之下，稍有倾塌可乘，即奋勇往夺。"

（高宗朝卷八九六·页一一下～一二上）

○乾隆三十六年（辛卯）十一月丙辰（1771.12.25）

又，大学士管四川总督阿尔泰奏："查明正土司地方与金川所占革布什咱连界处甚多，自喀勒塔尔以至茂纽、东谷、刚察、章谷一带，约三四日之程，均系现在进攻约咱之后路。据布拉克底差人密告宋元俊言：'小金川屡求索诺木发兵，阻截大兵粮道。'宋元俊措词译谕以安其心，索诺木始行撤兵。又，小金川防所属番民投顺内地，将各路贼番调换守卡，使有家室可恋。并于约咱碉内刨挖地窖，碉外刨挖土壕，皆如金川当日之故智。南路兵练虽有八千八百余，但此内派赴各粮站、山梁、碉卡防御外，进攻约咱之兵不过二千，实不敷用。且喀勒塔尔等处界连革布什咱，防兵尚觉单弱可虞。索诺木此时虽未敢妄动，但或虑及唇亡齿寒，且为小金川勾结，万一绝我粮道，关系匪轻。计南路喀勒塔尔、茂纽、章谷一带须添兵五千，始足以壮声势，并可消阻索诺木之异志。约咱军营须添兵三千，方足以迅速攻取。恳于附近川省之贵州、陕甘、湖广等处共拨兵八千，选派勇干将领速带来川。仍令川省各营招募新兵数千名，随时拨用。"

谕曰："阿尔泰办理小金川之事养痈玩寇，渐成大事。自五月内即往打箭炉，驻兵三月有余，株守不动。及接朕节次促令进兵之旨，始行拮据筹画调兵，造船渡河，为攻击之计，以致贼番得以从容设碉支御。是官兵之未能迅速进攻，皆由阿尔泰贻误。朕复促令督兵直进，始移至章谷，旋次约咱。到约咱后又已匝月，仍然按兵不进。及闻温福将到，始赶铸大炮，计图掩其迟延之迹。其心更不可问。朕屡加开导，不啻十余次，冀其痛自猛省，以收桑榆之效。初不料其执迷不悟一至于此。总督统理全省军务，于边陲要地抚驭诸番，尤其专责。况阿尔泰系满洲大学士，当以国事为重，乃竟漠然不以为念，惟图掩饰偷安，直至此日始请添兵攻剿，意存诿卸。若他人如此负恩贻误，即当按军法从事。朕尚念阿尔泰平时办事之诚，暂从宽典。阿尔泰著革去大学士、总督，留于军营办理一切军营粮饷等事，效力赎罪。若再稍有迟误，即于军营正法示众。伊在川日久，地方情形皆所熟悉，一应大小文武皆其旧属，断不致因其罢职，呼应不灵。若果有抗违不从，阿尔泰原不妨据实参奏，即将违误之人重治其罪。……将此通谕中外知之。"

（高宗朝卷八九七·页一一上～一三下）

○乾隆三十六年（辛卯）十二月乙酉（1772.1.23）

又谕（军机大臣等）曰："董天弼于十一月十五日退回甲金达军营，十七日奏称觅路往解达木巴宗之围，何以直至二十八日始觅得蒲松冈之路？又何以复迟至十二月初八日始拟带兵前进？看来董天弼深染绿营恶习，全不知实力奋勉，甚属不堪。前已降旨将伊革职，在兵丁上效力赎罪，而令阿桂往署提督。如阿桂到彼时，董天弼业于蒲松冈一路进攻得手，或距达木巴宗不远，诸事稍有起色，则尚可留营以观后效。倘仍不知悛改，即著阿桂将董天弼拿问，锁解成都，严行监禁。一面奏闻，请旨定夺。"

（高宗朝卷八九九·页九上～下）

温福、桂林、阿桂等接理军务，分路进剿，攻占约咱、巴朗拉、日隆宗、达木巴宗、卡丫、资哩

○乾隆三十六年（辛卯）九月己酉（1771.10.19）

谕军机大臣等："阿尔泰办理小金川一事全无主见，断难望其有成。昨已降旨详切饬谕，并令温福即带兵驰往四川妥办矣。……是以令温福即行驰往。但温福自滇赴川，未能一时即至。而现在之局既不能奋勇克捷，亦当严密围困，使贼匪不能外逸，以待大兵一举集事。恐阿尔泰仍无定识，复尔疏懈因循，于事甚有关系。因令桂林前往协同办理。桂林在军机处行走，于朕前后所降之旨，皆面聆深悉，至彼自可详悉告知阿尔泰。惟当与之和衷商办，不得稍存畛域之见，致令掣肘。亦不可稍有推诿之心，一切膜视。阿尔泰久任封疆，尽心民事，实为出色之人，是以加恩擢为大学士。而此次办理军务，一味敦体养安，坐守无策，不知全朕任用颜面，实为愤懑。虽阿尔泰屡次复奏亦深知畏惧，但畏而不改，仍属无益。即如前此因其不能独肩军旅，令德福迅赴川督之任，会商妥办，而彼昨日奏到之折，即称俟德福到后再行筹酌进兵。今若闻派桂林前往之信，复图坐待，则更不知愧耻矣！曾不思彼身为总督，边方要务乃其专责，本无可旁贷，且系满洲大学士，国家之事何一不当经理，岂可因有朕派往之人便思卸责乎！至德福初用时，朕尚望其能事，不意彼前日奏及不必袭击之说……而意实不欲办小金川。不然，何以于到川后始奏滇事乎？幸朕窥其底里，即行撤回。若留其在彼，仍与阿尔泰无异。且恐更多一阻挠之人矣。至桂林此次派往，因其年富力强，尚可奋勉，以助阿尔泰所不及。阿尔泰若以外省积习妄为揣度，疑朕专差大臣往彼密查其事，则更不能深体朕意矣。阿尔泰受朕恩眷甚重，因其诚朴任事，简用纶扉，有何可疑之端！即伊自问在任所办大小诸务，又有何可查之处！若朕果欲究其过失，则就小金川一事已足加罪，又何待他求乎？阿尔泰惟当屏去妄念，竭力自效，以副朕成全之恩。顾惜老大臣体面，则得之矣！至于行军要务，于该处山川形势及统兵诸人所在地方，并军营现兵几何，皆当绘图陈奏，朕得以遥为筹度。乃阿尔泰从未办及，全不识用兵机要。著阿尔泰即将小金川一带毗连境壤，及我兵进攻要隘，详绘一图。并将董天弼前在何处进兵，福昌今驻

何处，宋元俊现在何处，及阿尔泰久驻之地，近日前进几程，逐一贴于图内。并将现在军营实有绿营兵若干名，一并具折速奏。至伊等向来于官兵之外多用土练，其意不过为节省钱粮起见，甚属非是。不知土练之怯与官兵相仿，而临阵易退，每不足恃。如前日守碉之瓦寺土兵百名，贼至即行惊溃，已可概见。况土练派自各土司，与贼人必多瓜葛，或有漏泄军情之事，亦不可知，此后断不可复行派用。计温福到川进剿时，约需精兵万余方成声势，阿尔泰此时当预为筹拨。除温福所带八旗兵及黔兵三千余名，并成都满洲兵一千名外，尚需兵若干，就川省各营内慎选勇敢精锐之兵，足数备用。至进兵时马匹、粮饷、火药、铅丸皆系紧要之事，不可不早为筹备充裕，阿尔泰务须实力妥办。若于此尚不尽心，临时尚有贻误，则是自速罪戾矣。而小金川之敢抗颜行，则不可不急加声讨，其于国体边情甚有关系。温福奉到此旨，即速由滇省取道赴川，与阿尔泰会合，集兵奋击，克日擒剿凶渠，平定贼壤，方为妥善。至温福前奏以所调黔兵仅有三千名，既经进剿撤回，复自永昌赴川转为遥远，且尚须酌留协驻边隘，欲于贵州下游与川省毗连之处各营调拨等语，系就前日情形筹酌。今既不办袭击，则黔兵并不疲劳，而分驻沿边，尚有滇省现调之兵可派，所留黔兵亦属无多。温福即当选择勇锐者二千余带往。其不敷之数，再飞咨黔省，于下游近川一带拣选精兵，如数足用，派将领等星驰带赴川省军营听候派用。……著将此旨由六百里加紧驰发，谕令阿尔泰、温福、彰宝及长清、海兰察、哈国兴知之。"

（高宗朝卷八九二·页三八上～四四上）

○乾隆三十六年（辛卯）九月丁卯（1771.11.6）

又谕（军机大臣等）："昨因阿尔泰等办理小金川贼匪全无措置，已令温福前往。但温福如带兵按程缓行，必致耽延时日。著温福将所领之兵交常保住带领后去，伊即轻骑起赴，妥协办理。"

（高宗朝卷八九三·页二二上～下）

○乾隆三十六年（辛卯）十月丙子（1771.11.15）

定边右副将军尚书温福奏："臣于本月二十八日起程，所有满兵二百名交与参赞大臣伍岱等率同侍卫、章京间日分起带领，陆续赴川。新调黔兵三千名亦即分起赴川，交总兵马彪统领前往。"报闻。

（高宗朝卷八九四·页三六上～下）

○ 乾隆三十六年（辛卯）十月丁亥（1771.11.26）

又谕（军机大臣等）："据文绶奏到已抵斋尔，宣谕土尔扈特并分颁赏赐一折。所办甚好，已于折内批示矣。文绶补放四川总督，前已有旨令其驰驿速赴新任。川省现有办理小金川之事，已令温福自滇省带兵前往。计十月内可以到川，自当即行调度进剿。该处多得一人协同经理，于事更属有益。况文绶系新任总督，军务尤其专责。至斋尔应办事宜，现有奎林、阿思哈在彼承办，自可无误。文绶接到此旨，即将现办之事交明，迅速驰驿前赴川省军营。著将此旨由六百里加紧发往，传谕知之。"

（高宗朝卷八九五·页一二下～一三上）

○ 乾隆三十六年（辛卯）十月己丑（1771.11.28）

谕军机大臣等："番夷之性贪利忘义易于动摇，何未闻设法招降，令其自成瓦解？著传谕阿尔泰等，当于大兵攻剿之处遍谕贼人，以尔小金川原系内地土司，所有番众即与中国百姓无异，向俱安享太平。此次官兵进剿，皆因僧格桑去岁甫受约束归巢，复敢故违教令，抗拒天朝。其罪专在僧格桑一人，与尔众番无涉。且僧格桑自作不靖，致尔等大受其累，何必复为舍死出力弃家室而蹈危亡？虽至愚不应出此。今将军已统大兵齐到，即日奋攻。尔等若能深明祸福，速弃碉卡，各诣所在军营投顺，原可宥其已往仍为良民。较之助贼戕生孰得孰失？其各头目内如有能将僧格桑擒献者，必当奏闻大皇帝厚加恩赏。是为尔小金川除一作孽害众之僧格桑，尔番众仍可安枕无事。若执迷不悟，大兵一到，玉石俱焚。传谕之际，即将前日所获之贼番三名，枭首号令，谕以此系党附僧格桑之贼，经官兵擒获，法所必诛，即为不知弃逆降顺者示之榜样。本阁部堂悯尔等愚蒙，不忍概行诛戮，故为明白宣谕。利害所在，尔等自择之。如此详切谕示，使贼自相解体。复临以大兵声势，贼心不能如前支拒，自为事半功倍。"

大学士管四川总督阿尔泰奏："查兵动粮随，最关紧要。今副将军温福带领八旗劲旅并黔省官兵及成都满兵一千名指日到齐，更须宽裕预备。随令军需局司道飞饬附近各州、县，即将仓谷碾动赶运，另行买补还仓。并饬照例雇夫按站安设，以资运送。至官兵所需乘骑马匹，一面分饬各营派拨，一面雇备民马分站应付。其火药、火绳、铅弹等项，现已分饬各镇协营上紧置备。并饬督、提两标中军在省备办，令其飞送军营。所有应用银两，均于贮备军需项下动支。再，前因小金川侵占明正河西地方，以致章谷大河不能经过，是以赶造木船济渡。今河西一带地方，既全收复，即日大兵云集，克期前进。船只究难容载多人，现将前项船只联络成桥，用竹索缆结缚牢固，以利师行。"报闻。

（高宗朝卷八九五·页一五上～一七下）

○ 乾隆三十六年（辛卯）十月辛卯（1771.11.30）

钦差侍郎桂林奏："臣蒙谕驰赴四川，会同阿尔泰办理军务。于十月十三日抵成都，见藩司李本、臬司李世杰，将军需应办事件逐条细询。据称，三路共调汉、土官兵一万六千五百名，碾运食米十二万七千三百余石，已运四万一千四百余石，未运八万五千九百余石。运送粮米、药弹等项，共雇用民夫一万二千二百余名。安设台站，递送文报，采买马一千五百三十二匹等语。查官兵粮米，西路卧龙关业已运有一万八千七百石，目下自敷支用。惟南路章谷、木坪二处官兵较多，粮米尤为紧要。现在查明川省仓谷共有一百七十万八千余石，除节次碾过二十五万四千六百余石外，尚存谷一百四十五万三千石有零，可以陆续动碾，源源接济。现有川北道吴文煌、松茂道查礼督催赶运。第查川省山路崎岖，驮运维艰，悉赖民夫背负，每站需夫动以千数。此等夫役皆系各县雇觅，其弹压抚绥必料理得当。毋致伊等稍有失所，别生事端，方为妥协。至日给工价，若仅责令胥役人等、管司支放，更难保其不无克扣，必得派委干员专司稽察，方有责成。现令两司于通省中飞委干练佐杂，按站分派，严饬实力巡查，务令逐程速运。并遴选丞、倅，监督站员散给口粮、工价，不得克扣冒滥，使小民均沾实惠。仍派成都府知府苏尔通阿、雅州府知府江权、重庆府知府吴一嵩总理其事。倘有不肖官吏从中克扣，立即从重治罪。至兵械内枪炮最为便捷，而于攻打碉卡更为利器。各营现存火药十万九千余斤、枪子五百二十八万余颗、火绳六万盘，业经陆续赶运。其攻击大炮，阿尔泰现在军营就近制造。尚恐火药不敷应用，臣令两司预为采买硝磺，上紧煎熬配合，以供接济。如事竣多余，仍可分贮各营备用。"报闻。

又奏："副将军温福已自永昌起程，其派调兵丁，均于十月内外亦可到川。官兵人数众多，沿途安顿必须派委大员，方足以资料理。询之两司，已令知府李永祺先期督办。但由永宁入川，至成都计十七站，仅该府一人照应，恐有顾此失彼之虞。据臬司李世杰禀称现欲前往接济，自应令其亲赴永宁一带，率同府、县妥速经理。查黔省所调兵，据称帐房等件未经携带，已饬承办州、县赶紧制造，俟官兵到日即令带往应用。至官兵行走需用马匹，内地各站业经预备。惟自雅州以南，由打箭炉至章谷，俱系土司地方，马匹稀少。虽调取建昌镇属马三百匹，恐站长途远难免贻误。因思成都满营本有拴养马匹，此次调派出师，兵丁俱未骑往，应即于满营内挑马八百匹，解赴打箭炉一带备用接济。臣令藩司移会该协领等速行选派解往。至董天弼改由木坪一路，曾否进攻，尚未得信，但接应之员究不可少。查建昌总兵英泰、松潘总兵福昌已在军营，尚有川北总兵牛天畀、重庆总兵和邦额未经调用。该二镇驻扎处皆系腹地，现并无需弹压。若董天弼已由木坪深入，川北距木坪较近，应令牛天畀即选本标壮健兵，星赴木坪一路。董天弼既有应援，自可速收实效。其和邦额亦令驰赴省城。俟各处兵到日，沿途妥协照料。"报闻。

（高宗朝卷八九五·页一八上～二一下）

○乾隆三十六年（辛卯）十一月丁酉（1771.12.6）

定边右副将军尚书温福奏："臣于十月十八日抵成都，询知桂林于十月十六日前往打箭炉。至阿尔泰久驻章谷，董天弼已于九月初自西路卧龙关改由木坪一路，目下攻剿情形，无从询悉。适各路差人回省，询称：南路打箭炉至章谷四百五十里，阿尔泰现在驻营。约咱去章谷二十余里，副都统铁保等领兵攻打。阿尔泰于十月十五日亦往约咱。又，雅州前抵木坪，至尧碛一百二十里，董天弼定于十月十四、五日由木坪进攻尧碛。又，西路自汶川县至卧龙关二百七十里，卧龙关至山神沟口七十里，总兵福昌于该处安营。近日建碉一座，防守路口。八月十三日带兵千余，进攻巴朗拉，夺得石卡三座。攻打碉楼，因连日大雨，枪炮难施，十九日仍回山神沟等语。臣查此事办理之始所以兼从南路进兵者，原因金川占据革布什咱，是以于此进剿，道路迂远，本非进兵正路。察看情形，当以西路为正兵。南路自章谷进攻。西路自北直进，取其中坚。前后夹攻，使腹背受敌，自不难于殄灭。董天弼舍此不攻，改由木坪，不解何故。拟同阿桂先赴章谷，与阿尔泰公同商榷。约计官兵到日，趋赴西路，统领进剿。又，现在所调征兵，南路为多。此路虽距贼巢较远，但兵丁已前往。若西路奋力攻剿，南路亦可乘机进取，以分贼势，自不便将现驻兵分移西路。臣现带贵州兵三千，又密饬贵州预备二千飞调赴川，径往西路。但统计西路福昌现带之兵及臣带往满兵二百、黔兵三千，续调二千，数仅七千。该处在在坚碉，口隘甚多，均须派兵分布。臣先统现有之兵尽力攻剿，揆度事势，尚须添兵。查陕甘兵素称强壮，且与川省毗连，似可调用。"

得旨："所见已得要领，伫俟捷音。"

（高宗朝卷八九六·页二上～三下）

○乾隆三十六年（辛卯）十一月甲辰（1771.12.13）

谕军机大臣等："据阿尔泰奏，约咱一路奋力进攻，而温福又赴西路巴朗拉攻贼要害。并据董天弼奏，攻克甲金达山梁，即可奋力进取。是此番三路分进，贼人首尾不能相顾，可望克期集事。至前曾降旨，令阿尔泰等晓谕守碉贼众，设法招降。如果办理得宜，自为有益。但受降如受敌，临时最宜审慎。如贼碉内无名番众自惧来投，原可随时招纳以散其党。即头目中或有来投者，亦不妨受而抚之，但不宜留于营中及用为向导。至僧格桑闻有招降之信，或因事势穷蹙姑求免祸，或心怀叵测谲计投诚，无论是真是伪，总不宜轻信。惟当令其自来，就势擒执，行军使诈原属无碍。并须令素识逆酋之人详悉辨认，勿令以李代桃。断不可疏于料敌，托名开诚布公率往受降，以致堕其狡计。盖僧格桑见从前金川曾以受降完局，意谓中朝大臣乞降即可无事，或且从中暗施鬼蜮伎俩。阿尔泰当知前此办理金川之事，原属因时制宜，可一不可再。小金川系内地土司，更非金川可比，乃敢违背教约，拒绝官兵，罪在不赦，断不能援金川往事为例。朕因受降一节甚有关系，偶尔计及，因为详晰传谕。至军营一应机宜，远在六七千里以外难以概为遥定，惟在阿尔泰等临时酌量。即温福虽曾谙习军务，亦务须慎重筹备，相机妥办。"

（高宗朝卷八九六·页一二上～一三下）

○乾隆三十六年（辛卯）十一月乙巳（1771.12.14）

定边右副将军尚书温福奏："臣于十月二十七日行抵清溪县地方，据雅州府知府江权禀称，探得提督进兵，于二十四日攻破甲金达，贼番四散。并闻牛厂已得，不日直入达木巴宗等语。臣细阅舆图，查阿尔泰所驻章谷在小金川巢穴美诺之南，相距本远。然所攻约咱已属小金川之地，不可无兵以分贼势。至董天弼所进尧碛一路，在美诺之东，现在攻破之甲金达及将到之达木巴宗，系贼匪占据之沃克什地方。查达木巴宗之北，如巴朗拉一带，贼已多建碉卡。而福昌一路，兵力单弱，未能即进。今董天弼果能直抵达木巴宗，则福昌等乘势进攻，不惟可与董天弼会合，宜从此直捣美诺，势较便捷。况董天弼既经深入，其情形与前不同，自当添兵接续。现可调往木坪者，有成都满兵四百，甫抵雅州。令其前往尧碛，速赴董天弼军营。至西路巴朗拉一带贼人防守虽严，然督率劲旅夹击，必不能首尾相顾。况阿尔泰军营现有桂林前往，臣不敢拘泥前奏仍往章谷，转致稽迟，即率领已到官兵，前往西路进攻。"

得旨："嘉奖。"

又奏："调拨黔兵三千，由汶川出口后天寒非内地可比。现在所调川兵每兵除棉袄、棉裤外，尚备皮褂、皮帽。今黔省兵除棉袍已由该省置备，其皮褂、皮帽在所必需。饬令加紧备办，按名分给。应用价银行知军需局动支垫办，于官兵俸饷内扣还。"

得旨："此项即著赏给，不必扣还。"

（高宗朝卷八九六·页一三下～一五上）

○乾隆三十六年（辛卯）十一月戊申（1771.12.17）

定边右副将军尚书温福奏："臣在清溪地方闻董天弼进兵甲金达之信，随星赴西路，于十一月初二日抵成都。满兵于初四、五两日全数启行。惟西路福昌处仅存兵一千七百余，自滇来川之黔兵须十一月内外方到成都，西路兵力尚为单薄。当三路并力夹击之时，更不可稍待时日，致失机宜。有前调川北标兵三百，该镇牛天畀带领抵省，即拨赴西路。其牛天畀原系桂林派往木坪之人，今木坪只有董天弼一人，应令牛天畀仍赴木坪协力攻剿。臣一面先往西路，将福昌军营官兵查明可用若干，俟满兵、川北兵齐到，督率进攻。"

得旨："嘉奖。"

（高宗朝卷八九六·页二一上～下）

○乾隆三十六年（辛卯）十一月庚戌（1771.12.19）

四川提督董天弼奏："甲金达距尧碛八十余里，小金川于甲金达对面山梁要口修有碉房二座，臣带领将弁于二十四日并力攻击，毙贼十数人，余皆退入碉房。连日炮打，未能即破。山梁北下系沃克什牛厂，即小金川来路。二十七日，臣分兵绕道潜往，戮守牛厂贼二十余人，又将牛厂据住。至二十八日半夜，贼番直扑营盘，官兵俱有准备，施放枪炮，贼番退走。牛厂东北尚有横亘山冈，贼番在上修卡。又分路上攻，立时占据。至十一月初一日，从所占山梁向上攻击，贼番惊逃。所有木坪、沃克什及小金川三土司交界要隘已全攻获。自此向西北进兵，一至本布尔桑冈即距美诺不远，由东北四十余里，可直救达木巴宗。今沃克什土司色达克拉之弟雅满塔尔自达木巴宗突出，禀称知救兵已至，专候速进，内外夹攻等语。臣思达木巴宗待救甚急，且相离较近，若将围困达木巴宗贼兵先行击破，则已出巴朗拉之后。俟副将军温福迅赴西路，两面夹攻。至巴朗拉道通，则小金川进兵之地，又不止于本布尔桑冈一处。臣当会同温福妥商办理，分路进兵，速期剿灭。"

谕军机大臣等："据董天弼奏，攻得甲金达山梁，并占据牛厂。所办稍有起色。其地既去达木巴宗不远，董天弼自当乘此胜兵进攻达木巴宗，以扼巴朗拉之后路。且色达克拉之弟既能逸出，则达木巴宗声息已通，内外夹击，施功尤易。据董天弼奏称，攻取牛厂，绕道潜往，可以邀截而得。可见攻剿要策必当避其坚碉，寻觅间道，始为事半功倍。至僧格桑敢于围困沃克什抗拒官兵，情罪实难轻宥。设逆酋因我兵全力进攻势难支御，穷蹙乞降，断不可许，节次所降谕旨甚明。阿尔泰、温福务须遵朕前旨，分路夹攻，直捣巢穴，擒获逆竖，分定其地。切勿稍存姑息，迁就完事。"

（高宗朝卷八九六·页二四上～二六上）

○乾隆三十六年（辛卯）十一月辛亥（1771.12.20）

钦差侍郎桂林奏："臣驰赴军营，经过各土司地方，见茂纽等处山隘、桥梁俱屯兵防卡。至驻兵处，询问宋元俊，据称：贼番狡恶，日则全伏沟中，夜则潜入拒守。大炮攻击石碉，不能骤塌，尚未攻克。现在兵练虽有八千余，除分防各卡隘外，汉、土官兵仅一千九百余。每得一处即须防守，兵数恐不敷用。再，此处近地别无间道，惟汗牛一路，距约咱一百六七十里。若多调官兵，分路并进，即可殄灭等语。臣初蒙恩命，军旅重情何敢稍涉孟浪！但止此用炮相持，徒为坐待之策，必至老师縻饷。现令宋元俊等驾驭巴旺、布拉克底土兵，倘能越岭压山攻破约咱，已据小金川险要门户，可将防兵酌量移撤，并将成都所调满兵一千名，陆续到来，以资调遣。向后得地既多，驻兵不可不备。果有不敷，副将军温福将次可到，容会议具奏。"

谕军机大臣等："据桂林奏攻剿约咱情形，未免过于迟缓。桂林既至该处，当同阿尔泰速筹剿击之策，督催进兵，与温福、董天弼三面合击，使逆酋首尾不能相顾，庶可克期集事。至桂林以越岭逾山专责土兵，殊属非是。土兵虽较习地利，亦须官兵酌配同行方为合理。此等土兵并非额食官粮之人，第因其原系内地土司所属，用兵时派令出力，固未为不可。但我绿营兵众平日坐縻粮饷，及遇越山剿贼之事辄存畏缩，专以属之土兵，致令劳逸不均，于情理既未平允。且国家豢养若辈有事不能得其实济，则常时之设营教养又复何为？即伊等坐视土兵成功，自甘无用，亦宁不稍知愧恧？况土境有事乃借土兵攻剿，官兵几同虚设，又岂不为其所轻！此于边务番情甚有关系，顾可专用以克敌制胜不为熟思妥计乎？至宋元俊前此收复明正土司侵地及攻克仲浓等处颇为奋勉，是以加恩由游击特擢副将。乃自抵约咱以来，不知感激励勇，安坐不前，此乃绿营庸劣恶习，甚属不堪。阿尔泰等当谕宋元俊痛自改悔，毋自贻戚。又，桂林折内称向后得地既多，驻兵不可不备等语，尚未合行军要领。现在我兵尚未深入，所得明正侵地宜防贼匪来争，自不得不驻兵防守。若既已得其要害，度贼匪不能于他道越过，止须于扼要处所驻兵以断其来路，外此更无庸顾虑。若得一贼境即添驻一路之兵，无论兵力愈分愈单不敷奋击之用，且安得如许士卒分派防守？从前平定准部、回部时，我兵乘胜深入，并未琐屑措置若此，温福深知其详，阿尔泰、桂林等无难札询也。再，所称茂纽等处山隘现在驻兵防卡，山后即系金川所占革布什咱地界等语，我兵齐集合剿，自可计日攻破贼巢，擒歼逆竖。若索诺木见小金川已破，心知畏惧，敛迹退归，或诣军营谢罪，原可宥其既往，不必复加穷究，止须查办革布什咱勾通构衅之人，重加治罪，于被戕之土司后裔慎选继立，抚定其地，则革布什咱之事亦可完毕。若索诺木于剿定小金川后仍然罔知忌惮，屯聚不退，即当以我胜兵全力剿击金川，亦属一劳永逸之计。阿尔泰、温福等当深体朕意，随机酌办，以靖边徼。"

又奏："清溪以南至打箭炉等处，运送军粮、药弹最关紧要。背夫运脚银两必俟司库拨给，未免缓不及事。今打箭炉同知库贮尚有银二万余两，此内暂支八千，分发附近各站，俟司库拨到归款。"

得旨："嘉奖。"

又奏："军需各项用费浩繁。川省备贮银一百五万两，原为缓急之需，已支用三十七万七千余两，仅存六十七万余两，不敷应用。恳敕近川省分酌拨银三百万两，迅速解川，以备接济。"

得旨："该部速议具奏。"

寻议："湖北、湖南各拨三十万两，广东拨六十万两，又于广东盐课内拨六十万两，广西拨一百二十万两，共拨银三百万两。令各督、抚派员解往。"从之。

（高宗朝卷八九六·页二六下～三〇下）

○乾隆三十六年（辛卯）十一月丙辰（1771.12.25）

钦差侍郎桂林奏："查进剿小金川现有三路：一从瓦寺之巴朗拉直入金川咽喉，是为大路；次从甲金达救援达木巴宗而趋美诺，攻捣小金川腹心，是为中路；再次则绕小金川尾闾由约咱进攻僧格宗，是为末路。此一路自打箭炉至约咱，经过茂纽等处，俱与金川所占革布什咱地界相连，自不应由此而进。臣细加察访，始知阿尔泰原因筹办革布什咱一案，驻扎打箭炉，又值小金川潜行肆逆，攻围沃克什，并夺取明正地方，遂饬宋元俊等统兵前进。宋元俊带领现有之兵，并驾驭巴旺、布拉克底，收复明正之纳顶、边谷等处。阿尔泰并未通筹全局，即思由此进取。继而宋元俊统兵渡河，克复明正地方，并克小金川扎功拉等寨。所得碉卡均须留兵防守，及至约咱，兵力既分，遂难深入。嗣宋元俊屡以添兵为请，又复游移中止。今闻董天弼已克甲金达山梁，副将军温福复带兵改赴西路，两处悉锐以捣贼巢。阿尔泰此时支绌屡见，势不得不议请添兵，诚为迂缓。但该酋等狼狈为奸，设金川或阻归途，或断粮道，关系非轻。若竟撤兵改途进发，已复之地又为金川所有，更复成何事体？是约咱本属无足重轻之地，致成最关紧要之区。必须大增兵力分防各隘，并派拨兵练，访觅间道，直趋美诺，袭取贼巢。现督将领相机进攻，与木坪、巴朗拉两路遥为声应，俾贼酋首尾不能相顾，以期迅奏肤功。"

谕曰："……温福著加恩补授大学士。所有四川总督员缺即著桂林补授。将此通谕中外知之。"

又谕曰："温福奏经过瓦寺地方，该土司等拨夫修道，小心恭谨等语。各土司所属土兵、番众有随营攻剿及修路运粮踊跃奋勉者，自当量为赏励，俟成功再予加恩。著温福会同该督桂林查明出力各土司作何酌赏之处，即行妥议奏闻。候朕降谕旨，以示鼓励。"

（高宗朝卷八九七·页九下～一四上）

○乾隆三十六年（辛卯）十一月丁巳（1771.12.26）

谕军机大臣等："川省现有之兵不敷分派，昨已有旨，令陕甘、贵州督、抚迅行调派赴川。计川省再得此五千，兵力更厚。逆酋见官兵声势既盛，统兵大臣又不似前此因循，必惧而乞降。但僧格桑顽梗逆命，情罪实为可恶，断不可允其所请。逆酋若至军营求告，即当就势擒拿，选派侍卫及文武干员解送京师尽法处治。所谓兵不厌诈，断不可拘拘于抚夷小信及不杀降人之常说以至误事。温福等当务其大者，遵旨而行。又，阿尔泰奏董天弼在德尔密失迷之千总韩世贵，经小金川送出等语。此即逆酋诡谲，预为将来求降地步，更不宜为其所惑。韩世贵因何留于小金川，及小金川逆酋如何将伊送出之故，必细加询明，分别办理。温福、桂林两路不拘何处，于该千总解到时，即行查明具奏。仍著派员伴送来京。至于不许僧格桑求降之意，亦不宜预为宣露。若逆酋知其罪在不赦，及至势穷力蹙窜入金川，则其事仍不能了。或僧格桑逃往金川，即当晓谕索诺木勒取。如彼即将逆酋献出，而又退还所夺革布什咱之地，亦可无庸再办。若金川敢萌负隅之见，抗不遵命，是索诺木即系叛党，必不可颟顸了事。但金川地势险隘，较之办理小金川更须厚集兵力，恐现在所增陕、黔两处之兵仍属不敷，而近省湖广之兵又不甚适用。如将来必须征剿金川，莫若于健锐火器各营内拣派二千余名，前往川省。可抵绿营数万人之力，于事自为有济。著传谕温福、桂林预为筹画，据实奏闻。以便及早选发，克日奏功。"

定边右副将军大学士温福奏："臣于初十日抵卧龙关。总兵福昌先已带兵进驻邓仍，计距卧龙关一百余里，臣一日即可赶至该镇营盘。查福昌前因兵力单弱，未能前进，所以巴朗拉贼匪情形未能深悉。俟臣抵彼时觅路进剿。至由滇赴川之黔兵三千名，计抵军营须在十一月尽、十二月至，臣现带满汉官兵五百余，加以福昌处所有兵一千七百余，共二千二百余名，兵力实未充裕。臣抵山神沟、邓仍等处察看事机，如果刻难少待，即就现有之兵奋力前进。倘不得不稍集兵力，则俟黔兵三千名到齐，并力进攻。似此三路会剿，不但沃克什地方可全克复，而小金川逆酋亦断不能稍稽歼戮。万一贼人死守窟穴，尚借添兵，临时酌量情形，谨遵谕旨，一面飞调黔省续派之二千并文绶选备之陕甘兵二三千，务在扫穴擒渠，一举集事。"

得旨："所见俱合机宜，伫俟捷音。"

（高宗朝卷八九七·页一六上～一八下）

○乾隆三十六年（辛卯）十一月戊午（1771.12.27）

陕甘总督文绶奏："臣奉旨遵将调兵选将及筹备军械马匹、沿途供支粮料各事宜分析筹办：

一、固原、西宁镇标协营及西安提标协营素称劲旅，且与川省相近，请于固原各属选兵一千，西宁各属选兵一千，西安提标各属选兵一千，密咨各该提、镇挑选，准备帐房、军械等项。俟川省咨文到日，即刻起程。

一、领兵将官必须熟练军旅曾经战阵之人，方于统率有益。查延绥镇总兵书明阿熟悉营伍，曾在西路出兵，可当统领之任。再，向例每征兵一千名，需用将备二员，选带本营千总、外委十余员。查河州协副将色伦泰、甘标游击马正国、督标都司辛大用、固原守备靳升均属曾经打仗，颇为奋勇，堪胜带兵进剿。请将总兵一员作为统领，副、游、都、守四员作为领兵官，俱令密行整备。俟川省咨文到日，将固原、西宁兵二千分领进征。其陕省领兵将官，已咨商西安提督汪腾龙遴选酌调，并交书明阿一并统领。

一、官兵起程例给俸赏行装银两，但此时密筹预备，不使先行支给。应俟川省咨调到日，即于所属不拘何项银两先行垫发，随后赴司领回归款。至马匹最关紧要，其征兵拨缺马匹，即令照例随时买补。沿途所经之处借支口粮、料草等事，亦俱先期密备。"

得旨："嘉奖。"

（高宗朝卷八九七·页一九下～二一上）

○乾隆三十六年（辛卯）十一月庚申（1771.12.29）

谕军机大臣等："现在进剿小金川，总以速擒逆酋为最要。盖僧格桑之敢于抗拒，恃与索诺木狼狈为奸。若僧格桑就擒，不但小金川可以永除后患，即索诺木亦必闻风畏惧，其事更易于完结。设或僧格桑见我兵势盛，自度力不能支，逃入金川藏匿，自不得不向其勒索。若金川即将逆酋献出，并将所占之革布什咱退还，原可置之不究。倘索诺木顽梗负固，敢与小金川党恶，抗不擒献，其势断难歇手。小金川乃内地土司，岂容其抗命遣诛，即金川亦曾受土司印信，非如从前阿睦尔撒纳、舍楞之逃入俄罗斯可比。若竟释而弗问，何以震慑番众，绥靖边陲！朕非喜于用兵，乃温福等在军机处所深知者。且现在西北诸部蒙古、回人尽为臣仆，幅员不为不广，岂肯于蕞尔蛮陬复轻黩武！第万一两金川勾结，窜匿稽诛，则金川即属叛党，势不得不移兵申讨，又岂可因其地险畏难中止乎！昨据阿尔泰奏，有'宋元俊探知小金川差人求金川发兵阻截大兵粮道，经宋元俊译谕，索诺木不敢帮助小金川'之语，虽不足信，但其外貌尚不敢显然抗违。温福等当酌量机宜，或有应檄谕索诺木不使结连滋蔓之处，不妨令宋元俊设法开诚晓谕，俾其遵奉教约。但须察索诺木果出诚心，方可宥其已往。倘或贼情诡诈，暂时面从为缓兵之计，则断不宜于轻许。盖两金川之敢于抗违，实由阿尔泰等连年姑息因循，致逆酋毫无忌惮。即前此办理金川之事，亦不过将就完局，未能大示创惩。而索诺木、僧格桑又皆顽稚无知，不能如郎卡之畏威知罪，自不可不加之整饬。若复如当年办理金川之曲示包容，或我兵甫退，贼众复屯，无论往来剿击徒涉烦劳，且复成何事体！至所云小金川欲求金川发兵阻扼大兵归路之处，谅不至如勒乌围、噶拉依之险，贼能来，我亦能往。当于何路派兵直入，或可直捣贼巢易于攻取，温福等应留心措置，以收扼要之益。再，山川形势乃行军先务，前谕阿尔泰等绘图呈进，已经两月有余尚未奏到，温福、桂林务即速为办妥进呈，庶可悉其地理。至将来若尚须征剿金川，则现兵续调者恐不敷用，温福等如亟须添兵备用，速行奏请选派京兵前往。既已用兵，即不当惜费，朕于军旅大事从不少靳。况兵多而速于成功，较之兵少而老师糜饷，其相去更不可同日语也。今阿尔泰已经罢斥，此事专属之温福、桂林。伊二人当实心任事，勉力为之，克期奏绩，以副恩眷。"

又谕："前董天弼奏十月二十四日已攻得甲金达山梁，并得牛厂等处，可以直取达木巴宗。据称其地去美诺不远，何至多延时日？而沃克什土司之弟又从达木巴宗逸出，禀俟援兵一到即内外夹攻，施功尤易，因何复有阻滞不即趋赴达木巴宗？殊不可解。著传谕董天弼，即将现在攻剿情形若何迅速复奏，仍一面督率兵众奋勇进攻。如其直捣贼巢，擒渠定地，自当量功优叙；若稍有观望畏阻，其取罪亦不小。昨因阿尔泰因循玩误已降旨革退，留于军营效力。董天弼前亦屡经贻误，罪无可辞，朕曲为宽宥，特以伊现在带兵尚属稍知出力，姑暂缓其处分，以励后效。董天弼身系武臣，若稍有违误，即当以军法从事，不能如阿尔泰之仅予罢斥也。"

（高宗朝卷八九七·页二三下～二七上）

○ 乾隆三十六年（辛卯）十一月壬戌（1771.12.31）

定边右副将军大学士温福奏："阿尔泰由章谷进剿，虽距贼巢纡远，然系两金川接壤之地，既可攻击小金川，更可使金川心怀顾忌。是此路官兵，亦不可少。惟是约咱攻围经月未能进取情形，实未能深悉。提督董天弼于十月二十四日率兵往甲金达攻打，二十七日占据牛厂，十一月初一日甲金达山贼人弃碉遁去。官兵现距达木巴宗四十余里。昨又闻该提督于十一月初七日分兵两路攻夺贼人所建木城，未及占据山梁，被贼冲下，官兵受伤及迷失者甚多，且有遗失枪炮之事。现飞札查明，确核具奏。至总兵福昌虽报称进至邓仍，其实距山神沟仅数十里。今营内现存兵一千七百余，经连次挫衄之后，兵气颓懦已极。且董天弼前往木坪之时，凡有将就可用者俱行挑往，所存多系受伤患病之人。是该镇福昌前次之进征失挫，及后此之株守无能，实属咎无可诿。以目下情事而论，兵力病弱，又当山路陡险、冰雪凝结之时，该镇之不能速行进取，亦属实情。因一时不得领兵之人，暂令该镇管领原兵，以观后效，俟将来核定奏明请旨。查福昌处所存之兵既不足恃，惟截留川北镇兵三百、重庆镇兵五百未经挫失，尚可鼓励前进。其满兵二百均已到齐，又于福昌兵内量挑一千余。揆度目下事机，董天弼一路虽未能直抵达木巴宗，而正当用力攻剿之时，西路进攻自属刻不容缓。即巴朗拉一带，贼人多建碉卡，臣与伍岱等商定，探取小路，绕出其后，相机办理。"

又奏："本月十三日据总兵福昌报称，巴朗拉坐卡官兵拿住小金川番人七名，押送军营讯问。并将该番所带番禀呈送前来，译系小金川土司泽旺及僧格桑投送都司马诏蛟之禀。僧格桑生性诡诈，所具番禀既已支离狡谲，又以伊父泽旺尚存，故为同列衔名，希冀稍缓大兵进讨，自不值复加饬谕。查泽旺向日尚为恭顺，若谕以僧格桑钤制其父妄肆鸱张，今大兵进剿，玉石俱焚，不独小金川从此灭绝，即泽旺亦难幸逃显戮，父子之间必生离异，其番目人等向为僧格桑驱胁，未必坚心出力。且僧格桑连岁称兵，番人耕作久荒，资生无计，亦必心怀怨恨。若谕以祸福，势更无难解散。僧格桑虽冥顽无忌，痛加斥责亦可褫魄慑心。敬将前奏谕旨详加演说，拟缮檄文三道：一谕泽旺，一谕小金川头目番众，一谕僧格桑，译为番字。于小金川遣来七人之内将头目德实尔嘉、安本及温布一并拘留，其结迪等四人均属愚蠢番夷，即令赍檄前往。所有檄谕各头目番众之文，另行多缮数十纸，饬其带往分给。再，僧格桑罪大恶极，万无可贷，而檄稿内有开一线生路之语者，欲使逆酋心有希冀，不致并力死守。且予以十日回信之限，使贼匪迟疑观望间，乘其不备即可前进。况逆酋此际具禀，或闻大兵进剿，故遣人前来以为缓兵之策，更当将计就计，俾其猝不及防。

是以于十五日将檄谕交与结迪等领回，即于十六日统率现有之兵前抵巴朗拉一带觅路进攻，谅更易于摧破。再，番禀所称沙木角拉一路，在维州以外，系贼巢北界，道路较远，合并陈明。"

谕军机大臣等："阅僧格桑与马诏蛟禀帖，语多纵肆，实为法所不容，断难轻宥。第察其前此将韩世贵送出之意，不过欲为将来穷蹙乞降地步。今温福所与檄谕，亦有开一线生路之语，若僧格桑果知悔罪，亲诣军营，莫若将计就计，擒缚逆竖，置之重典，使番夷各知警惕。至前谕令平定小金川后，将其地分给就近土司管辖以除后患，今土司泽旺尚存，第为伊子僧格桑所制，并未同其犯法，是叛逆之罪，专在僧格桑。若官兵进剿时，泽旺与僧格桑济恶逆命，则亦不宜轻贷。如果别无违抗情节，其罪尚属可原，又不必照前谕之分地变置，或即令泽旺于诸子中择其诚谨守法者，袭伊土司之职，亦无不可。番众见不法之土司身伏刑诛，而安分者仍得保全世职，自足以戢其桀骜不驯之心，益当畏威怀德。然须临时酌量情形，分别妥办，必不可将就了事，又滋日后反复也。又，僧格桑禀内所称沙木角拉，系贼巢北界，道路较远，此乃贼人诡计，断不可信。温福惟当于巴朗拉一带探觅可进之路，督兵进剿，避其硪卡，以免相持玩日。至贼酋无故具禀，必系听闻另差将军带兵进剿，欲以此禀为缓兵之策。今温福既与彼檄谕，使之心有希冀，并与以十日之限，仍迅速进攻，掩其不备，甚得行军要领，务当实力勉为之。至攻剿时，令土兵在前官兵在后，土兵见官兵柔弱，一有动摇，辄思奔溃。此等情节，朕早鉴及，曾经明晰饬谕，今果不出所料。似此调度失宜，阿尔泰、董天弼皆不能辞罪。但董天弼身系武夫，其功罪赏罚与阿尔泰不同。而董天弼两次进攻，似尚觉勇往，惟渐染绿营欺诈恶习，实为可恨。如经朕屡次训饬之后，深知畏惧，力图奋勉自效，尚可仍留提督之任，令其戴罪立功。若绿营锢习牢不可破，即当另为更易。但董天弼是否于军营有益，朕实不能遥度于数千里之外。著温福即速查明，据实复奏，候朕另降谕旨。再，千总韩世贵迷失之事，前此并未据董天弼奏闻，已属非是。而温福折称，闻董天弼于十一月初七日分兵攻贼木城，被贼冲下，官兵受伤及迷失者甚多，且有遗失枪炮之事等语。其事距今已及两旬，并未见董天弼奏到。且自伊进兵木坪及攻得甲金达以来，朕心深为廑念，屡次传谕令将攻剿情形速行奏报，何竟隐讳不言？此总系绿营庸陋之见，以挫失之事恐干处分，欲俟稍有得手再行附奏，希冀功过相抵。然此等情节关系紧要，岂可匿不上闻？著交温福、桂林切实查明具奏。至总兵福昌，虽所带之兵疲病者多，然在巴朗拉数月一筹莫展，看来亦属无用之人。且观其日后奋励若何，再行定其功罪。其自贼营前来投禀七人，温福将头目二名及温布一例留住，所办尚是。但德实尔嘉，人既狡黠，仅尔寻常讯问未能得其实情，自当严加刑鞫，务令逐一供吐，庶可得贼巢真实底里。仍著讯明录供具奏。至小金川系给印土司，何以僧格桑文禀又用演化禅师印信？并著查明，一并奏闻。"

又谕："前据温福奏，酌量情形飞咨陕甘、贵州督、抚，调取所派之兵。是现在川省必须添兵协助，更可克期集事。著传谕文绶、李湖，接奉此旨即将派定之兵及所派带兵将领迅速起程，遄行赴川应用，无得刻缓。至桂林等请招募新兵，事属可行，即照所奏妥办。"

（高宗朝卷八九七·页三九下～四六下）

○乾隆三十六年（辛卯）十一月癸亥（1772.1.1）

谕："现在四川办理小金川事务，一切奏报邮函均关紧要，自应特派大员督办，以专责成而免稽误。四川著派李本，陕西派敦福，山西派黄检，直隶派王显绪，将经过各驿站接递交送及沿途催趱事宜实力查察，董率办理。如有迟延舛误之处，惟专派之员是问。"

（高宗朝卷八九七·页四六下～四七上）

○乾隆三十六年（辛卯）十一月丙寅（1772.1.4）

四川总督桂林奏："十一月十六日宋元俊禀称有小金川头人在卡外喊禀，赍投文书，呈送礼物，臣令接禀，交与通事译出，内称沃克什与伊有仇，是以报复，明正人民系其自欲往投，并不敢犯法各等语。臣思僧格桑去岁甫受约束，旋又逞凶，今大兵压境，犹敢恃险凭碉肆行抗拒。阅其禀内，不知畏罪，仍以恩仇报复为言，冥顽无知，不可复以语言化诲。但既经具禀，未必非巧于尝试之计。且我兵分路进攻，尚未受创，是以敢于禀词搪塞，不可不晓以大义，示以兵威，使知沃克什土司非僧格桑可以报仇，明正地方非僧格桑可以私占。当即胪列僧格桑罪状，撰拟檄文，差弁持至卡外，面示该头人，谕以汝等助逆违天，将来捣穴擒渠，万无生理。今可将此遍示头人百姓，共知现在小金川肆逆罪在僧格桑一人，汝等本属胁从，如有能擒逆酋呈献者，即令各安生业。倘复仍前抗拒，大兵到处，玉石俱焚。毋得执迷不悟，自取灭亡。"

谕军机大臣等："僧格桑跳梁肆恶，抗拒官兵，非捣穴擒渠不足以示惩创。或乘其穷蹙乞怜，自赴军门，就势縶缚，不可使幸逃法网。前降谕旨甚明。今看所投文禀，词意鸱张纵恣，其非畏我兵威哀吁乞命可知。所有赍禀头人自应即时拘执，严刑根究，庶得贼巢确实情形，攻剿亦易为力。乃以似此紧要贼人竟行放纵回巢，而所办檄谕，意类调停，并不词严义正，殊出意料之外。桂林著严行申饬，令其早行猛省。一切殚心，上紧筹办，毋自取戾。"

又谕："前据温福奏：'川省现兵尚属不敷，须调黔、陕之兵备用。'已有旨谕李湖预选精兵二千，文绶预选陕甘兵三千，遴派带兵将领迅速遄行赴川，听候调用。今据桂林奏业已分咨陕、黔、湖广三省拣派官兵，候旨即令起程等语。楚兵本属懦弱，未必适用，是以未经派及。且距川省较远，于事无益。其已调之陕甘、贵州五千兵，自当迅速赴川备用。著再传谕文绶、李湖，此项官兵如已起程在途，即速催趱赴川，听候温福等调遣。所需火药、铅丸等项亦即速运往，以资应用。"

又谕："阅桂林等所绘约咱图内形势，南面系官兵屯驻，其东西亦俱有官兵攻得之处，惟东北及北面尚系贼人拒守。计贼酋美诺巢穴，必在约咱之东北。其西北山口亦系约咱通贼巢要路。此处相近，贴有新得小金川战碉三座，现添屯练把守黄签，而距官兵营盘亦不甚远，因用朱笔标记。若于此处派能事将领带兵驻守，或可以断贼巢来援约咱之陆路。又，东北河口一道似亦与贼巢相通，河东岸贴有兵练卡座黄签，其西岸亦签有官兵攻得贼碉之处。是我现在兵势尚可控驭及之，因于河口亦用朱笔标记。若派兵守御其地，并可断贼来援约咱之水路，如此两路阻扼，则约咱贼寨馈援不继，势必不攻自溃。较之用炮轰击，岂非事半功倍，何未计及于此？著传谕桂林，照朱笔指示之处即速妥协办理，仍将情形奏闻。再，阅小金川地图，约咱在美诺之南，已是小金川地界。虽云系贼巢后路，但距美诺甚近，由此进攻未为不可，何以桂林前奏以约咱一路为无关紧要列为最末？至董天弼所据之甲金达亦距美诺不远。朕意解达木巴宗之围不过因救沃克什土司，如统兵大员能觅间道径趋美诺，捣其巢穴，则达木巴宗并可不攻自解。若僧格桑在达木巴宗攻御，则董天弼一得美诺后即统兵趋赴达木巴宗，与西路救援达木巴宗之兵前后夹击，僧格桑自当立就俘擒，董天弼何以并未计及于此？然朕不过就图而言，恐图中形势舛错，不可徒称遵旨而行也。著传谕董天弼相机妥办，迅速复奏。至巴朗拉一路，据图看来，距美诺贼巢最远，且山岭险峻，何以温福、桂林皆云其地进攻为小金川正路？今温福驻兵在彼又作何觅间进攻？至毕旺拉一路，董天弼曾奏于彼处寻觅征路。今阅图内毕旺拉与沙木角拉相近。沙木角拉即贼人前禀内诡称欲官兵由彼进路者，贼人于此必多设备。是毕旺拉一路即有间道，不宜轻进，温福更不可不知。至各路现兵不少，何以不敷应用，总由阿尔泰等不善调度，每得一碉卡，即留派一起官兵屯守，以至兵势愈分愈单，甚为非计。我兵已得之碉卡，如地当险要，可以控扼贼冲，自当留兵防御。若非紧要处所，即应将所得碉卡尽行撤毁，以绝贼人占据之资。较之处处屯兵，岂不省便！何不此之务而专恃多兵以张声势？著传谕温福、桂林实力妥办，各将现在进剿情形迅速复奏。"

（高宗朝卷八九七·页五七下～六二上）

○乾隆三十六年（辛卯）十二月庚午（1772.1.8）

定边右副将军大学士温福等奏："臣等带领满洲、绿营兵二千从山神沟起程，十八日至向阳坪地方。察看巴朗拉山势峻险，山顶贼建大碉七座，又于右手山梁设卡防守。其上尚有高峰，东手两碉之间又一峰，较各卡更峻。若将右手山梁卡座夺取，占据高峰，再将两碉中间山峰占取，向下夹攻，贼必弃碉卡而逃。二十一日分派侍卫官兵将右手山梁攻克，并将两碉中间山峰抢夺，围住贼碉，连夺贼卡六处，占据东面碉后高峰。贼兵二次来援，俱被官兵击败。无如所领绿营皆随董天弼打仗受伤，心存畏怯，守至二十二日子时，贼人呐喊来冲，兵丁惊退，将已占山峰失去。臣等谨遵不可扑碉多损官兵之旨，暂行收兵，即在向阳坪驻扎。此次打仗，毙贼甚多，满洲、绿营官兵亦有阵亡受伤者，查明办理。看来四川绿营全不可用，俟黔兵到日攻剿。臣等冒昧进攻，请严加治罪。再，川省总兵内并无经历行阵之员，且均已调赴军营。所有续调黔兵二千，已令威宁镇总兵王万邦统领。请调陕甘兵，恳于该省提镇内酌派一二员统兵赴川。"

谕曰："温福等带领满洲官兵攻打巴朗拉碉卡，杀贼颇多，殊属实心任事。惜其时兵数无多，而绿营士卒又皆懦怯，不克成功。温福、伍岱何罪之有？俱著交部议叙。至我满洲官兵不过数十名，而全无顾虑，惟知奋勇，方不愧为我满洲臣仆，甚属可嘉。此内侍卫、章京等有分外著绩应赏给巴图鲁名号者，著温福等奏闻赏给。仍将效力官兵一并查出，交与该部从优议叙。所有满洲绿营兵丁内受伤阵亡者，亦著查明造册咨部，照例议恤。至占辟纳、纳兰图向在军营均属奋勇，此次殁于行阵，殊为可惜。著格外施恩将占辟纳、纳兰图本身原有军功世职，合计此次应予以何官查明加赠，并将伊子带领引见。"

四川总督桂林等奏："臣等于十八、九等日用炮轰击贼碉，残缺更甚。二十一日合力分取，抢占碉卡，贼番惊窜，生擒四，杀死一百十三，割首级三十一。尚有不及逃出者退守寨碉，我兵四面合围。贼番于东面山沟潜来救援，官兵施放枪炮，击败救援之番，又擒贼二，杀死三十四，割首级九，约咱地方已全攻获。此次进攻，副将宋元俊深知感奋，参将薛琮、都司沈宽往来督率，奋勇攻扑，甚为出力。阵亡兵练三十三名，其带伤及勇往杀贼弁兵分别赏赍。生擒贼番全行正法。至僧格桑闻约咱已失，势必固守卡丫。若进取稍迟，该酋得以预为准备。查扎功拉东山梁尚有大碉石卡数处，贼番防守。臣等先派兵攻夺，并分兵由西面山沟攻取喇嘛寺。一面酌抽各隘官兵，俟东山梁碉卡一得，即速搭桥，克期前进，直取卡丫。"

谕："据桂林等奏，已于十一月二十一日攻得约咱贼寨，官兵合力奋击，摧夺碉卡，歼毙贼番一百四十余名，现乘贼人丧胆之时派兵绕山夺隘，直取卡丫等语。小金川逆酋恣肆不法，罪恶难逭。现在官兵分路进剿，桂林等督励将士，奋勇攻获约咱大碉，自此摧坚深入，不日自可捣穴擒渠，军营大有起色。副将宋元俊前因率领兵练克复明正土司地方，曾予加衔示奖，兹复感恩奋勇，著绩戎行，殊堪嘉尚，著加恩赏给总兵衔，有缺即补，以示鼓励。参将薛琮、都司沈宽等协力攻剿，亦能奋往用命，著一体加恩，交部从优议叙。阿尔泰前此节节迁延贻误，本属咎无可逭。但伊所铸大炮，此次攻碉轰击颇为得力，一节之善朕亦不肯轻没，阿尔泰著赏给散秩大臣衔，令其仍督办粮饷军需等项，以观后效。至董天弼身任提督，军行是其专责，其罪本与阿尔泰相等。乃自西路进兵以来已经半载，深染绿营恶习，一味观望逡巡。前在德尔密，已得石卡既不能固守，反改途赴木坪一路，惟知缘边绕道，旷日玩时，坐失机会。比至甲金达山梁，濡迟匝月，致已经攻得之牛厂又得而复失。且于前驻巴朗拉时，所有绿营兵，择其可用者携以自随，所余疲惫无用之卒付之福昌，全不适用，以致巴朗拉一路不能克期破垒，直前夹击，其罪更重。看来此次用兵，始终皆由总督、提督二人意存延玩所致，是阿尔泰与董天弼厥罪惟均。今阿尔泰既经斥革，董天弼岂宜复留原职！董天弼著革去提督，以兵丁留于军营效力赎罪。四川提督员缺，即著阿桂署理。董天弼交与阿桂差遣委用。倘仍不知痛自悛改，稍有退缩，即于军前正法示众，无庸再行请旨。朕于诸臣功罪一秉大公，其人果有劳绩，必加奖擢，如不知感奋效力，亦不能稍存姑息。一切赏罚，悉视其人之自取。将此通谕中外知之。"

谕军机大臣等："据桂林等奏，攻得约咱贼寨，办理大有起色。可见事在人为。桂林能实力奋往，遂见速效，前已授伊为总督，似此方克受朕恩眷。其在事感奋著绩之副将宋元俊，现降旨赏给总兵衔。参将薛琮、都司沈宽等并交部从优议叙，以示奖励。阿尔泰前此养痈玩寇，咎无可辞。但此次攻碉颇得大炮之力，铸炮乃阿尔泰所办，朕不肯没其善，亦有旨赏给散秩大臣衔，令其仍督办粮饷等项，以观后效。至所称一面分兵由西山沟攻取喇嘛寺，一面抽调各隘官兵攻取东山梁碉卡，一俟攻得，即由河口赶搭浮桥，克期前进，直取卡丫，以期制胜等语，所办甚合机宜。桂林等于攻得东山梁后即速搭桥济师，径取美诺。乘贼人丧胆之时，使之猝不及备，自可迅望捣穴擒渠。益加努力，伫听捷音。至董天弼在甲金达山梁逗留不进，并已经攻取之牛厂得而复失，与前在德尔密时得卡不能固守，俱有应得之罪。且伊自赴西路以来，至今已将半载，迁延玩日，及由山神沟至木坪、尧碛又复纡绕程途，致贼酋得以处处预为准备。是小金川之事，始终由阿尔泰、董天弼贻误所致。今阿尔泰已经革职，董天弼厥罪惟均，岂宜令其仍任提督！况现在巴朗拉一路兵力既单，又俱系董天弼在山神沟挫失疲惫之余不堪应用，此更董天弼调度乖方，咎无可逭。已有旨将董天弼革去提督，留于军营当兵，效力赎罪。所有提督员缺，即令阿桂署理。著将董天弼交阿桂差委。如再不知改悔，退缩玩误，即在军营正法示众。至甲金达一路，距美诺不远，且为援解达木巴宗最要之处，攻剿不宜稍缓。阿桂奉到谕旨，迅即驰赴甲金达军营接印任事，督兵速往解围。前此沃克什土司曾遣其弟投禀，俟官兵一到即行向外夹击，其势自易，阿桂务须努力为之。再，巴朗拉一路，山既峻险，雪后冰冻，尤难著力。且绿营、土练为数既少，又皆畏葸不堪，所仗惟满洲兵二百名，究觉单弱，率尔奋锐进攻，实无把握。况贼人悉众抗拒，碉卡既坚，自难专以力取，温福等不可不慎。至避碉觅间，固为出奇制胜之策，但山神沟小路贼已设卡阻拒，难以再往。而毕旺拉一路，亦恐贼人潜已设防，不可堕其狡计。前已有谕旨，温福不宜造次轻进，务遵旨详审而行。且阅桂林等前奏地图形势，约咱距美诺为近，而巴郎拉相去甚远，似巴朗拉一路非剿贼捷径。即图样不甚真确，亦断不至相悬太甚。此时桂林等已督兵由约咱进攻美诺，若已擒获僧格桑，则巴朗拉贼众不待攻而自溃。若贼酋就缚稍需时日，而温福远隔贼巢，与贼众相持，不能遽下，似为非计。且桂林等现已乘胜进攻美诺，其后路亦不可无官兵策应，以防贼众绕路截我饷道。朕意留总兵一员，统兵在巴朗拉驻守，以缀贼势。温福即往约咱一路，以壮声援，或觉合宜。但此乃遥度，温福当酌而行之。"

又谕："昨据文绶等奏，接准川省咨调陕甘兵三千名，已派定总兵书明阿统领，并派带兵副、游、都、守六员，多选枪手，调取火药、铅丸，以备克期调发等语。现据桂林等奏，业已攻得约咱，督兵深入。自此各路会合夹攻，及时厚集兵力，扫穴擒渠可以克期藏事。所有陕甘已派定之三千兵自应迅速前进，以资协助。著传谕书明阿，即带领所派官兵立即起程赴川。并谕文绶、毕沅督饬沿途地方，将一切夫马、口粮、驻宿等项妥协料理。其火药、铅丸迅速运往备用，毋得稍有迟误。"

又谕曰："桂林等奏到各土司地图，详细阅看，竟系跬步皆山，略无平地。果尔，则番夷于何处耕种资生？恐图未必尽确。至小金川虽与金川接壤，但僧格桑之美诺贼巢在河东岸，逆酋设欲窜往金川，中间尚隔一河，若于河口桥梁处所发兵堵截，逆酋岂能飞越远扬！此图如果确真，则沿河断贼去路，自为要策。温福、桂林亦当留心筹画及之。又，就图而论，约咱与美诺南北相去不远，中间仅隔一河。今桂林等奏，于攻得东山碉卡后即赶搭浮桥济师，官兵一经渡河即可直捣贼酋巢穴，颇为径直。是官兵必当于此路进剿。至巴朗拉在美诺极东北，计程几三倍于约咱，何以转指为剿贼正路？尤为未喻。再，前此攻剿金川，从小金川取道进兵，其路正远，何以当时由此一路？该处必有能知其详者。著温福、桂林逐一确核，一并于图内粘签声说呈览。"

（高宗朝卷八九八·页三下～一三上）

○乾隆三十六年（辛卯）十二月戊寅（1772.1.16）

谕军机大臣等："桂林等攻得约咱以后，现在统兵深入，其后路策应之兵最关紧要。昨已飞谕桂林等于续调之陕甘、贵州五千兵内，量其可以先到者，檄调遄赴约咱一路，以壮声援。但恐两路官兵未能克期即至，而金川所占革布什咱地方距我兵取道章谷之处不远，贼番性情诡狡，万一见官兵将抵贼巢，两酋惧而相保，或纠集贼众由革布什咱而出，阻我归路，不但大军孤悬可虑，即饷道、台站稍有梗滞，所关甚重。今进攻卡丫，现有桂林、铁保、宋元俊等在彼督兵剿击，阿尔泰即回驻章谷，迅调就近兵练千余于要隘处所严禁防守，将饷道、驿站等事不时往来照应，以壮军声。待续调官兵继进，方为周妥。"

（高宗朝卷八九八·页二六上～下）

○乾隆三十六年（辛卯）十二月辛巳（1772.1.19）

又谕曰："福昌身系满洲，且为总兵大员，乃自七月间驻卧龙关外，至今半载，一味逗留观望，并未见其实心奋勉，屡经传旨训饬。今据温福奏称，该镇原属无用之人，不但打仗进攻不知纪律，即寻常亦不能整饬营伍等语。福昌著革职，留于军营，自备资斧，效力赎罪。其松潘镇总兵员缺，即著宋元俊补授。仍令其随桂林等带兵进剿。"

又谕："据福僧阿奏称金川需用满兵，现将西安八旗兵内选派鸟枪兵二千名备用。著照所请。调用时，即派书麟带往。"

又谕（军机大臣等）："朕以约咱一路与美诺相距不远，现已攻破东山梁碉卡，逼近贼巢，不可无续进策应之兵。是以谕令书明阿、王万邦，何人可以先到，即飞调二三千名速赴约咱，其余再行分给。旋据桂林奏到，尚需兵八千名，适符朕之预料。即交军机大臣议将续调之陕甘、贵州兵五千名全赴约咱一路，听桂林等调用。其尚需三千名之数，并令文绶于陕、甘两省再派兵三千名迅速赴川。至曾头沟一路，温福指派书明阿带领固原兵一千名会同五福进剿。昨因桂林等一路需兵紧要，令陕甘、贵州续调之五千兵全赴约咱策应，是固原兵即不能分往曾头沟。而桂林等自得约咱后，又攻破其东山梁等处碉卡，现在分路进取贼巢，其兵力自属多多益善。若能攻得美诺，擒获逆酋，则其余各路不待攻而自解。倘桂林等约咱进攻之兵略需时日，而曾头沟为小金川后户，或从间道进兵夹击以掣贼势，亦未为不可。著温福与桂林等彼此知会熟商，应作何分路进兵之处妥协办理。惟是温福奏称，巴朗拉与约咱相去二千数百里，未及会商。而桂林昨奏亦有相距巴朗拉往返几五千里之语。温福、桂林同办一事必须声息时通，方可彼此会筹全局，酌定机宜。若按折报递京六百里程限而计，则二千余里亦四日可达，何至难于得信？恐此两路文报往来，其沿途驿站尚未能如折报之驰送迅速。此于军务甚有关系。昨已令阿尔泰回驻章谷策应，查办军站之事自可兼顾。并令李本派委妥员，将此两路军营台站，照折报一体稽查催趱，务令文移往返，毋稍濡滞。"

定边右副将军大学士温福奏："查山川形势本为军行要务，番境崇山叠岭，其程途远近，道路险易，从前约略成图，不无舛谬。臣前赴南路军营，行至清溪而返，所有章谷、约咱等处情形无从得知确切。至木坪、尧碛一路，仅于经过雅州时询知大概，仍未深悉。若仅仿照旧图绘画，终恐失实。西路自汶川以外均为番地，由卧龙关、山神沟、邓仍以至巴朗拉，此外即小金川贼人占据之地。臣经历各处，留心体察，就此一带详细绘图。并将巴朗拉所有贼人碉卡，一并绘入呈览。至巴朗拉以外沃克什、小金川各寨，据地方官所送舆图及询之经过之人，略知梗概，另绘一图进呈。其间山川形势及各处道路佥称险峻。因其说不一，未敢遽为绘入。将来攻得一处，即将一处山川道路情形，陆续补绘进呈。"报闻。

（高宗朝卷八九八·页三四下～四一上）

○乾隆三十六年（辛卯）十二月壬午（1772.1.20）

陕甘总督文绶奏："准温福咨称，酌量进剿情形，将固原兵一千径由松茂一带直出维州，会同副将五福进剿。其余二千仍赴西路军营。但此项兵均系书明阿统领。今该镇既带兵径赴维州，所余西宁并陕西兵各一千，应另派勇干大员统领等语。查兴汉镇总兵张大经年力强壮，办事勇往，堪以统领赴川。且兴汉毗连川省，进征近便，陕省官兵业于十二月初四等日经西凤协伸泰等带领在途。现飞檄张大经，即由本镇星驰前赴沔县、宁羌一带，将伸泰等所领陕兵一千接管前赴军营。所遗兴汉镇总兵印务，即令伸泰前往接护。其西宁镇官兵亦于十二月初三、四、五等日起程，由阶州、文县一路入川省之松潘，前赴军营，并归张大经统领。再，查书明阿带领之兵已于十二月初六、八、九等日起程，臣令秦阶道、程国表等在文县一带照料。臣亦亲往巩昌、安定等处验看官兵，并照料起程。"

得旨："嘉奖。"

（高宗朝卷八九九·页二下～三下）

○乾隆三十六年（辛卯）十二月乙酉（1772.1.23）

四川总督桂林奏："川省三路合攻小金川，兵多粮急。现在附近三路各州、县均已碾办仓谷，运送军营。所派远处州、县须酌量变通。如川东之重庆、夔州及川北之保宁、顺庆等处，各距一二千里，派拨米石必须运省再解，不特运价不赀，亦且行期甚缓。查成都、嘉定二府，素称产米之乡。当令两司飞饬远处派米州、县不必碾动仓粮，按照派定米数前赴成、嘉所属各处采买，雇夫运送，既可节省脚价，并无庸买补还仓，且可于采办处起运，更为迅速。至南路一带，自邛州以南路险人稀。由清溪至打箭炉皆小土司所管，更属荒僻，官兵夫役觅食为艰。现饬建昌道白瀛于最近之清溪、荣经两县碾动仓米，分贮各站，并于续派米粮内酌量截留，以备支发各夫口粮，无庸另支米折。其巴朗拉、尧碛两路，亦分饬粮员画一办理。至火药、铅丸为军营最要之物，臣前请调各省火药，此时谅已起程。当饬督、提两标中军，俟解到全贮省城，就近分解三路，均得实用。"

得旨："嘉奖。"

又奏："臣接奉谕旨，筹拨健锐等营劲旅二千会剿，实较绿营得力。但川省距京甚远，而约咱尤为三路中最远之处，恐缓不济急。是以奏请添调湖广、贵州等省官兵八千，并招募新兵，以供调遣。具折后即咨各督、抚拣派近川兵丁迅速赴川。此时谅已将次起程，到齐尽足敷用，自可无庸请益。其僧格桑之父泽旺懦弱无能，久被伊子幽于底木达地方。僧格桑之兄亦早被残害，将来办有成局，所有小金川地方临时请旨酌定。臣于攻克山梁后，进取卡丫。因该处层列坚碉，贼番固守，未便轻于扑取。且西山梁尚有碉卡，必须攻夺喇嘛寺，然后分兵绕截，方为稳便。昨探路人回，据禀喇嘛寺三面俱陡险难行。该寺系各土喇嘛居住，虽现为小金川占据，而各处喇嘛尚多未散。随密遣喇嘛二名潜赴该寺约会。一面选派兵练，俟彼处一有照应，即鼓勇登山，奋力攻取喇嘛寺及附近各碉。一面抽拨官兵，乘势夺占西山梁碉卡，以便截取卡丫。"报闻。

（高宗朝卷八九九·页一〇上～一二上）

○乾隆三十六年（辛卯）十二月丁亥（1772.1.25）

谕："此次办理小金川，所有温福自滇省带往之满洲兵二百名，又贵州绿营兵原派三千名，续调二千名，陕、甘二省绿营兵原调三千名，续调三千名，均属远道跋涉，未免劳顿，与调自本省者不同。俱著加恩于伊等到营日，各赏给一月钱粮。即著于拨给该省备用军需项下支给。"

（高宗朝卷八九九·页一八上～下）

○乾隆三十六年（辛卯）十二月己丑（1772.1.27）

陕甘总督文绶奏："臣接桂林咨称：'奉旨派调陕甘兵三千名，业经副将军温福咨调不计外，再于陕甘酌量选拔精锐兵二千，并派勇健将领克日带领起程。至小金川境内山路险隘，须择其近山惯于行走者。'查陕、甘两省俱与川省毗连，兵丁惯于陟岭者多，应请于甘凉各标内挑兵一千，陕西提镇各标内挑兵一千，仍照旧例以马四步六派拨。务令全挑枪手，并带长矛，庶便于攻剿。至川省山路崎岖，既因马力难于陟险，应请以马价折给，照例令地方官帮同购办骡头，以利军行。"报闻。

（高宗朝卷八九九·页二一上～下）

○乾隆三十六年（辛卯）十二月庚寅（1772.1.28）

定边右副将军大学士温福等奏："贵州官兵于本月初十日内到齐，大炮亦已铸成。臣等商定十二日夜不令贼人知觉，派兵交侍卫三达勒、乌什哈达、巴三泰、哈萨尔图、佛伦泰、伊里布、章京佛进泰等，令其占据右边山梁，攻夺卡座。又派章京瑚尼尔图等令其占据左边山顶。又令侍卫廙音素、彰霭、翅苏勒、额森特、阿尔素纳、海禄、鄂尔霍善、章嘉布、章京丕亨保、巴彦泰等管领满洲兵，总兵马彪及副将富绅、游击成德等管领贵州兵，合力攻取山顶碉卡，臣等随后接应。其余四川绿营，仍令总兵和邦额、福昌带领在后。又派侍卫明仁、新达苏、前锋参领官达色等携带新铸大炮，当经派定前进。其夺据两边山顶之官兵乘夜上山，将贼人十数处石砌拦墙全行攻克。攻取山顶碉卡之兵亦至巴朗拉最高岭下，按队排列，官达色、明仁、新达苏等一面放炮攻打，侍卫、章京、镇将等一面各督满汉官兵直取山顶碉卡，施放鸟枪前进。十三日官兵奋力上前，先围住大碉一座，天晚未能摧毁。至十四日黎明，又令兵丁施放枪炮，攻至午刻，兵丁奋力冲抵不避枪石，或竟拆碉根，或攀上碉顶，并将大碉相连之石墙亦全夺占。臣等严督官兵，复将贼人碉卡分头围困。至十五日各队官兵一拥上前，所有大碉六座、小碉两座，又山顶石墙一处，全行克取。此次打仗，计歼戮贼人数百名，拿获十二名，即行正法。所得枪刀等物，俱赏出力兵丁。满洲官兵内侍卫鄂尔霍善腿被石伤，绿营官兵内亦有阵亡、受伤者。至攻破碉卡时，恐有一二贼人脱出潜匿，现派官兵遍山搜捕，拿获即行正法。再，巴朗拉系紧要隘口，一切粮饷、铅药等项俱由此路运送，已派四川兵四百驻守。臣等俟搜捕逃匿贼人完竣，即进兵直取达木巴宗。"

谕曰："温福等奏称，带领官兵奋勇攻破贼碉，剿杀贼众，已过巴朗拉等语。温福等以满洲官兵在前，绿营官兵在后，昼夜打仗，甚属奋勉，实堪嘉予。以此声势，贼人必皆胆落，不日即可集勋。所有此次大臣、官员、兵丁，奋勇出力，宣沛恩施，以示鼓励。温福著赏给小荷包二对；伍岱著赏给小荷包三个；阿桂著赏给小荷包一对；侍卫、章京内奋勇著绩应赏给巴图鲁名号者，著温福查明具奏。其打仗奋勉并受伤阵亡，及贵州官兵，一并查明送部议叙。"

又谕："前因温福等进攻巴朗拉时我满洲兵丁鼓勇直前，实宜嘉奖，当经降旨令将侍卫、章京内有出众效力应赏给巴图鲁名号者，查明具奏。今温福查明，除前已赏给巴图鲁之翅苏勒、阿尔素纳外，其前锋章京委署翼长官达色、二等侍卫额森特、蓝翎侍卫三达勒俱属奋勉行走。著加恩官达色赏给巴尔丹巴图鲁，额森特赏给丹巴巴图鲁，三达勒赏给嘉尔瓦巴图鲁。仍照赏给巴图鲁名号之例，各赏银一百两。"

谕军机大臣等："巴朗拉一路，原系贼入紧要咽喉。今既得其山梁碉卡，已据扼要之势。由此乘胜进攻易如破竹。据称巴朗拉至美诺，计程一百四五十里。若可从此径趋美诺贼巢，擒获僧格桑，则达木巴宗之围不攻自解。或其路径形势必须先攻达木巴宗，再赴美诺，温福自能筹合机宜，惟听其斟酌妥办，迅奏捷音。阅小金川贼犯噶塔尔等供词，称有金川打发两头人来帮僧格桑办事，不知名字等语，可见两酋久相勾结。索诺木竟敢显然助恶，此二头人亦当与小金川党恶头人一并擒获，重治其罪，而索诺木之罪亦所自取。但朕不欲穷兵，若僧格桑果能迅速就擒，则小金川全局已定。即一面传檄索诺木，令将所侵革布什咱之地尽行退出，受约归巢。如索诺木果知畏惧恪遵，则金川原可毋庸办及。但须察其是否诚心慑服，所侵之地果否全行退出，及所拘革布什咱番户曾否尽数送还，自可宥其已往。倘系勉强面从，冀救一时之急，而于所侵地界人户不肯逐一清还，是狼性尚未能驯，难保其不效僧格桑故智，官兵甫退，彼仍出而滋扰，又复成何事体？即酌量于切要处所分驻官兵严为控制，使索诺木知所儆畏，不敢复逞，方为一劳永逸。再，僧格桑此时如已就擒，则著温福等将逆酋及党恶各犯严行审讯。一面奏闻，一面于军营将各犯分别凌迟，斩决示众。仍将逆酋传首金川及内地诸土司，使共知炯戒。再，前谕阿桂即赴甲金达，原因趋解达木巴宗之围。今已得巴朗拉，便当从此直入，以捣穴擒渠为急务。阿桂自应随温福进剿，合力蒇事。"

又谕："前因桂林攻得约咱，距贼巢甚近，乘胜深入，约咱似系正路，不可无续进之兵。是以速谕书明阿、王万邦将所带之陕甘、贵州兵五千名，令赴约咱。今桂林等虽经攻破东山梁，并未乘胜直捣贼巢，是此项续调之兵不过需待接济。而温福等昨奏，现已攻破巴朗拉，即可长驱深入，直趋美诺。此时西路情形较南路又为紧要，而温福现带进攻之兵只有黔兵三千余名，亦不可不添兵策应，以期迅速集事。书明阿现带之兵，由维州一路兼程遄行。维州距巴朗拉为近，著速传谕书明阿，接到此旨，带兵速赴温福军营听候调遣。其提督汪腾龙亦已带兵起程，著并谕该提督即行催趱官兵速进。其余三千名，仍令星赴桂林军营，俾两路会合，并力攻剿，以期克日蒇功。"

（高宗朝卷八九九·页二二上～二七下）

○乾隆三十六年（辛卯）十二月辛卯（1772.1.29）

又谕（军机大臣等）曰："温福攻得巴朗拉碉卡，在事官兵俱属奋勉，已降旨交部议叙矣。此次攻打贼碉，满洲兵固为勇往向前，但数仅二百。此外分队进攻，贵州兵颇觉得力，其弁兵内如有奋勇出色者，温福亦当查明，奖拔数人，以示鼓励。将备内或有劳绩特著之人，并著据实奏明，请旨定夺。再，总兵马彪带兵放枪攻碉，尚属勇干，如未赏花翎，著即传旨赏戴，俾各将佐知所奖劝。至折内所称酌留四川绿营兵丁四百名，留驻巴朗拉防守，所办尚未为妥善。我兵现在乘胜进攻，巴朗拉即为后路。四川兵柔懦无能，见贼辄思退避。而该处路径贼番最为熟悉，万一让我兵既过，贼复出而抢据旧碉，川兵必不能奋力击却。少有失挫，致阻我饷道、军台，所关非浅。自当于黔兵内酌选二百，并派该营能事备弁带领，与川兵同驻策应，于事方可无虑。至昨奏讯取贼犯噶塔尔等供词，称官兵攻得约咱之事，该处已经闻知，是贼中信息往来颇为迅速。若僧格桑知约咱一路已不能守，而巴朗拉要隘又为我兵夺得，乘势直入，贼酋失其所恃，计无复施，断不肯束手就缚。而现在美诺贼巢尚有金川头人二名在彼管事，则两酋之早相联络尤属显然。今僧格桑势在窘迫，自必预窜金川，冀延残喘，乃一定之理。温福等若能筹度贼酋去路，发兵邀截，使其不能漏网，便可易于成功。设逆酋已经脱走，即勒兵向金川严切索取。索诺木若竟党恶不献，则当急请京兵协剿，速净根株。惟在温福等之筹度机宜实力妥办耳。"

定边右副将军大学士温福奏："查巴朗拉一路，乾隆十二三年征剿金川原系进兵正道。其沃克什、达木巴宗、小金川、美诺等处，皆大兵驻扎及安设粮台处所。约咱至美诺，一百六十里。自巴朗拉至美诺，经由沃克什各寨，统计亦止一百四五十里。且巴朗拉地势碉卡较他处更为险阻，一经攻破，已断贼匪咽喉，即可乘势而进。是以臣节次具奏，均以巴朗拉为正路。至福昌前次驻兵之邓仍，董天弼奏其地为山神沟紧要后路。查董天弼彼时因改赴木坪进兵，则山神沟、邓仍一带实为后路，不可不防其外逸，留福昌带兵驻守。今臣既由巴朗拉前进，则山神沟、邓仍、向阳坪均在营盘之后，已非紧要之地，业将福昌及所驻之兵带至军营。所有邓仍、山神沟及卧龙关内外各站，不过为粮运台站所经，每处酌留官兵数十，以资接护，通计不过三四百名，无需专派大员驻守。又，董天弼现驻之甲金达，原距美诺不远。前次董天弼具奏攻得牛厂折内，有西北进兵本布尔桑冈，即去美诺不远。由东北四十余里，可以直救达木巴宗。若将达木巴宗贼兵攻破，则扼断巴朗拉后路等语。是董天弼之所以不径捣贼巢，因达木巴宗更近于美诺，而土舍雅满塔尔又急求赴援之故。今臣既统兵攻破巴朗拉，前距达木巴宗不过八九十里，如何分捣达木巴宗及美诺之处，当与阿桂相机酌办。"报闻。

又奏："臣接据云南军需局称，本年所调各营马内，现由永昌镇拨解马八百、骡二百，前往四川协济军务等语。臣思川省用兵，不特驮载难用牲畜，即官兵临阵，亦因限于地势皆须步战，无资乘骑。至京兵由滇赴川，各站须马应付，川省业已调拨营马并各州、县购买之马，甚为充裕，似无借云南长途协济，徒多解送喂饲之烦。并恐到川时不无疲乏。臣将由滇入川，所见两省情形，札商阿尔泰，令其自行酌办。兹准阿尔泰复称，南路情形与西路无异，已飞咨云南督、抚，将此项马停其起解。"

得旨："是。"

（高宗朝卷八九九·页二八下～三二上）

○乾隆三十六年（辛卯）十二月壬辰（1772.1.30）

谕军机大臣等："桂林等于十一月二十一日即经攻得约咱，距此次拜折之期已逾两旬，何以至今尚无信息？桂林在彼安坐，所办何事？看来桂林竟是静驻约咱，专待续调之兵方拟前进，殊昧兵贵神速之道。桂林一路已有兵练八千余名，虽云分防各处要隘，何竟用至六千余名之多？前次阿尔泰分派过多，以致存兵太少，不敷进剿之用，办理本未妥协。而桂林到彼，何亦不知另为调度，仍令以有用之兵置之无益之处乎？即如此内章谷一带，与金川所侵革布什咱之地相通，固宜多兵防驻。其余碉卡止应择其扼要留兵屯驻，极多亦不过二三千名，此外原无庸处处分布。朕早经鉴及，详切传谕，何以至今尚任现兵散处防守，转望续调之兵应用乎？且陕甘、贵州所调之五千兵，虽俱报于十二月初起程，然相隔路远，即兼程遄赴，岁内恐亦未能即到，桂林岂竟思于约咱安坐度岁，置进攻为缓图乎？前次桂林统兵夺取约咱，并续得东山梁碉卡，颇知奋勉。彼时贼人受创胆寒，我兵若乘胜进攻，贼必望风股栗，易若摧枯。而官兵新胜之后，正当励其锐气及锋而用，今乃逗留不进，坐致老师。不知师老则志隳，桂林即未曾经历行阵，而于事理所在，亦可筹度而得。岂伊一经擢用，不复黾勉自励耶？前者桂林攻得约咱碉卡，距美诺贼巢不远，惟虞无继进之兵，因谕陕甘、贵州领兵之员，将所调两省兵五千名速赴约咱一路备用，原期于事有济。今桂林既按兵不动，进剿无期，虽多与劲兵，亦难迅速集事。而温福攻得巴朗拉，带兵直进，已得制胜之势。且其地距美诺亦止一百五六十里，是该处又为进攻正路，较南路为尤要。其缓急轻重原属移步换形，况温福所带仅有黔兵三千，亦不可无精锐接续。现已飞谕书明阿即带陕甘兵二千名，由维州取道赶至温福军营应用。其余三千名，则令赴约咱一路，以供桂林之用。温福接奉此旨，益当奋勇前进，速擒逆竖，以副恩眷。而桂林亦须力图奋往，毋再迁延干咎。"

（高宗朝卷八九九·页三三上～三五下）

○乾隆三十六年（辛卯）十二月癸巳（1772.1.31）

定边右副将军大学士温福、署四川提督阿桂奏："臣等于本月十三、四、五等日攻克巴朗拉，将贼人险要碉卡拆毁，派兵搜捕，获贼数名，均已正法。臣等次日起程，行过巴朗拉山梁，道险冰滑，前抵松林口，内有碉卡数座，贼先遁去。又次日带兵前抵日隆宗，贼亦望风逃窜。所有日隆宗寨内沃克什番众六名，贼于临去时杀死五人，仅有阿琼一名临时逃出。臣等详加询问，据供本月十四日早间闻小金川头目七图安培尔使人传说，大兵攻打巴朗拉，若巴朗拉失守，松林口、日隆宗断难守御，汝等应即移往资哩。是日又闻传说，甲金达提督大兵又从蒲松冈一路抄来，小金川兵已逃一半，就要进至达木巴宗对面，十五日又见毕旺拉、德尔密守卡贼人因巴朗拉已破退回，其守日隆宗之头人鲁勒尔即带贼众窜去等语。臣等正在查办间，所有跟随常保住、董天弼之侍卫哈尔九等从达木巴宗来至日隆宗，称董天弼等于本月初八日由蒲松冈小路进兵，十四日早已抵达木巴宗，贼人即来接仗，官兵获胜，贼人于是日逃窜，救出沃克什土司，并攻得木耳宗等语。是晚，沃克什土司色达克拉来营进见，称土司懦弱无能，为僧格桑欺凌，占据各寨，并围达木巴宗，寨内现存三百余人。僧格桑屡次逼降，土司因世受天恩，断不肯为其所属。如今粮食已尽，蒙大兵垂救余生，土司惟有世世子孙感戴鸿恩等语。臣等谕以僧格桑侵扰尔境，并敢抗拒大兵，实为罪大恶极。尔能坚守数月，实属可嘉。现在官兵已将尔各土境克复，尔当招集百姓，令乘时耕种，加意抚绥，并宜安分，毋酿事端。至尔地方百姓不忍再派出兵，惟派熟识道路之人十数名以供随营差遣。该土司闻言叩谢去讫。臣等又于次日前抵达木巴宗，色达克拉将从前被围时打仗擒获贼人及此次突围夹击所获一同献出。臣等并将沿途所获贼众共二十名逐一严讯，录取供词进呈外，即将各犯悉行正法。其自巴朗拉至达木巴宗旧有寨落百余处，俱交该土司收管。至阿桂仰蒙恩命署理提督印务，兹董天弼已抵达木巴宗，臣阿桂即行接印任事。现将该营一切事宜竭力整顿，即与臣温福并力进剿。"

得旨："两路官兵会合，正当乘胜进攻，务擒僧格桑，以完此事。速待捷音之至。"

又奏："臣等于十八日前抵达木巴宗，亲至土司寨内察看情形。该土司率其妻子及大小头人百姓跪迎，并称此次蒙大皇帝天恩发兵救援，得以再生。亦赖被围之先，有官兵、土练及从前存留粮石，土司始能与洪把总等协力坚守至今等语。臣等即传把总洪廷瑞备讯，据称：把总于本年四月内派赴达木巴宗坐汛。该处有绿营兵二千［十］，又有土千总阿吉、土外委德尔什、雍忠带领土练二百驻守。六月初五日小金川有一千多人，将达木巴宗围住，又截断城外水卡，土舍雅满塔尔向把总借土练一百，并沃克什百姓，同阿吉、德尔什、雍忠出寨打仗，夺回水卡，并擒获二十八人，又打仗二次，擒获六人，一同收系地窖，后因无米给食，止剩三人。小金川见雅满塔尔勇干，恐其冲突，因于东、西、北三面修卡四十九座，南面对河筑起木城，围定达木巴宗，常用枪炮攻打。土司被围后粮食缺少，即向把总告借官兵所贮口粮。把总察看光景，如果不给便有不能固守之势，遂每月给米三十石，以资食用。至十一月初七日口粮已尽，把总转向土司借粮，又向番民百姓凑借杂粮。十二月初九以后，合寨粮食俱尽。把总十一月二十三日接到雅满塔尔回信，始知救兵将至。十二月十三日夜，望见东南山角上有火光，十四日听见枪炮，并见山顶上有官兵，小金川贼人亦在半山拒敌。把总同土司派出土弁、土兵开寨接应，与贼人打仗，歼毙数十人，并夺取炮位、刀矛等物。山上官兵望见，知有接应，两下夹攻，贼人滚山逃走，官兵就近进寨会合等语。臣等复传阿吉等询问，所供相符。查洪廷瑞以微末弁员能与土司并力固守至六七月之久，濒死不懈，实属可嘉。现有松潘镇右营千总员缺，臣等即以洪廷瑞升补，以示奖励。其土千总阿吉，土外委德尔什、雍忠俱系番人，能明大义，臣等亦酌给阿吉土守备职衔，德尔什、雍忠土把总职衔。至所驻达木巴宗绿营兵二十，现存十八；土练二百，现存一百四十九。该兵等被困疲瘦，留于军营无益，酌赏盘费，令各回本营、本处。再，查该土司地方蹂躏之后，流亡甚众，即土司家属亦口食不周，情形可悯。臣等量赏该土司数日口粮，又饬藩司会同松茂道速议借给籽种，俾得赶种春田，渐复旧业。"报闻。

四川总督桂林奏："臣进攻卡丫地方，因喇嘛寺贼人据险防守，我兵不能绕越山梁隘口进取甲木。特遣喇嘛二名密赴该寺，暗行勾结。昨喇嘛回称：寺内喇嘛因贼番屯占均已散往他处，仅存五名以供香火。据称'我等极愿投诚，奈贼番看守严密，难以内应'等语。臣思既已差人查探，若迟延走漏消息，恐反堕其术中。当与阿尔泰商酌，令总兵宋元俊等统率官兵于十六日密赴山梁，守备陈定国带领熟习山路汉、土官兵潜由山梁进发，转至该寺附近处暗伏。约定次日山前炮响即行攻夺。臣同阿尔泰、铁保督同总兵英泰、参将薛琮及侍卫章京将备等带领现有之满汉兵练，于黎明时施放大炮、排枪，进逼卡丫，俾贼番悉众来拒，不能兼顾。宋元俊等已预饬所派伏兵突出奋攻，砍夺木栅。贼番猝不及备，只于碉内放枪掷石，我兵乘势抢进木城，贼番惊弃奔逃。我兵分路追击，杀死贼番九十三，带回乞降喇嘛五，攻获木城八、小木城石卡二十六、喇嘛寺碉寨二十八，并获刀、矛、鸟枪等件，抢占该寺东向之墨尔多山梁一道。我兵带伤三十四名，业经照例分别轻重给赏。其喇嘛五名，究与贼人同处，未便仍留该处，即饬弁解交内地收管，事竣日再酌量安置。一面派拨官兵分驻东向山梁，断绝西山梁贼碉水道；一面占据南北隘口，密探山后路径，以便进趋甲木。并访闻甲木地方尚有别路可通僧格宗，而僧格宗为贼酋紧要碉寨，若果得间道可通，进取更捷。惟是贼酋见喇嘛寺已失，必于各隘严防。因令探路员弁密查筹办。现在督率将领等进取卡丫，贼番仅于碉眼内放枪，并不对仗，而官兵、土练等感奋倍常，有可乘之机即鼓勇向前。万不敢少存顾虑，坐失机宜。"

得旨："一切布置合宜，欣慰览之。于无意中用汝，竟能得力，亦赖半载在军机处日听朕训也。今温福等已过巴朗拉，解达木巴宗之围，正逆贼丧胆之时，不日即闻捷音矣。"

又奏："臣查各土司地方层峦复岭，番人不过于山头地角栽种荞麦、青稞，以为生计。即约咱一路，两山夹河，除各要隘贼番修立战碉防守外，其余均有平碉番民居住，安放枪眼，分列沿河上下，河边多有悬岩碉卡。官兵攻夺时，须设法渡河，不能沿山直入。而美诺距约咱一百数十余里，其达乌、僧格宗等处俱系小金川紧要地方。前此绘图贴说，形势尚未详晰，且距美诺尚远，事难堵截。一俟深抵贼巢，能否沿河断其去路，临时相机酌办。"报闻。

（高宗朝卷八九九·页三七上～四四下）

○ 乾隆三十六年（辛卯）十二月甲午（1772.2.1）

谕曰："董天弼自办小金川以来屡次失机，且敢捏词讳饰，其罪实无可逭。是以前有旨将伊革去提督，以兵丁留于军营效力赎罪。如尚不知悛改，即拿解成都监禁，请旨办理。今伊于十五日攻解达木巴宗之围，并收复沃克什各寨及攻克木耳宗等处。看来此次官兵颇属奋勉，必系常保住到彼，带领满洲兵丁鼓勇直前，因而绿营知所观法，是以办理略有起色。但董天弼究系任事出力，朕不肯竟置之不论。已传谕温福等，宥其一死，仍留军营效力赎罪。所有出力之哈尔九等各员，著温福查明具奏，以便论功赏录。至沃克什地方俱为小金川侵占，并闻小金川将沃克什之人派往他处守卡，则凡贼中卡隘，一闻官兵来到，即当倒戈相向。伊等与小金川切齿深仇，断无转为贼酋效命之理，招致自为更易。何以官兵各路进攻，总未见有似此筹办者，亦著温福一并查奏。又，董天弼奏称：前在牛厂因派兵往占通小金川之要路，适遇贼番从山压下，阵亡千总俞启龙等四员、把总王泽远等二员、兵丁六十余名、土兵屯练数十名等语。千、把总等身为武弁，恇怯无能，遗失枪炮，虽死不足惜，均无庸按例予恤。其兵练等虽同属无用，究为带兵劣弁所误，亦止可照阵亡例减半赏给。并交温福于军务告蒇后查明办理。从前曾谕攻克小金川后，将其地分给附近各土司管辖。今思仍不离乎沃克什及明正各土司，伊等委靡成习，难以望其善自保御，官兵亦无久为代防之理。而索诺木狼子野心难于驯化，或现因惩创小金川畏惧敛迹，及至官兵既撤，凶渠故智复萌。小金川地界毗连，彼复出而侵扰，倘仍为其蚕食，则是官兵所费力平定之小金川阴以授之索诺木，实为非计。按该处形势而论，巴朗拉为小金川后路，而约咱一带乃彼险隘，其地接近章谷，与金川接壤，章谷又近打箭炉，皆不可不熟筹善后之策。莫若即于小金川境内酌择善地可以驻兵者，添设总兵一员，统兵镇守，使西南两路皆可照料，方足以控制土司，消其反侧。而打箭炉复照驻藏大臣之例，添派副都统统理番夷之事，更为妥协。即岁需粮饷稍多，而此次用兵所费军需自不止于百万，较彼多寡劳逸若何？且兵额亦不必尽行添设，或于内地重庆等镇酌量拨往，挹注尤为便易。即总兵之或添或移，亦可从长计议。此事甚有关系，著温福、桂林、阿桂悉心熟筹，妥议具奏。"

（高宗朝卷八九九·页四五上～四七下）

○乾隆三十七年（壬辰）正月戊戌（1772.2.5）

又谕："昨年四川省轮免正赋，并有旨将该省民番杂粮各项一体蠲免，俾得普沾恺泽。现在办理小金川一事，调拨大兵，克期剿灭。所有一切军需供应，俱发帑拨给备用，丝毫不以累及闾阎。惟是运送粮饷、军械亦酌用民力，虽并给与口粮、脚价，而小民不无劳瘁。朕心深为轸念。著该督等查明该省官兵经过之各州、县，将本年钱粮再行先予缓征。俟凯还事竣之后，分别等次，奏明请旨，候朕加恩，以示轸恤边氓之至意。该部即遵谕行。"

定边右副将军大学士温福等奏："上年十二月十三、四、五等日攻破巴朗拉，收复达木巴宗官寨。贼现在达木巴宗西筑碉拒守，此处距美诺七八十里，近于高处隐闻炮声，想离桂林军营不远。该营攻剿兵仅二千余，臣等续调陕甘、贵州兵，可酌拨二三千赴约咱应用。但桂林处除新募兵实须添若干？约咱道远，所调三省兵从何处行走较捷？均飞商令速酌定，径饬沿途带兵将领就近前往。再，阿桂已接提督印务，川省新募兵，前经董天弼檄调一千赴甲金达军营，已到四百。其未到六百，仍截赴桂林处备用。臣等虽分路进兵，总期迅抵美诺，合兵济事。"

得旨："若克美诺获僧格桑，原可破索诺木之胆，俾其献还革布什咱侵地，以完此事也。但善后之计当熟筹耳。"

又奏："小金川僧格桑与金川索诺木结党，小金川事竣后，索诺木果否恭顺尚难预定。索诺木遣往藏内熬茶人，前奉谕旨不可遣回，命派干员防送打箭炉等处。查该处现为进兵之路，恐致脱逃，不如送成都防守为善。"

得旨："是。"

（高宗朝卷九〇〇·页三上～六上）

○ 乾隆三十七年（壬辰）正月壬寅（1772.2.9）

又谕（军机大臣等）曰："桂林奏现抽调各隘官兵，克期进剿。俱合机宜。惟所称若获僧格桑，陕甘之兵即行檄止，以省往来之劳，尚于此事全局未能通盘核计。查原调之陕甘兵三千，业经书明阿等带往西路。其王万邦所带黔兵二千，已于十二月二十六日到成都，即日驰赴约咱一带。是两路继进策应之兵均已不少，现办小金川之事自无虞不敷。但官兵尚未进抵美诺，僧格桑之能否迅即就擒尚难预料，或僧格桑窜入金川，而索诺木之遵谕缚献与否亦未可定；即僧格桑立就成擒，而索诺木所占革布什咱之地，必当令其尽行退还，不敢再犯，方为完局。是善后事宜，关系尤为紧要。亦须厚集兵力，以壮声势，岂宜遽议撤兵。朕实不欲为黩武穷兵之事，但此次用兵所调不下二万余名，所费亦不为少，朕不肯靳惜费用，此温福、桂林所深知者。若经理不善，致此次军旅徒劳，将来仍贻后患，朕断不肯为迁就苟完之计。除飞谕汪腾龙所带之兵不必撤回，仍即前赴川省军营备用外，著传谕温福、桂林仍遵朕前次所降之旨，于平定小金川后，相度善地，设镇驻兵，方为一劳永逸。温福等纵不能计及数十年、百余年久长之策，若十余年亦不能令其帖服，即系伊等此次经理不善所致。将来索诺木或复有蠢动，惟温福、桂林是问。"

四川总督桂林等奏："僧格宗距贼巢不远，为赴美诺必出之路。贼层列坚碉，占据要隘。臣等现分兵截取卡丫，一经得手即筹剿此处。至前绘地图，只就贼紧要处粘签，兹复详绘呈览。再，喇嘛寺西、南两面俱悬崖峭壁，寺傍东向墨尔多山，经该酋封禁。应饬官兵伐木纵火，辟清山境。寺北山后间道险仄难行，距甲木十余里，中隔郭松寨。现在巴朗拉、达木巴宗等处俱经攻获，虽南路兵力未裕，贼当窘迫，谅不能为掩袭计。因与宋元俊等筹画，密抽附近各隘兵，克期进剿。"

得旨："所见俱合机宜，伫俟佳音。当乘机速入，擒获逆贼也。"

又奏："分路进剿小金川，粮驿均关紧要。从前虽设员弁，兵增则策应倍难。应专拣大员分管。巴朗拉一路，令知府江权驻卧龙关总办；甲金达一路，令建昌道白瀛驻木坪总办；约咱一路，令按察使李世杰驻打箭炉总办。"

得旨："嘉奖。"

（高宗朝卷九〇〇·页一四上～一六上）

○乾隆三十七年（壬辰）正月乙巳（1772.2.12）

又谕曰："温福等分遣官兵三路夹击，破碉杀贼，殊属可嘉。温福等将此次打仗奋勉并受伤阵亡之满洲、绿营官兵及瓦寺、木坪土司一并查明，造册送部议叙、议恤。"

定边右副将军大学士温福等奏："曾头沟为小金川后户，奉旨命与桂林酌从间道进兵夹击，以掣贼肘。查斯底叶安一带现已攻破，与未过巴朗拉时情形迥异。曾头沟一路，有兵捣其后户，直取底木达及布朗郭宗，则美诺不能守，于事有益。总兵书明阿带固原兵一千已抵维州。臣等一面咨会桂林，一面行知书明阿令带兵速赴曾头沟。并令副将色伦泰领西宁兵一千，径抵沃克什一带。俟臣等攻抵美诺，觅道往迎桂林。其贵州兵二千、陕西兵一千，札知桂林令遣赴约咱接济。"

得旨："是。"

又奏："松潘镇总兵福昌革职遗缺，奉旨著宋元俊补授。因宋元俊现在桂林军营，命臣于副将、头等侍卫及参领内拣署。查委署翼长前锋参领官达色谙练营务，请令暂署。"报闻。

（高宗朝卷九〇〇·页一八上～二〇上）

○乾隆三十七年（壬辰）正月丙午（1772.2.13）

谕曰："宋元俊自随征小金川以来，屡著劳绩，已节经加恩擢用总兵。今据桂林等奏攻克卡丫情形，宋元俊甚为奋勉。著赏戴花翎，以示奖励。都司李天佑亦甚勇往，并令桂林，遇有副、参缺出，越次奏补。其余在事出力之满汉官弁，均著查明交部议叙。"

又谕曰："桂林等奏攻克卡丫情形，深为欣慰。所称现派宋元俊等带兵攻围郭松、甲木二寨，断其水粮，以期不攻自破，亦合机宜。至所称抢占平碉九十七座、大小碉三十五座、石卡三十一处，而所剿杀之贼仅三十四名，所获只番妇、幼孩各二。且讯据番妇供称，防守碉卡约有二百余人。虽据供番民多半调往他处防守，但以现在贼众而计，以二百余人防守一百六十余碉卡，每处不过一两人，似无此情理。若以为贼人只守紧要之处，其余俱无人屯聚，则彼多设空碉又复何为？均不可解。似尚非该处确情，著桂林等查明复奏。再，前此屡降谕旨，令温福、桂林俟军务告捷后，即于章谷设镇驻兵，并于约咱及达木巴宗等处派驻副将，兼派员带兵驻守革布什咱，使打箭炉至巴朗拉一带镇营联络，声息时通。土司境壤内得有官兵横亘其中，势足控制。不特左界之土司，金川无由滋扰，即在右界土司之与金川毗近者，索诺木自亦不敢轻肆侵凌，方为绥辑番夷，一劳永逸之计。温福、桂林务遵前旨，妥协定议具奏。"

（高宗朝卷九〇〇·页二〇上～二四下）

○乾隆三十七年（壬辰）正月戊申（1772.2.15）

谕军机大臣等："据桂林奏攻克郭松、甲木情形，连得险隘碉卡，拟即乘胜迅捣贼巢，甚为奋勉。温福前奏斯底叶安山口贼碉已经攻破，统兵攻围资哩，谅亦计日可得。从此两路夹击，实有破竹之势，逆渠自可迅速就擒。但须预为设法防截，勿令其畏惧逃入金川又烦申讨，方为妥善。僧格桑就获后，即当在军营严加刑讯，凌迟示众。仍传旨晓谕，使诸番怵目警心，共知畏惧。设或泽旺此时将逆子僧格桑擒献，亦不可稍存姑息宽宥。盖小金川乃内地土司，岂宜如此跳梁梗命！若泽旺擒献逆子在官兵未进之前，或可原于格外。今贼众竟敢抗拒官兵，显然叛逆，不但僧格桑寸磔难宽，即泽旺亦应缘坐骈诛之犯。或念彼向为逆子所拘不能自主，姑可贷其一死。但不宜仍留小金川之地，即移之成都尚恐其信息易通，久或滋生事衅，莫若即将泽旺槛送进京，派员沿途严行管束，毋致疏懈。至该处番众，则照黔省古州之例，改作屯兵，令其耕作自食，不必官为给饷养赡。仍移设同知一员驻辖之，久则渐与内地编氓无异，自可永除后患。而自打箭炉至巴朗拉一路，并照节次谕旨，于章谷设镇驻兵，并于僧格宗、达木巴宗等处酌设副将、参将，而约咱等隘则量设守备带兵驻守。使内地镇营联络，声息相通，且将土司地界从中隔断。是我得控制之势，而金川弭侵伺之端，方为一劳永逸。温福等于军务告竣，即行妥办筹议具奏。"

（高宗朝卷九〇〇·页二四下～二六上）

○乾隆三十七年（壬辰）正月辛亥（1772.2.18）

谕军机大臣等："温福奏，现在围困资哩，尚未能得手，贼人俱藏匿碉内施放枪炮，若锐于进攻，恐兵丁或有损伤等语。所见甚是。资哩离贼巢甚近，贼众自必悉力守拒，官兵攻击自不可轻率，即稍迟时日亦属无妨。今早据桂林奏已攻得卡丫东北山梁碉卡五处，现在攻取达乌。攻得后自可即攻僧格宗。该处亦逼近贼巢，两路夹击，贼酋自更难于抵御。计书明阿、王万邦所带之陕、黔官兵将次可抵两处军营，官兵续有增添，声势愈壮。且乘此新胜锐气，自必倍加奋勇，剿击贼寨无难。但加兵严密攻围，绝贼水道、粮道，贼众势将自溃。惟在温福等相机勉力为之。若僧格桑窜入金川，而索诺木竟敢抗不擒献，必当移兵申讨。即令预选之健锐、火器两营劲旅迅速起程，即或更须添调邻省绿营精兵亦无不可。果能并灭金川，实一劳永逸之计，朕亦断不惜费。昨岁已拨饷三百万两，解川备用，将来并不妨再添拨三百万两。现谕户部查议，另降谕旨。此时部库所积多至八千余万，朕每以存积太多为嫌。天地生财止有此数，今较乾隆初年已多至一半有余，朕实不欲其多聚。若拨发外省公事动用，稍减盈积之数，亦属调剂之一端。将此意亦令温福等知之。"

又谕曰："据温福等奏，接奉谕旨，令将攻取巴朗拉时应赏给巴图鲁名号之侍卫、章京等查明具奏，兹查鸟枪章京瑚尼勒图、三等侍卫佛伦泰、蓝翎侍卫巴三泰、三等侍卫新达苏俱各超众出力等语。著加恩瑚尼勒图赏给多布丹巴图鲁名号，佛伦泰赏给扎勒丹巴图鲁名号，巴三泰赏给宁多布巴图鲁名号，新达苏赏给僧格巴图鲁名号。并照例各赏银一百两。"

又谕曰："温福等奏，攻取巴朗拉，贵州绿营员弁既能奋勉出力，自应一体酌加鼓励。全福、何国柱均著赏戴花翎；国兴著赏戴蓝翎。至两路军营，再著各寄花翎十枝、蓝翎十枝，嗣后有似此奋勉者，即著温福、桂林酌量赏戴，仍附折奏闻。"

定边右副将军大学士温福等奏："资哩至美诺不过数十里，但中隔木阑坝、沃克什旧寨及路顶宗、蒙固等寨，多属坚碉。去贼巢愈近，拒守愈严，势须逐节进攻，多烦兵力。"

得旨："贼巢愈近防守愈严，此是必然之势。但当鼓勇前进，断无畏难中止之理也。"

又奏："官兵现围资哩，有贼千余于南北两山险峻处建卡抗拒。资哩贼皆窜匿不出。虽督兵昼夜攻剿，阻于山险碉坚，力不能施。毁碉进攻，尚需时日。"

得旨："攻击碉卡，不致损伤官兵，自是行兵之道，然亦不可太迟。我兵之力如何？口粮、军器俱壮盛否？"

四川总督桂林奏："接奉谕旨，命将金川头人由何路来军营，宋元俊如何往金川晓谕索诺木，据实复奏。查金川头人庸仲，自噶拉依历巴旺、布拉克底、革布什咱至章谷渡河，经驻章谷官兵送交宋元俊。宋元俊晓以大义，并讯知索诺木仍在噶拉依，革布什咱系头人等带兵驻守。至宋元俊去年八月往金川，直至噶拉依，严谕索诺木。据称：'革布什咱事，系头人勾结土舍发兵。土司被戕，土舍派头人暂管地方，并不敢违拒天朝，只恳恩将革布什咱赏给。'宋元俊以现剿金川，遽饬撤兵退地，必致互相党援，因权谕令取齐众土司印结，公保一人更替，当代求转奏。索诺木敬诺。宋元俊驰回章谷。嗣巴旺、布拉克底报小金川求救金川，截我后路，当遣千总崔文杰至噶拉依谕止。查索诺木年幼，尚知畏法。自袭革布什咱，并未离巢，俱系头人等带兵占据。宋元俊在川年久，颇能取信诸酋。现闻金川取结未齐，故无举动。但恐日久变生，请添兵防茂纽、东谷、刚察、章谷等处，俟剿灭小金川后，僧格桑果窜入金川，索诺木不献凶退地，即统兵进剿。"

得旨："金川头人甚属可恶。将来索诺木退地则已，若必至用兵，此辈皆宜剿杀，不可漏网也。"

又奏："本月初二督兵从卡丫山后进攻梁上贼碉。至初四前后共攻取山梁五、大小碉六十余、卡洞十七，现攻噶尔金碉卡。仍拟寻间道抄截东北山梁，直取达乌，迅速前进。"

得旨："必得美诺，擒获僧格桑，方成大功也。勉之。"

（高宗朝卷九〇〇·页三一下～三五下）

○乾隆三十七年（壬辰）正月壬子（1772.2.19）

又谕（军机大臣等）曰："桂林等奏到土司图内地名颇多舛误，未足为据。番地名目，大率本之唐古忒居多，因令章嘉呼图克图逐一查对。并用清字译出，详注图内，寄交温福、桂林。嗣后该处土音为西番字所不能通者，并著询明该处土人，用清字对音，一并更定具奏。"

又谕曰："总兵牛天畀此次在军营亦属奋勉。如从前未得花翎，即著加恩赏戴，以示鼓励。"

（高宗朝卷九〇一·页一下～二上）

○乾隆三十七年（壬辰）正月甲寅（1772.2.21）

谕军机大臣等："昨温福将千总韩世贵押送到京，业经军机大臣询问，亦无别情。该弁前与小金川打仗被贼拘留，此等微末武弁，原不必责以大义，自可无庸加罪。著令回至川省，仍交温福随营差委。"

（高宗朝卷九〇一·页四下）

○乾隆三十七年（壬辰）正月丙辰（1772.2.23）

四川总督桂林奏："督兵齐集甲木，合攻噶尔金。共破大小碉十一、石卡七，贼逃回东山梁屯踞。其甲木山后小路，贼布卡甚密，不能绕越进攻。现与宋元俊密商，探明可绕达乌，直抵僧格宗路，设法分路进剿。"

得旨："欣慰览之。益当奋勇前进。想续增之兵亦当至营。军势加劲，自当克日擒获凶渠，伫待捷音也。"

（高宗朝卷九〇一·页七下～八上）

○乾隆三十七年（壬辰）正月戊午（1772.2.25）

谕："据温福等奏：现在攻围资哩寨，总兵马彪于北山一带攻夺碉卡，分派将备占据山梁。本月初八日三更，都司黄壮略、守备王廷玉汛地，贼人乘风大天黑潜上高坡，我兵奋力攻击，杀死多贼，馀从山坡奔窜。检点军器，黄壮略队中失炮二位，王廷玉队中失炮一位，请将该二员交部严加议处。马彪未经先事严饬，请交部议处，臣温福等调度不善，请一并察议等语。军营炮位关系紧要，该都司等虽黄夜遇贼竭力剿退，但不能守护炮位致有遗失，自有应得处分。黄壮略、王廷玉俱著交部议处。其总兵马彪驻守之处，离打仗地方尚远，且闻信亲往督剿，尚属奋勉。著加恩免其议处。至温福等大营则相距更远，一时难以查察，温福、伍岱、阿桂俱不必交部。"

谕军机大臣等："温福等奏现在攻剿资哩，贼众悉力拒守，今已觅有间道，拟俟续调兵到，分路进攻等语。所办甚是。看来资哩为贼人门户，而桂林一路所攻僧格宗，亦系贼之要险，且俱距巢甚近，贼众抵拒自必益坚。今既两路夹击，而续调官兵日渐增添，声威更壮，自可克期攻克进剿美诺。但恐僧格桑闻知各处险隘已失，窜入金川。如索诺木遵檄缚献，并退还革布什咱侵地，军务亦可告竣。朕本意原不欲穷兵远涉也。设或索诺木党恶鸱张，则势难中止，自不得不移兵进讨。即当迅速奏闻，早发京兵前往，合力集事。因思金川巢穴专恃勒乌围、噶拉依等处负隅拒守，所有官兵进剿之路，理应预为酌筹，庶省临期更烦措置。从前进剿金川，经略傅恒由喀尔萨尔一路，提督岳钟琪等由丹坝一路，将来若须进剿金川，仍当由此两路分进。温福、桂林各统一路官兵，犄角夹攻，使贼左右受困，方可制其死命。其中道路远近险夷，山川形势厄塞，及作何彼此联络策应之处，温福等宜早为留心部署。务令胸有成竹，以便临时调度，悉协机宜。但贼番等心性狡黠，其探访消息较内地尤为便捷，此旨只应温福、桂林、阿桂等数人密为筹度，其余军营将弁等并不宜令其预闻，以防泄漏。即临进兵时亦勿稍涉声张，使贼众猝不及防，庶为允协。至所讯沙拉供词，称金川曾经发兵七百相助小金川。是其与僧格桑狼狈为奸，情罪实为可恶，但此时且不必提及。若僧格桑逃至彼处，即为申明助恶之罪，使其擒渠自赎。倘意顽梗不率，庇匿逆首，则声罪致讨，索诺木更无可狡饰。

至沙拉所供'不可明向大兵打仗'之语，亦不足信。贼酋既已借兵与小金川，其打仗与否，何从辨别。总之，擒获抗拒贼番，不必别其孰为大小金川，概与骈诛。再，从前征剿金川时，正议直压山梁捣取贼巢，因郎卡窘迫投诚，遂以受降完局。今若征讨金川，必当照现办小金川之例剿平其地，永除后患，不可稍有迁就了事之见。"

（高宗朝卷九〇一·页八上～一一上）

○乾隆三十七年（壬辰）二月丙寅（1772.3.4）

又谕："据伍岱奏称，副将色伦泰、巴图鲁侍卫乌什哈达带兵前往色布色尔东大卡，与贼打仗，色伦泰阵亡，并阵亡兵二十余名，带伤兵将及五十名等语。伊等与贼打仗，阵亡受伤，甚属可悯，理宜加恩，著温福等查明，咨部照例议恤。"

又谕："据伍岱参奏乌什哈达、马彪不遵号令，请一并革职，令其效力赎罪。温福折内又称乌什哈达私离汛地，即欲办理，乌什哈达遂带兵复往占据山峰等语。伊等不遵将军号令，固不得谓之无罪，但温福即欲办理乌什哈达，亦觉过当。乌什哈达理应看守所占之处，遣兵寄信温福，不应将兵带回，此其罪也。但乌什哈达从前亦曾攻磞夺卡，今弃山冈而能复行占据，亦可以抵罪。乌什哈达、马彪俱著加恩革职留任，令其出力自赎。温福平时口吃，在朕前奏事尚不能达其意，性又颇露急躁。官兵不知其如此，必谓将军性暴，兵众难堪。又因不能即克地方，中心烦躁，不论地险雪深，一味催迫官兵。如此办理恐失军心，不可不戒也。再，行军之道固当严肃，亦应审择地势，酌量能行而后进。若不惜兵力，不论地之险阻，惟知勇往直前，恐于军事反无所益。数年以来，凡临阵退缩者，朕必治罪。然于山险雪深难于进攻之处，并未尝不爱惜官兵，惟令催促前进也。伍岱、阿桂皆系旧人，从前皆同温福历练行阵，二人亦当将此情节婉劝温福。再，此时书明阿、张大经所带之兵谅亦陆续将到。此兵到时，军威愈盛，尔等其一乃心力，共图灭贼，速奏肤功。"

定边右副将军大学士温福等奏："准桂林咨称：'原调陕甘兵，经调赴西路，南路现需添兵进剿，请将拨济甲金达之贵州兵二千改拨约咱。倘西路亦需添兵，于续调陕甘兵三千内酌留。'当即飞饬领黔兵镇将驰赴约咱，计此时已全抵军营。至续调陕甘兵，虽经桂林咨商拨补西路，因南路需兵稍急仍未酌调。兹据军需局司道禀称：'陕兵二千，由广元入川，到省即令速赴南路。甘凉兵一千，另由阶文、略阳入川，计程已抵松潘，距西路近，应就近调赴西路。'查甘凉兵既抵松潘，若令绕赴约咱，纡程疲兵，于事无济，酌令径赴沃克什。俟两路会合时，仍拨桂林调遣。再，原调陕甘兵内，西宁、固原兵均先后抵营。总兵张大经领陕兵从木坪、甲金达来，亦不日可到。"

得旨："嘉奖。"

又奏："两路官兵，现进攻贼巢，小金川可指日藏事。剿定后应择小金川要隘设镇驻兵，控制金川。至金川索诺木袭据革布什咱将来如何退出，俟与桂林会合后筹办。"

得旨："此时正以剿小金川为要，馀俟成功再图可也。"

（高宗朝卷九〇二·页二下～七上）

○乾隆三十七年（壬辰）二月丁卯（1772.3.5）

谕曰："阿桂著授为参赞大臣。仍加恩将伊子阿迪斯、阿弥达宽免回京。"

谕军机大臣等："昨温福等奏，俟将南、北两山贼众全行洗尽，即可攻取资哩等语。可知资哩即在山口，我兵若将南、北山梁占据，自高处施放枪炮，向下攻打，贼虽善守，亦断无不得者。又，昨据伍岱参奏马彪、乌什哈达不遵号令，贻误事机，而于温福等会奏折内又称乌什哈达弃所占山冈而回，温福即欲办理，乌什哈达情愿前往，旋已夺回等语。温福等三人皆在一处，而伍岱参奏马彪等折内并无温福、阿桂之名，可知其彼此不睦。现当进兵灭贼之时，同事大臣若不和衷，于事大有关系。阿桂虽系提督，要非他人可比，既同温福、伍岱联名奏事，难以诿为不知。著传旨询问温福、阿桂，昨伍岱所参马彪、乌什哈达奏折因何不列温福、阿桂之名？令其明白回奏。"

又谕曰："伍岱参奏马彪、乌什哈达折内密奏，温福自以为是，不听伊言，以致众兵寒心等语。朕以温福性躁，一时不能攻得资哩，催促官兵前进，以致众兵寒心，亦未可定。至伍岱曾从兆惠经历西路军营，又授为都统参赞，或遂轻视温福。又或伍岱竟有过失，惟恐温福参奏，故为先发制人之计。乌拉齐之恶习如此，均未可定。在将军、参赞，理宜和衷共济，方可以任事图功。今若以伍岱所参之折即寄温福阅看，伊必转滋疑惑，是以伍岱所奏夹片已经焚毁。但温福在军营实在如何举动，从前讷亲在金川时并未亲临战阵，坐守营盘，是以将伊正法，今温福日与贼人交仗，岂如当日讷亲安坐营中任性迫促官兵乎？阿桂虽系提督，然是满洲世仆，且在军机行走多年，系朕加恩弃瑕录用，温福所行之事，伍岱尚且奏及，何以阿桂反不奏闻？今伍岱所奏，彼此有何争竞，其何以不睦之故，著传谕阿桂据实密奏。看来二人在一处于军务大为无益，不如派伍岱随在桂林队内亦可。将此一并密谕阿桂，作速据实复奏。"

又谕："据桂林奏连日攻剿噶尔金前面山梁情形，并于夜间设伏击败偷营贼众及躧探路径绕越碉卡各情形，所办俱好。贼番屡次乘夜潜来偷劫，必系金川所为，甚为可恨。十五夜间截杀五十余贼，虽足稍挫其锋使知警畏，惜未能尽歼其众。即此帮助小金川一节，索诺木之罪已难轻逭。前谕桂林选派勇干之员持檄往谕，断不可少。至索诺木既与僧格桑勾通一气，亦未必不防官兵之并为剿击，固无虑此时之预泄事机致贼酋知觉准备也。现在温福攻剿资哩，已得其对面山梁，所有资哩贼寨计日可破。今桂林复寻觅间道进攻，果能得其要隘，两路俱可乘胜直入，攻剿美诺势如破竹。若即擒获僧格桑处以极刑，则诸番自然震慑，军务即可告藏。但恐逆酋逃入金川，而索诺木竟敢负隅抗命，势不得不移兵征剿。现在陕甘、贵州等省续调、添调之兵俱陆续到营，惟觉满洲兵太少。朕意或将预派之京兵二千即令起程前往，自为得济。但派遣京兵即使兼程遄进，此时亦不能迅至军营供现在攻剿之用，且京兵行动声势甚大，以此朕心尚未能遽定。况用兵之事实非朕本怀，不特金川险僻不欲穷兵黩武，即办理小金川一节，朕初意即不肯加兵。是以于阿尔泰格外矜原。若其误全出于阿尔泰一人之意，则与向年讷亲之偾事何异？是阿尔泰早经正法，又岂能仅予罢斥旋复授为散秩大臣乎？著将此详谕温福、桂林，即将现在情形通盘筹画。若索诺木藏匿罪酋又不退还侵地，不可不声罪致讨。即当奏请京兵遄往，合力剿击。俟伊等复奏到日，以定行止。"

又谕："前据温福等奏，攻打资哩，现在占住北面山梁，尽力攻击。距今又六七日，尚未将曾否攻得情形奏闻。官兵自十二月二十九日攻围资哩以来，已经一月有余，该处为贼人门户，自必悉力拒守。今日久未能攻克，恐不免师老气沮，于军务殊非所宜。昨阅小金川投诚之布尔佳供词内有'在木阑坝居住，若官兵攻过资哩，一到木阑坝，全家都活不成'之语。查图内有木南坝，似即木阑坝之转音。其地与达木巴宗不过一水之隔，距美诺亦不甚远。朕意若一面围困资哩，一面分兵竟取木南坝。若一至木南坝，即已绕出资哩之后，两面夹击，贼众势将自溃，而美诺贼巢亦更无可阻拒，较之攻剿资哩正面冒险扑碉者劳逸悬殊。如其资哩之贼出而救护，正可尽力截杀，俾无噍类。至图内木南坝向系沃克什地界，今土司色达克拉兄弟俱随在军营，其路径皆所熟悉。若用伊等为向导，自属妥便。著传谕温福即行相机妥办。"

（高宗朝卷九〇二·页七上～一二上）

○乾隆三十七年（壬辰）二月戊辰（1772.3.6）

又谕（军机大臣等）曰："伍岱密奏折内有温福自以为是，不听伊言，颇寒官兵之心等语。朕谓将军、参赞在营办事，必彼此一心，方于军务有益。今阅伍岱所奏，则已露彼此不睦之意。朕已将其折片焚毁，并降旨询问阿桂。然朕彻夜思维，倘温福知之，转生疑惧。论温福、伍岱、阿桂三人，朕自信用温福，无反信伍岱、阿桂之理。即如前日温福等奏折递到，朕先为阅看，因其办理乌什哈达颇为过当，朕即以过当批之，后始阅伍岱奏折，非因伍岱之言也。总因温福平素口吃，性又急躁，一时不能即破资哩，其心更增烦躁，所以急欲严办乌什哈达。由此可以想见其性情矣！然温福身任剿贼，其烦躁固宜，即伍岱、阿桂亦岂有不烦躁之理！此尚非温福之过，其曲自在伍岱。若使温福亦如当日讷亲在军时偷安退缩，从不一至接仗之地，但知严促兵丁进攻，则不但伍岱应行参奏，即阿桂亦当声明其故，一同参奏。朕昨日密寄阿桂谕旨，竟不必机密，即令温福、伍岱、阿桂同看。或果系温福性暴，蔑视伍岱，致寒将士之心，温福即当改悔从前之失。朕意伍岱在军营较之温福更多历练，或因一时不能攻取资哩，恐温福委罪于伊，乃以此密奏为先发制人之计。其欲自占地步，已属显然。著温福、伍岱、阿桂据实奏闻。朕办理庶务，一秉至公，从无偏倚。如此反复申谕者，正以伊等皆受朕重恩。且当军旅要务，若彼此生衅，必至误朕大事。至于此等琐细，朕亦不加深究。著传谕伊等各自屏去嫌疑，合心共济，速冀剿灭逆酋，以慰悬望。"

（高宗朝卷九〇二·页一四上～一六上）

○乾隆三十七年（壬辰）二月甲戌（1772.3.12）

四川总督桂林奏："贼屯踞噶尔金后山梁，经臣密派备弁带兵潜由甲木下沟进攻。复饬侍卫将领等分领兵伏噶尔金山下，闻枪接应夹击，歼贼六十四，夺大小石卡四十余。复攻破邦科碉卡，歼贼十五，取碉房石卡二十余。余贼溃窜树林，被东山梁贼救应上山。东山梁陡险，碉卡有金川番众屯守。若徒于此仰攻，恐稽时日。因与镇将等一面攻东山梁，一面设法渡河袭隔岸阿仰地方。并派弁兵裹粮从噶尔金后山梁赴墨垄沟山岭潜进，觅路直抵达乌。"

得旨："一切皆合机宜，伫俟大捷喜音。"

又奏："前奏攻克卡丫情形，奉谕旨以抢占碉卡甚多，杀贼甚少，命将该处实情复奏。查口外番夷，均住碉楼，随处各成寨落，栖身拒敌皆于此。其碉房枪眼，高下俱可放枪。每碉数人防守，兵便难过。卡丫系小金川要隘，各碉贼本众，因调往他处，只留二百余分碉抵御，是以碉多贼少。"报闻。

（高宗朝卷九〇二·页二三下～二四下）

○乾隆三十七年（壬辰）二月乙亥（1772.3.13）

谕曰："温福等带兵攻取碉卡，千总赵全柱力战阵亡，甚为可悯。赵全柱著照守备之例加恩优恤。其余受伤阵亡官兵，著温福等查明，造册送部，照例议恤。"

谕军机大臣等："温福、阿桂等奏，连日官兵攻剿，歼贼甚多，如我兵得进阿喀木雅，则资哩贼人即势难存聚等语，筹画甚是。据现所奏情形，似无虑贼番自后掩袭，惟当鼓励官兵奋勇前进。但当此险要之地，若惟促令官兵攻取，转致多损兵丁，于情事反无所益。是当谋出万全，即稍稽时日，亦无关系。再，所称攻得阿喀木雅，则资哩贼人即难占据。是阿喀木雅系南、北两山之要路，得此即可摧灭资哩，直攻美诺矣。倘既攻克阿喀木雅，而资哩贼人仍然死守，一时难以攻得，则酌量驻兵牵缀，温福等即带兵直取美诺。可否如此办理，其悉心筹画行之。再，朕因奏事之便屡降谕旨者，原以增益在事诸臣之智虑。但军行万里，变态多端，一时情形难以悬度。温福等但当相度事机，惟冀有济于事，又不可拘泥朕旨。现在彼处情形如何？迅速具奏。伫俟好音。"

又谕："今日阅温福、阿桂奏折不列伍岱之衔，朕疑伍岱接仗时或有挫失。及细阅折内，则仍有伍岱之名。前因伍岱单衔奏事，朕谓将军、参赞彼此不和，必因伍岱自恃军营历练，又以朕用为都统参赞，遂生狂妄；或因温福目无伍岱，至于不睦。已降旨令伊等据实复奏矣。今观此折，是非关伍岱之故。必温福、阿桂以伍岱是乌拉齐人，因藐视之。夫朕用伍岱，原以其久历军营，欲其于行间出力。至于信任大臣以图集事，岂有舍温福、阿桂反信伍岱之理！温福、阿桂皆系满洲世仆，且为朕任用旧人。若如此居心，是其识见与伍岱相等。数年以来，朕留心察看将军、大臣，往往如是。夫朕任用一人，将军等即当体朕之心，诸事含容，冀服其心而得其力，岂宜好生枝节，转开衅隙之端？温福现任将军，且加恩至大学士，更应度量含宏，随材器使，使人心禽附，将士效命，不应居心如此。著传谕令其改悔，以收群策之益。"

定边右副将军大学士温福等奏："三杂谷土司梭磨最近内地。前小金川遣人诳以大兵将讨三杂谷，致该土司等疑惧，聚演土兵。现经谕释，并将贼酋捏词煽惑、大兵专剿缘由檄示各土司。"报闻。

（高宗朝卷九〇二·页二四下～二七上）

○乾隆三十七年（壬辰）二月己卯（1772.3.17）

四川总督桂林奏："督兵攻东山梁，贼凭高固守。对面阿仰地方，贼亦沿河设卡，兵难暗渡，因令总兵宋元俊、王万邦等仍力攻山梁。派参将薛琮等领川练兵二千，令土兵引路，分两路，一由甲木翻山，一由新得噶尔金后山梁绕道，俱潜赴墨垄沟山岭，绕出东山梁后从上压取。比到齐时，贼于山脊要路凭木城、石卡坚守。麾兵奋击，占据大木城四、石卡二十一，歼贼四十六。追至半山，两峰壁立，径险仅容一人。贼拒守山卡，兵伤难进。因令薛琮等带兵暂屯，仍饬上紧设法攻开，取道直抵达乌。"

得旨："自当督饬官兵鼓勇向前，亦应爱惜兵力。勉为之，一切伫俟捷音。"

（高宗朝卷九〇二·页三一下～三二上）

○乾隆三十七年（壬辰）二月辛巳（1772.3.19）

谕军机大臣等："铁保自抵军营已逾数月，未见陈奏一事，而桂林奏事折内亦无铁保之名。铁保身系副都统，为朕特遣带领成都满兵之员，到彼已久，岂无应奏事件？若因桂林身系总督，折奏俱用汉字，则或随同列名，或另缮清折具奏，俱无不可。且桂林始由侍郎差往四川，与副都统官阶相等，今虽授为总督，亦非上官，何不可列名奏事？今绝未奏及，岂因所带兵少耶？抑或竟视为总督属员耶？著传谕铁保，令其明白回奏。"

（高宗朝卷九〇三·页一下～二上）

○乾隆三十七年（壬辰）二月癸未（1772.3.21）

谕军机大臣等："温福等奏连日用炮进攻资哩，摧毁石碉，而贼人藏入地沟死守等语。朕意用炮从平处施放，必至穿过；若从高处向下，贼即藏匿地沟亦难匿避。今温福等打毁石碉，仅余丈许石墙，我兵或做木架，占高处施放，或筑炮台向下，则贼巢无不摧毁之理。想伊等带兵数千，制造木架及堆炮台亦复不难，温福等何不一念及此？再，温福等现在攻取资哩大寨，乃贼人要路，悉力死守，一时不能攻取，尚属常事。至伍岱、牛天畀带兵攻取南、北山梁，两旁山梁之贼谅不甚多，至今一月有余，何以不能攻取？伍岱经历行阵，非他人可比。看来伊等并不加紧出力。著传谕伍岱，并令温福传谕牛天畀，一同明白回奏。至安设驻防兵丁事宜，此时断不可泄露，使巴旺、布拉克底之人闻之，或生疑惧。俟擒获僧格桑后，再筹办可也。"

（定边右副将军大学士温福等）又奏："接奉谕旨，以贼匪狡狯，大兵深入，命防后路。臣等自攻破巴朗拉进抵达木巴宗，攻破斯底叶安进抵资哩，俱于紧要处酌派将领带兵防守。惟因昭通总兵马彪由北山进兵，川北总兵牛天畀由南山进兵，重庆总兵和邦额随营经管火药、军械各事宜，仅令游击等员防范后路。今陕甘总兵书明阿、张大经先后抵营，应令和邦额赴巴朗拉一带统兵驻巡。和邦额经手各事，令董天弼接管。"报闻。

（高宗朝卷九〇三·页三下～六上）

○乾隆三十七年（壬辰）二月甲申（1772.3.22）

谕军机大臣等："现在温福等攻取资哩，令伍岱、马彪攻北山梁，牛天畀攻南山梁。满大臣带兵最为得力，南山亦应派满大臣一员，协同牛天畀进攻，何不派常保住？从前常保住在总兵任内，因其染绿营习气，朕特调回，授为副都统，遣往军营效力，理应诸事奋勉。此时谅在温福队内，温福屡经奏事并未提及。著传谕温福，将常保住曾否得力之处，据实奏闻。"

（高宗朝卷九〇三·页六下～七上）

○乾隆三十七年（壬辰）二月乙酉（1772.3.23）

又谕（军机大臣等）："昨温福等奏，僧格桑差人投禀，其词悖妄可恶，不应给与回文等语。自应如此办理。至所差赍禀贼番，理应严加刑讯，究取确情，即行正法，而温福等并未办及，殊不可解。业经降旨饬询。今思温福等凡有拿获贼匪及投降番众无不讯取供词附奏，何独于赍禀之贼不置一词？此必伊等因围攻资哩急难得手，适有僧格桑递到之禀，遂借不给回文一语以探听朕意，而又不敢明言其故。若朕语意稍有宽假，伊等又不知作何迁就招降急图完局！此等伎俩岂能于朕前尝试。小金川乃内地土司，敢于违约拒命，罪在不赦。即或一时攻剿未能即破，亦当实力设法攻击。务必得其要隘，捣穴擒渠，以藏此役。岂宜复有游移乎？阅温福等所奏，并不叙及投禀贼番下落，甚属含混。若竟系伍岱差人接禀，听贼番仍复回巢，置之不问，则伍岱办理亦属大谬。至温福以大学士为副将军，纵使僧格桑欲投文禀，亦当遣其头目到营恳求，方合体制。若贼酋藐视将军，仅差人于营外高呼，掷以一纸，温福亦何至甘心受其轻慢！即系伍岱办错，亦当札询伍岱，向其理论，并将伍岱附参。又何以恬不为怪，默然隐忍若此？更不可解。著温福一并明白速行回奏。"

又谕："昨据温福等奏僧格桑差人送禀，经朕降旨询问，温福等理应将送禀贼人拿获讯供具奏，何以并未取供？今细阅温福等奏折，贼番丁伍岱营前卡外屡称有话，伍岱差土练一名询问，因据贼番告称，伊土司有禀呈递，尚恳将军大人等赏给回书，即将贼禀传入等语。看来僧格桑此禀初非差人致送，惟于卡外喊叫，伍岱即令人将禀传入，转送温福，并未将呈禀之人一并拿送。如贼果穷蹙畏惧，呈禀乞命，必须专使前来。即当将送禀之人拿获严讯，亦可得其实情。今惟于卡外喊叫，明系试探，伍岱理应置若不闻，奋力攻取，使之丧胆。岂有反令人取禀之理？如此何能示天朝军威之大？朕以伍岱阅历行阵，尚知奋勉，故特授为参赞，差往四川军营，伊岂见不及此？今伊领兵数千一月有余未能攻克山峰，而贼于卡外喊叫即取其禀，心存了事，实属错谬。著传谕伍岱，贼番系差何人，彼时如何情节，因何未将呈禀之人一并拿获及如何差人取禀之处，即速明白回奏。"

（高宗朝卷九〇三·页一〇下～一三上）

○乾隆三十七年（壬辰）二月丙戌（1772.3.24）

谕："著派乾清门侍卫音吉图、德赫布、百灵阿、蒙固尔、和隆武、乌尔图纳逊、巴雅尔、阿尔都及健锐营副前锋参领图钦保，二等侍卫额林普尔，三等侍卫华善、伊尔苏拉、宁珠布，蓝翎侍卫拉汉保，副护军参领西兰保、额尔金，均令护军统领明亮带往四川军营，分带官兵进剿。"

又谕："据桂林奏称，贵州兵数尚多，可以再调，且与川省接壤，行程亦能迅速，请再敕该省，密调兵三四千名，听候需用时调取接济等语。著传谕图思德、拜凌阿，于该省兵丁内精选勇锐可用者三千名，将应带军械、火药等项预行妥备，派总兵李煦带领。一俟川省飞咨调取，即令迅速起行，遄程赴川，毋稍迟误。"

（高宗朝卷九〇三·页一三上～一五下）

○乾隆三十七年（壬辰）二月丁亥（1772.3.25）

谕曰："色布腾巴勒珠尔著授为参赞大臣，同丰升额由驿前往四川军营，查办伍岱案件。"

谕军机大臣等："温福奏伍岱种种任意乖谬妄行。著派御前大臣公丰升额、参赞大臣固伦额驸色布腾巴勒珠尔前往军营，将所降谕旨至温福处当面晓谕，并询问伍岱。此等情事如果属实，即革去参赞大臣，作为兵丁自备资斧效力。"

又谕："前因川省进剿小金川，节经降旨派拨陕甘兵丁六千名前赴军营，听候调遣，已据奏报陆续到营。现在两路深入，进逼贼巢，自可克期奏捷。今据温福等奏称，若将来办及金川，尚应酌派兵力。昨据桂林奏到，已谕令贵州抚、提等预派兵三千名，听候川省调发。著传谕文绶，即于陕、甘两省绿营内再行选派勇锐可用之兵三千名，将应带军械、火药等项先为妥协备办，并于两省总兵内酌派可以带兵之员预备带领。一俟川省咨调时，即令迅速启行，遄程赴川听用。将此并谕温福、桂林知之。"

（定边右副将军大学士温福）又奏："接奉谕旨，以伍岱参奏马彪、乌什哈达折内无臣等名，恐与伍岱不和，令明白回奏。伍岱久在西北两路，熟于打仗，此次参赞大臣初止伊一人，若不和衷，何以济事。但伍岱系乌拉齐中精敏者，建功即夸张，有不妥即推诿属下。至伍岱参奏马彪、乌什哈达，臣未列名，实因情节不至于参。面向伍岱言：参人须明白，方可具奏。伍岱径自缮折拜发，故未列名。又，伍岱奏臣不听伊言，致官兵寒心。臣与伍岱诸事共商，即有时严饬误事官兵，或讲论军务，伍岱在旁，除唯诺并无一言。伍岱于何时告臣之处，自问实不记忆。又，初攻巴朗拉时，四川绿营兵惊乱，伍岱不但不能禁约，转撤囊先退。自称中石发晕，被人扶回，旋又寻衅委署护军参领巴彦泰泄忿，经臣阻止。又，与总兵福昌带兵驻巴朗拉左山，伍岱队内兵夜被贼冲乱，委咎福昌，在臣前忿争。又，初攻巴朗拉时未能取胜，伍岱便欲撤兵。及克巴朗拉，即欲见功，不俟携粮星夜领兵前进，沿途漫无纪律。幸贼先溃，转妄报战功。现驻兵北山梁将及一月，未能攻取资哩对面山峰。又，前自成都来营，一路骚扰，抢夺驿马。到营多将满兵作亲随，素识侍卫、章京，护庇代为争功。"报闻。

参赞大臣署四川提督阿桂奏："副将军温福性本急躁，又因剿贼未即成功，督率言语未免过严。侍卫、将弁等虽怀畏惧，不致寒军士之心。待伍岱亦无藐视形迹。伍岱虽久经战阵，但不晓大体，性好猜防。至参奏马彪、乌什哈达，并未送臣会衔。臣亦以为不应参奏，故未列名。"报闻。

（高宗朝卷九〇二·页一六上一二〇下）

○乾隆三十七年（壬辰）二月戊子（1772.3.26）

谕曰："副都统富勒浑，著加恩赏银一百两，无庸请训，明日即驰驿，追及派往四川军营现已起程之护军校巴克青阿等，一路约束前往。到彼后，著温福等酌量令其领队行走。"

又谕曰："色布腾巴勒珠尔系参赞，温福系将军，自应列名于温福之后。伊等到军营当遵朕训谕，一体和衷办事，不得挟分妄争，致误军务。至丰升额昨奏请在军营效力，朕谕以到彼十日，察看情形，即行回京。再，伍岱抢夺驿马，于打仗时又先行退回，假称中石发晕，甚属不堪，本应即行正法。著丰升额、色布腾巴勒珠尔到军营时严审，务得确实情形，定拟具奏。如不得实供，即加刑讯，不可稍为姑容。昨伍岱折奏即封交丰升额、色布腾巴勒珠尔，一并审讯。"

（高宗朝卷九〇三·页二一上～二三下）

○乾隆三十七年（壬辰）二月壬辰（1772.3.30）

谕："据温福等奏称，蓝翎侍卫三达勒在德尔密地方打仗阵亡，又副都统莽喀察前因受伤留卧龙关调养，伤发身故等语。副都统莽喀察从前在巴朗拉奋勉打仗，手腕受鸟枪伤，朕曾降旨令伊回来。今伤发身故，甚属可悯！再，三达勒此次在德尔密地方奋勉打仗阵亡，亦属可悯！莽喀察、三达勒俱著施恩交该部照阵亡例议恤。"

谕军机大臣等："温福等自二月十八日奏到攻剿情形后，距今十日，尚未见续奏曾否攻克。贼番既恃地窖为藏身之固，枪炮平击，难以施功。若于逼近贼寨对面或立木架，或筑石台，高出贼寨，架炮自上临击，必可直透地穴，贼众复安能潜匿！此亦因势制宜之道，胜于坐守需时。况垒筑碉卡乃番人长技，现在随营之沃克什、巴旺、布拉克底、明正等各土练皆所优为，而石块又山中自有，无须搬运，筑台更非难事。若系初至其地，尚可云迫于时日。今自去岁腊底即围资哩，计期约已两月，设法筹办，何事不可为？乃仍坐守无策，听贼众之穴处抗拒，实为非计。温福等亦曾见及此否？果何所惮而不为？抑专恃分兵掩击，转置垂破之碉根于不问耶？著传谕温福等相机妥办。设竟万难措手，即当集兵严围，攻击勿懈。贼众疲于支拒，断不能复事耕作，久之粮食匮乏，必将自溃。即持以半年、数月，官兵不过多费粮饷。今又拨银三百万两，解川备军需之用，供给无虑不敷。而贼众困守穴中，渐致饥馁，势必不能久据。是攻隘破碉，捣其巢窟，即稍需时日，亦非难办之事。第恐贼酋窜入金川，便难中辍。现在攻剿情形若何，迅即据实具奏。"

（高宗朝卷九〇三·页二九上～三〇下）

○乾隆三十七年（壬辰）二月乙未（1772.4.2）

山西巡抚三宝奏："大兵进剿小金川，军务紧要。通川驿路经饬员修理平坦，其河桥因水势湍急桥桩不能存立处，亦俱饬预扎木筏备渡。"

得旨："嘉奖。"

（高宗朝卷九〇三·页三九下～四〇上）

○乾隆三十七年（壬辰）三月庚子（1772.4.7）

谕军机大臣等："前据桂林奏进攻东山梁、墨垄沟情形，此两处俱地险而窄，虽有多兵，猝难施力。而温福前此奏到资哩一带山隘均可分路攻剿，需兵甚为紧要，现有之兵尚不敷调派。因谕将续到打箭炉之陕甘兵一千名迅往温福处听用，并传谕贵州抚、提等，将拣派预备之三千兵即行起程，亦速赴西路军营备用。今桂林奏现拟袭剿革布什咱，既可控制金川，兼可肃清我兵后路，似亦一策。但仍需五路分进，兵数似不能太少。而陈定国往绰斯甲布订期会攻，往返不过二十余日，为期甚速。是打箭炉所驻之陕甘兵一千，又不便调往西路，仍须留与宋元俊带领应用。至桂林奏临时或尚须添兵策应，再行酌调黔兵等语。黔兵昨已调赴温福军营，桂林若必须添兵，即与温福飞札相商，于前项兵内酌拨千余往南路备用。但如此则温福处兵数仍恐不敷。昨已有旨，令文绶预选陕甘兵三千名听调。若果需兵，温福即可星速行知该督，先调一二千名应用。所有调兵事宜，著传谕温福、桂林迅速札商，通融妥办，毋得稍存畛域。又，桂林奏请招商协运军粮，亦属权宜之计。但所称官运与商运并行，民力愈纾，且无妨于农务等语，则不可解。番地跬步皆山，军粮难以骡马驮装，即商运亦不能不需人背负，何独于民力有益？或因官运有一定脚价，商运估值较增，小民得以多沾微利，因觉宽纾。果有此情形，自当据实奏闻，不应隐跃其词。且招商亦不过令其承办，至运脚仍须取给于官。是官运商运名虽异而实同。且以官加之价，而令商居其名，殊觉非体。川省并无殷商，恐其中转不无借以牟利。何如官为明增价值，俾小民知恩出自上踊跃乐从乎？著桂林即速据实复奏。"

（高宗朝卷九〇四·页八上～一〇上）

○乾隆三十七年（壬辰）三月壬寅（1772.4.9）

又谕（军机大臣等）曰："温福等奏攻资哩情形一折，虽数日间颇有斩获，而资哩贼寨尚未攻破，恐致师老而疲。前已屡次传谕，令于贼碉对面或结木架，或砌石台，架炮于上，俯临贼碉轰击。贼番虽匿处地穴，而我炮力自上击下易于直透，穴内之贼必不能当，势将惊溃，自属最善之策。不知温福接奉前谕曾筹办及此否？又，据脱出之沃克什番民供称，闻僧格桑欲往布朗郭宗，与泽旺商量，并金川遣大头人丹巴沃咱尔到美诺后，亦欲前往等语。逆酋欲同金川头人往其父处，自必商同由彼逃入金川。而索诺木又公然助兵党恶，将来问罪之举恐难中止。自当厚集兵力两路夹攻，一并扫荡贼巢，以靖边徼。昨已谕贵州巡抚、提督将预派之三千兵遄程赴川，并谕温福等，酌量两路分派。其文绶预备之陕甘兵三千亦令温福量为调取。若核计需兵尚多，即一面飞咨全调，总期于事有益。至现在攻围资哩兵数尚少，自未便锐意深入。若各省后调之兵到齐，则兵力更足，而色布腾巴勒珠尔又带同熟习领兵之侍卫、章京等前往军营，声势壮盛，将士亦必倍加厉勇。如彼时业已攻破资哩，正须为捣穴擒渠之计。若贼仍坚守抗拒，则当派兵分路剿击，使其疲于支拒。且贼番既潜匿地穴，正可选集精锐，乘其不觉，冲过贼碉。而大兵复在后为之声援，贼众自皆丧胆。若贼番从碉内逸出，即用鸟枪尽歼其众。我兵且行且击，亦属便利。再，据脱出之番人供称：'闻小金川言，现在官兵两路夹攻，一两月内尚可支持，日久不能抵御。'是贼现虽舍死拒守，其粮食已不能久供，又无暇兼务耕作，食尽之后难以复支。我兵即专务攻围，贼尚不能持久，何况添兵分进剿击不懈乎？温福等惟当相机妥办，克期集事。至袭取革布什咱一事，既可掣金川助兵之势，并可绝索诺木冀幸之心，自为两得。桂林惟当与宋元俊熟筹，妥协办理。"

定边右副将军大学士温福等奏："前因巴朗拉一带系大兵后路，添派重庆镇总兵和邦额往驻。嗣据禀称，达木巴宗地方，南、北两山均通贼境，巴朗拉北山小路通德尔密，木耳宗通别斯满，惟日隆宗处巴朗拉西、达木巴宗东，北通毕旺拉，南通德尔密，须该镇亲驻巡察。因饬令加紧防范，以免疏虞。"报闻。

（高宗朝卷九〇四·页一二下～一五上）

○乾隆三十七年（壬辰）三月乙巳（1772.4.12）

兵部等部议准："前仕大学士管四川总督阿尔泰奏称，大兵进剿小金川，一切文报紧要，驿马不敷差遣。请将南路自新津至打箭炉十站每站添马二十，西路自成都至汶川县向无驿站，应酌设，成都设马三十，郫县至汶川县设八站，每站马二十。一马给价八两，二马雇夫一名。棚厂、草干等项照例分别支给。事竣裁。"从之。

定边右副将军大学士温福奏："前奏僧格桑差投番禀一节。缘二月初六据伍岱遣员送番禀到臣，当传询伍岱遣接番禀之土外委那木喀塔尔及同往土把总阿桑。据称：'因照料下山取水兵，闻贼番对山叫唤，禀知参赞。参赞委那木喀塔尔查问，贼番言明日头人来递禀帖。次日小金川头人阿塔尔带领多人在沟岸取禀帖夹树枝中插地而去，那木喀塔尔取回。'臣以大兵进剿或可借察贼情，虽不回谕竟取阅看。但伍岱处差送番禀，未将投禀贼拿送，臣又未札询附参，实属愚昧，并不敢存苟且完事之见。"报闻。

又奏："接奉谕旨，命高建木架放炮下击贼碉，使贼无能藏匿。查资哩碉寨在两山间，就山麓设炮，较木架尤得势。但贼寨地穴，据俘获贼供，面横巨木，木上填土，土上铺石，穿穴出入，昼藏穴中，夜出修葺轰损处。官兵进攻，贼出伏墙根，由墙孔放枪抵拒，故屡攻不克。此时拟夜间更番施炮，不令偷暇修筑，庶易攻取。再，大兵占南山者，已围贼寨西、南两面，断其援路。惟北山中路，贼占得地利，此路若断，资哩贼必溃。现拨兵筑卡，断其中路。并分兵据守两路要害，防贼从僻路偷过我军后，据高反扰。"报闻。

又奏："前奉谕旨，令遣常保住同牛天畀带兵往攻南山。查常保住……虽奋勉领成都兵围攻北山，因其有疾，另派巴图鲁章京德保协同办理。至南山虽遣牛天畀同绿营将备前往，仍派巴图鲁章京额尔塞等同督官弁进剿。"报闻。

（高宗朝卷九〇四·页二三上～二五上）

○乾隆三十七年（壬辰）三月丙午（1772.4.13）

谕军机大臣等："温福等奏将投诚之彤锡夫妻，解往成都居住，所办尚为未善。此等投诚之人，询系实情，应即赏给职衔，留于军营量力差遣，不应解往成都。盖番地系其所熟，正可使向道而行，且借以招谕诸番，亦为得力。而其余番众，见天朝施恩于投诚之人，愿降者必众。从前平定准夷、回部，皆如此鼓励差遣。今若解往成都，非惟不能得力，且使其余番众不知将彤锡如何处置，反至畏疑不前，于事甚为无益。温福、阿桂从前于西、北两路均经阅历，而此等事又为将军、参赞所应办，温福等何以计不及此？著将彤锡之妻留于成都，善为养赡。其彤锡赏给蓝翎并银五十两，即令仍往军营，候温福等酌给行粮，量力差遣。嗣后如再有投诚之人，俱著照此办理。至将来投诚人内如有大头人，即将赏去花翎、蓝翎酌量赏戴。若以伊等俱系新投，不可深信，则派出可信之人带以行走，伊等复何能为？或生有异心，亦不难即行诛戮也。"

（高宗朝卷九〇四·页二五下～二六下）

○乾隆三十七年（壬辰）三月丁未（1772.4.14）

又谕（军机大臣等）："前年阿尔泰恐有奸人至内地探听信息，故禁绝番人进口。朕思所办原未妥协。番民每岁下坝佣工，借以糊口，几视为常业。若因征剿小金川，禁止佣工，致失谋生恒业，实为非计。朕意下坝一事似应仍循其旧。且三杂谷与小金川番众本自易于辨别，不虞混淆。若小金川贼番果有托名混入内地者，原可随时擒捕，亦毋庸鳃鳃过虑。阿尔泰从前筹办及此，未免因噎废食。著温福、桂林询明阿尔泰，妥议具奏。至就两金川现在情形而论，两酋联结甚固，实有不得不并办之势。进兵路径，即宜预为筹画。如丹坝、噶拉依之外，或尚有可以进兵者，密为查明。并将金川四至通连之处，详晰绘图呈览。"

（高宗朝卷九〇四·页三〇上～三一上）

○乾隆三十七年（壬辰）三月癸丑（1772.4.20）

谕军机大臣等："温福等奏攻剿南、北山梁情形，并将原发图样粘签复奏。图内称：'阿桂在北山驻兵，已筑石卡七处，自上达下，直压中路。'与朱笔标识之道相合。所据既已得势，自可断贼人由西至东之路。但邀截固属紧要，仍当分兵攻剿资哩西北一带贼碉，抄袭资哩之后，使山岩大石卡之贼不能接应，方为扼要。再，资哩之东，官兵现在安营设炮。或从该处分兵攻打资哩北面之碉，并断贼番从北山上来往之路，官兵两路夹击，北面碉内之贼自不能支。此碉 得，则贼番必不能复为援应，资哩即当立破。设或贼番下山，正可乘势掩杀，自属制胜机要。今于图内复用朱笔圈识，著发交温福、阿桂按朱批指示之处酌量情形，相机妥办。"

又谕曰："铁保在军营效力，经朕降旨询问，只将放官之事具奏。其现在征剿情形，全未奏及。铁保身系满洲奴仆，所带之兵虽少，当奋勇直前，遇应奏事件亦宜具奏。乃不知奋勇，自侪众人，是何意见？此事原有桂林办理，朕原不责成于伊，伊即不奏及，无甚关系，朕今亦不值向伊言矣。著传谕铁保，此时伊但领满兵随桂林行走，攻成之日，视伊曾否出力再降谕旨。"

又谕曰："乾清门侍卫彰霭，自到军营甚为奋勇。著赏给托克莫忒巴图鲁名号，仍照例赏银一百两。"

定边右副将军大学士温福等奏："前拟派固原兵同三杂谷土兵由曾头沟进剿底木达，先擒逆酋父泽旺，并断美诺接应。嗣因三杂谷兵不能派，固原兵亦改赴西路，中止。兹奉旨令阿桂俟新调贵州兵三千到川，即统剿底木达。应俟到日审度官兵已攻抵何处，酌量道路，阿桂即统兵进剿。"报闻。

又奏："本月初五，潜由特克裕尔山进至德尔苏山峰附近察看形势伏兵。令侍卫、章京等带兵作攻阿喀木雅势，贼出接战，截杀五六十，伤者更众，余贼窜回寨卡坚守，暂息兵力，仍相机迅捣贼巢。"

得旨："嘉奖。"

（高宗朝卷九〇五·页五下～八上）

○乾隆三十七年（壬辰）三月乙卯（1772.4.22）

谕曰："温福等奏攻克资哩贼寨，杀贼甚多，现在攻围阿喀木雅等语。温福、阿桂调度有方，将领等亦能奋勉出力。从此军声益振，自可乘胜迅捣贼巢，速擒逆竖，深为嘉予。温福、阿桂及在事之侍卫将弁等均著交部议叙。"

（高宗朝卷九〇五·页八下）

○乾隆三十七年（壬辰）三月丁巳（1772.4.24）

四川总督桂林奏："接奉谕旨，以温福军营止存兵二千，命将臣处续调甘凉兵一千拨赴资哩军营应用。查此项兵前月全抵打箭炉暂驻，因革布什咱内应有机，令甘肃参将常泰领由喀勒塔尔一路进攻觉拉喇嘛寺及党哩地方。此时正分头攻围，万难调撤。请将奉旨调拨黔兵三千，饬员赶赴西路军营。"从之。

（高宗朝卷九〇五·页二〇上～下）

○乾隆三十七年（壬辰）三月甲子（1772.5.1）

又谕（军机大臣等）曰："桂林奏攻得扎哇寨崖下碉卡情形。设法调度，深合机宜，不意其竟能如此，实嘉慰出于望外！至所奏攻复革布什咱之沙冲、党哩，亦俱妥速。今宋元俊督兵攻围丹东，并分兵攻取觉拉喇嘛寺，据称务于日内全行收复，克期竣事。其意似以收复革布什咱后，即并小金川，迅为扫穴擒渠，便可完局。此于善后之计尚未为周妥。索诺木敢于党恶不法，实属野性难驯，若不一并剿除，终难保无后患。且既将所侵革布什咱之地尽行攻得，又戮其留驻贼番，索诺木岂肯甘心不思报复？不能不驻兵防守。但大兵既撤之后，革布什咱一处不便仍驻重兵，倘索诺木出而争夺，少有损失，又复成何事体？自不若乘此并力剿定金川，将索诺木兄弟概行擒获，方为一劳永逸之计。温福、桂林务当通盘筹画，相机妥办，以期永靖边圉。"

四川总督桂林奏："前因军营添兵，运米需夫，恐民力不继，奏请招商协运。奉谕旨，以官价令商居名，恐借端牟利，不若官明增价，俾民乐运。查各路现用民夫数万，若官加价，必三路全加，费浮商运。且商运夫无口粮，较官运节省。虽川省商非殷实，因脚价敷足俱愿承充。请照乾隆十二、三年例，凭商领运。仍饬地方官将定价晓谕民夫，并严查各商，不令克扣。"

得旨："有此情节，即如汝所议办理可也。"

又奏："前因东山梁及墨垄沟山岭贼坚拒守，拟暂停枪炮，乘懈袭击。讵贼狡黠，未见撤退。因密派侍卫、镇将等领满汉兵练自东山梁、墨垄沟进攻，另派弁兵夜带梯绳潜赴扎哇窠山梁，去山沟贼卡稍远处绾伏崖下林内，次日齐发。贼惊窜对山各碉拒守，官兵夺据山沟大碉一、石卡二十一。现督兵攻山沟对面碉卡，兑则乘势进取阿仰，并分饬东山梁、黑垄沟将弁合击。俟一路得手，即乘机直入。"

得旨："嘉奖。"

（高宗朝卷九〇五·页三〇上~三二下）

○ 乾隆三十七年（壬辰）三月乙丑（1772.5.2）

谕军机大臣等："温福等现已攻得阿喀木雅，渐逼贼巢。沿途碉卡甚多，均须分兵攻击。而桂林一路现派宋元俊收复革布什咱，均须多兵策应。且平定小金川后，或应并办金川，则兵力更当加厚。今事势既难中止，不可惜费，自宜并力妥办，以期一劳永逸，方为长策。第贵州兵数不多，且系苗疆，前后已调过八千，自不便再行调派。而湖广兵素称怯弱，又不能适用。惟陕甘兵多精壮，距川省亦不甚远，莫若仍于该省预筹添调为妥。著传谕文绶即速于陕甘各营内再选派兵二三千名，将官兵应带械仗各项悉为妥办，并拣派堪以带兵大员照前预备，俟川省飞咨需用即令迅速起程。至温福、桂林如果尚须添兵，即一面妥商飞调，一面奏闻。"

（定边右副将军大学士温福等）又奏："接奉谕旨，以梭磨土妇卓尔玛差喇嘛密告金川帮兵将劫西路军营，命加意防范。臣等自攻过阿喀木雅亦料贼潜扰，严饬各将领防范。贼虽窃发数次，俱经击却。至大兵后路达木巴宗以东各处，先经酌留官兵，令总兵和邦额带驻。今因深入，复派董天弼带兵防守资哩旧营。臣等现分路进剿，贼支拒不暇，谅难绕出曾头沟一路断截粮道。惟贼番现据喇布楚克山梁，山下木阑坝卡栅层列。又，北山普尔玛寨西美美卡，碉尤坚险。各该处均进兵扼要之地，务督兵攻克，以便前抵沃克什旧寨。"报闻。

参赞大臣尚书公丰升额等奏："本月十三自成都起程，十九抵阿喀木雅军营，宣旨将伍岱事一一当温福质问。已认者，缮单先呈御览；未认者，一面严审伍岱，一面唤齐伍岱事内应质之人。质审果实，即遵旨将伍岱革职审拟。伍岱现交侍卫明仁等看守。"报闻。

（高宗朝卷九〇五·页三二下～三五上）

索诺木借兵与小金川，僧格桑拟逃往金川，清廷筹议进剿金川，分兵收复革布什咱

○乾隆三十六年（辛卯）十一月庚申（1771.12.29）

谕军机大臣等："现在进剿小金川，总以速擒逆酋为最要。盖僧格桑之敢于抗拒，恃与索诺木狼狈为奸。若僧格桑就擒，不但小金川可以永除后患，即索诺木亦必闻风畏惧，其事更易于完结。设或僧格桑见我兵势盛，自度力不能支，逃入金川藏匿，自不得不向其勒索。若金川即将逆酋献出，并将所占之革布什咱退还，原可置之不究。倘索诺木顽梗负固，敢与小金川党恶，抗不擒献，其势断难歇手。小金川乃内地土司，岂容其抗命逭诛，即金川亦曾受土司印信，非如从前阿睦尔撒纳、舍楞之逃入俄罗斯可比。若竟释而弗问，何以震慑番众，绥靖边陲！朕非喜于用兵，乃温福等在军机处所深知者。且现在西北诸部蒙古、回人尽为臣仆，幅员不为不广，岂肯于蕞尔蛮陬复轻黩武！第万一两金川勾结，窜匿稽诛，则金川即属叛党，势不得不移兵申讨，又岂可因其地险畏难中止乎！昨据阿尔泰奏，有'宋元俊探知小金川差人求金川发兵阻截大兵粮道，经宋元俊译谕，索诺木不敢帮助小金川'之语。虽不足信，但其外貌尚不敢显然抗违。温福等当酌量机宜，或有应檄谕索诺木不使结连滋蔓之处，不妨令宋元俊设法开诚晓谕，俾其遵奉教约。但须察索诺木果出诚心，方可宥其已往。倘或贼情诡诈，暂时面从为缓兵之计，则断不宜于轻许。盖两金川之敢于抗违，实由阿尔泰等连年姑息因循，致逆酋毫无忌惮。即前此办理金川之事，亦不过将就完局，未能大示创惩。而索诺木、僧格桑又皆顽稚无知，不能如郎卡之畏威知罪，自不可不加之整饬。若复如当年办理金川之

曲示包容，或我兵甫退，贼众复屯，无论往来剿击徒涉烦劳，且复成何事体！至所云小金川欲求金川发兵阻扼大兵归路之处，谅不至如勒乌围、噶拉依之险，贼能来，我亦能往。当于何路派兵直入，或可直捣贼巢易于攻取，温福等应留心措置，以收扼要之益。再，山川形势乃行军先务，前谕阿尔泰等绘图呈进，已经两月有余尚未奏到，温福、桂林务即速为办妥进呈，庶可悉其地理。至将来若尚须征剿金川，则现兵续调者恐不敷用，温福等如亟须添兵备用，速行奏请选派京兵前往。既已用兵，即不当惜费，朕于军旅大事从不少靳。况兵多而速于成功，较之兵少而老师糜饷，其相去更不可同日语也。今阿尔泰已经罢斥，此事专属之温福、桂林。伊二人当实心任事，勉力为之，克期奏绩，以副恩眷。"

（高宗朝卷八九七·页二三下～二六上）

○乾隆三十六年（辛卯）十二月甲戌（1772.1.12）

又谕（军机大臣等）："昨桂林奏进图内，有'僧格宗碉卡亦大，且逼近美诺桥，与贼巢要隘相接'之语。今分兵攻取，是否可以越过其地，未能深悉。著桂林等将现在已经攻得某地，进至某处各情形，迅速驰奏。至此次办理小金川一事，本非得已。小金川以服属土司敢于跳梁肆恶，抗拒官兵，非捣穴擒渠不足以示惩创。况僧格桑拘制其父，豕突鸱张，尤为天理所不容。今大兵分路进剿，设使僧格桑势穷力迫窜入金川，而索诺木冥顽梗化，桀骜不驯，其势断难中止。岂可一任两凶竖狼狈为奸，渐致蚕食邻近土司，甚或扰及边境，尚复成何事体！我大清正当全盛之时，中外一家，岂容近徼弹丸独逸化外！此时及早儆戒，尚不致漫无底止。温福、桂林不可不深体此意也。至桂林等日前奏到之图，详细较阅，总觉约咱近于美诺，而巴朗拉较远。复将金川方略旧图参阅，其形势约略相同。何以温福等反指巴朗拉为正路，得毋轻信向导人等之言，致有歧误耶？温福等再行确按方位，详绘一图。并将内地有印土司如沃克什、小金川等共有几处，及郭罗克等番人又有几处，其金川之外又系何地，逐一查明绘入，详细粘签贴说，使指掌了然，不可舛漏。再，将来平定后，或如青海、西藏之例，专派大臣一员驻扎明正地方，责其管理一带番民交涉事件及一切军务、番情、驿站等项，于边务似为有益。是否可行，必须详核该处实情，难以悬定。又，番地名字多系西番语音，如刮耳崖等名，其本音并不如此，皆系绿营字识信手妄书，遂至差之毫厘，谬以千里。方今一统同文，凡属旧部新藩地名，无不悉协本来音韵，岂有边徼诸番，转听其名译紊淆之理！此等西番字音，必当以清字对之，方能悉叶。此后应将番语译出清字，再由清字译出汉字，始不至如前此之鄙陋可笑。以上各件，温福、桂林宜逐一留心查办，详细奏闻。"

（高宗朝卷八九八·页一六上～一八上）

○乾隆三十六年（辛卯）十二月戊寅（1772.1.16）

又谕（军机大臣等）："据莽古赉等奏，土司索诺木差往藏内熬茶之人，不宜照常遣回，已派干练诚实之人随从防守，送至打箭炉，并咨会阿尔泰等语。所办甚是。现今正筹办金川，索诺木所遣之人岂可遣回原处！阿尔泰接咨并未具奏，殊属非是。阿尔泰办理金川，始终苟且了事，意存姑息，全不细心，理应从重治罪，但朕初意亦不欲办此事，是以未治其罪，留在彼处效力行走。近因攻夺贼碉，用伊所铸大炮甚为得力，复加恩赏给散秩大臣职衔。阿尔泰倘不感戴朕恩竭情尽力，必将伊从重治罪。著先传旨严行申饬。"

（高宗朝卷八九八·页二六下～二七下）

○乾隆三十六年（辛卯）十二月己卯（1772.1.17）

谕："办理小金川一事，总由阿尔泰一味意存迁就，致逆酋不知畏惧，遂成养痈之患，不得已于申讨。前已降旨宣示，而朕不欲用兵之本怀，众尚未能悉喻，不可不明白申谕。前此绰斯甲布各土司间与金川交哄，节经督、提等戒谕辑和。朕以番蛮彼此仇杀习性使然，亦只可随宜驾驭，不足烦弧矢之威。昨岁小金川与沃克什土司构怨攻杀，经阿尔泰、董天弼亲往查办，朕复以蛮触相争互存曲直，不宜有所偏向，轻议加兵。及阿尔泰等既至土境，僧格桑随即悔罪受约，退地归巢，遂亦宥其既往。孰意僧格桑怙恶不悛，抗违教约，复乘间攻围沃克什，并侵及明正土司地界。是逆酋竟视督、提为专事调停，肆无忌惮，岂可复以口舌化诲！即使其仍前面从，勉强敛迹，而我兵甫回，贼复滋衅，致令封疆大吏仆仆道路，为彼和事之人，成何事体！况小金川以服属土酋敢于反复不驯弁髦国理，此而不声罪致讨大示创惩，则懦弱者几无以自存，而犷悍者必效尤滋甚，朝廷之威令复安在乎？揆其情形，今昔异宜，不得复执从前专务抚靖之说贻误边圉也。乃阿尔泰始终不度事机，一味欲从姑息，已不能善体朕意。及朕知其事难于中止，屡谕督促进兵，而阿尔泰锢守前见，观望迁延，旷日玩寇，致逆酋得预作准备，设碉抗拒。是僧格桑之罪更不容诛，而阿尔泰之咎，亦实无可逭。然迹其所以误会之由，究因朕之未能先机果断，只期就事完事，至今实深悔之。是以于阿尔泰格外原宥，虽将伊大学士、总督革退，旋因攻得约咱，仍录其铸炮微劳，授以散秩大臣，令其自效。设使竟出自阿尔泰之意，岂肯仅予以斥革示儆，旋复赏衔乎？总之抚驭蛮夷，惟在畏怀并用。苟其自作不靖，即当早示创惩，使诸番共知慑服。若一味因循姑息，渐致长其桀骜之气。所谓'方长不折，将寻斧柯'，是意在息事宁人者，贻误实无底止。明季畏葸苟安，遇事委靡不振，其弊率由于此。我大清国正当全盛之时，中外一家，岂容徼内土司独梗化外。现今桂林等统兵深入，攻破约咱贼寨，将抵贼巢。如能擒获小金川之僧格桑，速正刑诛，则金川之索诺木自必闻风敛退，原可早完此局。设僧格桑势穷力迫窜入金川，而索诺木尚知畏惧兵威，立将凶竖擒献，并归还革布什咱侵地，亦无须再调征兵，固朕所深愿。若索诺木敢与僧格桑狼狈为奸，匿逋抗命，即当选发劲旅，一举并为殄灭。此在事势机宜断不容已，并非好为穷兵黩武也。设使朕于蕞尔蛮陬必欲勤师远涉，稍存好大喜功之见，则当阿尔泰等办理之初，何难即为兴兵申讨，又岂肯听其屡次之调处了事耶！朕于佳兵之戒实所深知，况一经用兵，即不免运筹宵旰，批览军书，焦劳至于废寝，朕又何乐而为此！至于不得已而用兵，朕实审慎再三，不肯轻举妄动，然亦不能违日中不彗之义，此即为君难之一端。将此详晰宣谕中外知之。"

（高宗朝卷八九八·页二七下～三一上）

○乾隆三十六年（辛卯）十二月庚辰（1772.1.18）

定边右副将军大学士温福奏："查金川索诺木现在情形，虽未敢显然助恶，而彼此久已勾通。屡询从沃克什逸出之人，知索诺木曾遣头人在美诺寨中帮僧格桑办事。且据索诺木有'赏给革布什咱地方，不帮小金川'之语。其要挟内地，情殊可恶，将来小金川办竣后，索诺木倘稍有不顺，断不可不严加惩创。惟是就今所有兵力，克复沃克什，剿办小金川，无虞不足。若平定小金川后，移讨索诺木，自应厚集兵力，方可济事。查征剿金川，以地势而论，跬步皆悬崖峭壁，马兵无所施力。即大官员亦皆步战，是以绿营未尝不可得力。邻近省分中，惟贵州、陕甘二省尚可各调二三千名。行军机要，有备无患，若令各该省先为选定预备，如须添兵，一面奏闻，一面飞调，自无迟误。并可省多调京兵之烦。"报闻。

（高宗朝卷八九八·页三二下～三三下）

○乾隆三十六年（辛卯）十二月丙戌（1772.1.24）

四川总督桂林奏："据副将宋元俊禀称，金川头人庸仲至营，声称索诺木差来请安，并呈送礼物等语。查索诺木与僧格桑狼狈为奸，今见大兵云集，差人亲诣军门，焉知非阳为恭顺阴觇动静而来。索诺木虽侵占革布什咱地方，尚无显然抗拒行迹，若遽行麾斥，反启其疑贰之心，预筹抗拒。莫若处以镇静，俟平定小金川合兵攻讨，出其不意，索诺木不得不退地回巢，束身归命，其事更易完结。随令带领头人进见，据称，僧格桑年幼无知，围攻沃克什地方。大兵进剿，尚不知认罪退兵。索诺木曾经劝阻，执迷不悟，特遣头人请安送礼等语。臣当即面谕头人：'郎卡深受天恩，尚知守法。今僧格桑侵占沃克什，抗拒官兵，索诺木又经劝诫，亦颇恭顺。僧格桑顽梗不法，必期剿灭，尔土司等当以为戒。若索诺木诚心向化，将来僧格桑或逃入尔境，务即缚献军门，大皇帝必格外加恩。尔可传谕索诺木尊奉。'臣见头人颇生感畏，随将原送礼物发还，并赏给绸缎、烟、茶等物，该头人叩谢而去。嗣后有孔撒、绰斯甲布等各土司差人请安，臣亦随时晓谕以小金川跳梁凶横，侵占邻封，大皇帝洞悉番情，不及早歼除，尔等受害更大。是以发兵攻剿，务须擒缚凶渠，俾尔等得安居乐业。尔等尤当感激，力图报效。该头人等均称：大皇帝实为我等土司安良除暴，凡有用我土司之处，头人、百姓俱愿出力等语。察其词色，俱极欣喜。"

谕军机大臣等："桂林奏金川差头人到营，请安送礼，若遽为麾斥，转恐启其疑贰。所见极是。桂林随即剀切面谕，却其礼物，给赏遣归，亦只可如此办理。但该处头人由何路来至军营，折内未经叙及。虽云金川与小金川境壤毗连，而其中路径究有远近不同。察其经由何路，即可识其往来踪迹，并可知索诺木现在何处。此等虽是闲文末节，实为全局紧要关键。不知桂林曾逐一问及否？再，金川攻围革布什咱一事，本年五月间阿尔泰初奏止称索诺木连夜发兵占据草地寨落，并未言及索诺木之是否率众亲往。及八月中奏复晓谕金川之事，止称宋元俊到彼，土舍索诺木叩头跪迎，词貌恭顺，亦未言其在何处接见。又，十一月中奏宋元俊探知小金川屡次差人求金川发兵，阻我大兵粮道归路，宋元俊差人往谕一节，止称委丁总崔文杰前往其巢译谕索诺木，即将已派之土兵撤去，而于崔文杰至何处谕传更未提及。今索诺木是否仍在旧巢，抑于革布什咱相近处所别有巢穴，或即在革布什咱地方统兵占住遂为狡窟，均未经详晰声叙，尤难悬揣。著传谕桂林，即行查询明确，据实复奏。至僧格桑之敢于抗命，自系倚仗金川，而索诺木亦遂借彼为要挟内地之计。揆其情势，固属必然。但两酋若已连而为一，则当我兵进攻时，金川或由章谷一路聚贼拒扼，我兵即无由深入。或让我兵既进，贼众抄出阻我饷道、台站，甚或在后断我归路，皆为可虑。而索诺木并不出此，又似其尚知畏惧天朝。设两酋勾结已成，自必互相援应，又岂宋元俊差弁译谕遂能中止？若云索诺木之志惟在贪得革布什咱之地，因宋元俊曾经含糊许允，希图将来果践其言，更未必然。番夷性素狡黠，岂不计及我兵若攻得小金川，擒渠定地，自必乘胜移兵办及革布什咱之事。索诺木安能复保其所占！彼又何所为而任我之直取小金川坐视不顾耶？此又理之不可解者。总之，贼计奸诡，不可不防。彼前此之貌为恭顺，或惧官兵声势难当，姑为观望之策。今既遣人到营，窥我虚实，若见我约咱一路现无继进策应之兵，索诺木竟乘我罅隙从中梗阻，所关甚巨。桂林等不可不加意预筹，以期妥善。"

（高宗朝卷八九九·页一二下～一六下）

○乾隆三十六年（辛卯）十二月庚寅（1772.1.28）

谕军机大臣等："巴朗拉一路，原系贼入紧要咽喉。今既得其山梁碉卡，已据扼要之势。由此乘胜进攻易如破竹。据称巴朗拉至美诺，计程一百四五十里。若可从此径趋美诺贼巢，擒获僧格桑，则达木巴宗之围不攻自解。或其路径形势必须先攻达木巴宗，再赴美诺，温福自能筹合机宜，惟听其斟酌妥办，迅奏捷音。阅小金川贼犯噶塔尔等供词，称有金川打发两头人来帮僧格桑办事，不知名字等语，可见两酋久相勾结。索诺木竟敢显然助恶，此二头人亦当与小金川党恶头人一并擒获，重治其罪，而索诺木之罪亦所自取。但朕不欲穷兵，若僧格桑果能迅速就擒，则小金川全局已定。即一面传檄索诺木，令将所侵革布什咱之地尽行退出，受约归巢。如索诺木果知畏惧恪遵，则金川原可毋庸办及。但须察其是否诚心慑服，所侵之地果否全行退出，及所拘革布什咱番户曾否尽数送还，自可宥其已往。倘系勉强面从，冀救一时之急，而于所侵地界人户不肯逐一清还，是狼性尚未能驯，难保其不效僧格桑故智，官兵甫退，彼仍出而滋扰，又复成何事体？即酌量于切要处所分驻官兵严为控制，使索诺木知所儆畏，不敢复逞，方为一劳永逸。再，僧格桑此时如已就擒，则著温福等将逆酋及党恶各犯严行审讯。一面奏闻，一面于军营将各犯分别凌迟，斩决示众。仍将逆酋传首金川及内地诸土司，使共知炯戒。再，前谕阿桂即赴甲金达，原因趋解达木巴宗之围。今已得巴朗拉，便当从此直入，以捣穴擒渠为急务。阿桂自应随温福进剿，合力蒇事。"

（高宗朝卷八九九·页二五上～二七上）

○乾隆三十六年（辛卯）十二月辛卯（1772.1.29）

又谕（军机大臣等）曰："温福攻得巴朗拉碉卡，在事官兵俱属奋勉，已降旨交部议叙矣。此次攻打贼碉，满洲兵固为勇往向前，但数仅二百。此外分队进攻，贵州兵颇觉得力，其弁兵内如有奋勇出色者，温福亦当查明，奖拔数人，以示鼓励。将备内或有劳绩特著之人，并著据实奏明，请旨定夺。再，总兵马彪带兵放枪攻碉，尚属勇干，如未赏花翎，著即传旨赏戴，俾各将佐知所奖劝。至折内所称酌留四川绿营兵丁四百名，留驻巴朗拉防守，所办尚未为妥善。我兵现在乘胜进攻，巴朗拉即为后路。四川兵柔懦无能，见贼辄思退避。而该处路径贼番最为熟悉，万一让我兵既过，贼复出而抢据旧碉，川兵必不能奋力击却。少有失挫，致阻我饷道、军台，所关非浅。自当于黔兵内酌选二百，并派该营能事备弁带领，与川兵同驻策应，于事方可无虑。至昨奏讯取贼犯噶塔尔等供词，称官兵攻得约咱之事，该处已经闻知，是贼中信息往来颇为迅速。若僧格桑知约咱一路已不能守，而巴朗拉要隘又为我兵夺得，乘势直入，贼酋失其所恃，计无复施，断不肯束手就缚。而现在美诺贼巢尚有金川头人二名在彼管事，则两酋之早相联络尤属显然。今僧格桑势在窘迫，自必预窜金川，冀延残喘，乃一定之理。温福等若能筹度贼酋去路，发兵邀截，使其不能漏网，便可易于成功。设逆酋已经脱走，即勒兵向金川严切索取。索诺木若竟党恶不献，则当急请京兵协剿，速净根株。惟在温福等之筹度机宜实力妥办耳。"

（高宗朝卷八九九·页二八下～三〇上）

○ 乾隆三十七年（壬辰）正月戊戌（1772.2.5）

（定边右副将军大学士温福等）又奏："小金川僧格桑与金川索诺木结党，小金川事竣后，索诺木果否恭顺尚难预定。索诺木遣往藏内熬茶人，前奉谕旨不可遣回，命派干员防送打箭炉等处。查该处现为进兵之路，恐致脱逃，不如送成都防守为善。"

得旨："是。"

（高宗朝卷九〇〇·页六上）

○ 乾隆三十七年（壬辰）正月壬寅（1772.2.9）

又谕（军机大臣等）曰："桂林奏现抽调各隘官兵，克期进剿，俱合机宜。惟所称若获僧格桑，陕甘之兵即行檄止，以省往来之劳，尚于此事全局未能通盘核计。查原调之陕甘兵三千，业经书明阿等带往西路。其王万邦所带黔兵二千，已于十二月二十六日到成都，即日驰赴约咱一带。是两路继进策应之兵均已不少，现办小金川之事自无虞不敷。但官兵尚未进抵美诺，僧格桑之能否迅即就擒尚难预料，或僧格桑窜入金川，而索诺木之遵谕缚献与否亦未可定；即僧格桑立就成擒，而索诺木所占革布什咱之地，必当令其尽行退还，不敢再犯，方为完局。是善后事宜，关系尤为紧要。亦须厚集兵力，以壮声势，岂宜遽议撤兵。朕实不欲为黩武穷兵之事，但此次用兵所调不下二万余名，所费亦不为少，朕不肯靳惜费用，此温福、桂林所深知者。若经理不善，致此次军旅徒劳，将来仍贻后患，朕断不肯为迁就苟完之计。除飞谕汪腾龙所带之兵不必撤回，仍即前赴川省军营备用外，著传谕温福、桂林仍遵朕前次所降之旨，于平定小金川后，相度善地，设镇驻兵，方为一劳永逸。温福等纵不能计及数十年、百余年久长之策，若十余年亦不能令其帖服，即系伊等此次经理不善所致。将来索诺木或复有蠢动，惟温福、桂林是问。"

（高宗朝卷九〇〇·页一四上～一五上）

○ 乾隆三十七年（壬辰）正月戊午（1772.2.25）

谕军机大臣等："温福等奏现在攻剿资哩，贼众悉力拒守，今已觅有间道，拟俟续调兵到，分路进攻等语。所办甚是。看来资哩为贼人门户，而桂林一路所攻僧格宗，亦系贼之要隘，且俱距巢甚近，贼众抵拒自必益坚。今既两路夹击，而续调官兵日渐增添，声威更壮，自可克期攻克进剿美诺。但恐僧格桑闻知各处险隘已失，窜入金川。如索诺木遵檄缚献，并退还革布什咱侵地，军务亦可告竣。朕本意原不欲穷兵远涉也。设或索诺木党恶鸱张，则势难中止，自不得不移兵进讨。即当迅速奏闻，早发京兵前往，合力集事。因思金川巢穴专恃勒乌围、噶拉依等处负隅拒守，所有官兵进剿之路，理应预为酌筹，庶省临期更烦措置。从前进剿金川，经略傅恒由喀尔萨尔一路，提督岳钟琪等由丹坝一路，将来若须进剿金川，仍当由此两路分进。温福、桂林各统一路官兵，犄角夹攻，使贼左右受困，方可制其死命。其中道路远近险夷，山川形势厄塞，及作何彼此联络策应之处，温福等宜早为留心部署。务令胸有成竹，以便临时调度，悉协机宜。但贼番等心性狡黠，其探访消息较内地尤为便捷，此旨只应温福、桂林、阿桂等数人密为筹度，其余军营将弁等并不宜令其预闻，以防泄漏。即临进兵时亦勿稍涉声张，使贼众猝不及防，庶为允协。至所讯沙拉供词，称金川曾经发兵七百相助小金川。是其与僧格桑狼狈为奸，情罪实为可恶，但此时且不必提及。若僧格桑逃至彼处，即为申明助恶之罪，使其擒渠自赎。倘竟顽梗不率，庇匿逆酋，则声罪致讨，索诺木更无可狡饰。至沙拉所供'不可明向大兵打仗'之语，亦不足信。贼酋既已借兵与小金川，其打仗与否，何从辨别。总之，擒获抗拒贼番，不必别其孰为大小金川，概与骈诛。再，从前征剿金川时，正议直压山梁捣取贼巢，因郎卡窘迫投诚，遂以受降完局。今若征讨金川，必当照现办小金川之例剿平其地，永除后患，不可稍有迁就了事之见。"

（高宗朝卷九〇一·页九上～一一上）

○乾隆三十七年（壬辰）正月辛酉（1772.2.28）

谕军机大臣等："桂林奏：'十一、十二两日，贼番俱绕山梁而来，潜图偷劫，经官兵奋力击败，并派兵设伏邀截。'所办俱合机宜。至所称对敌时，令土兵留心瞭望，大半皆系金川番众，并见有金川头人额诺等语。昨据温福奏：拿获贼犯沙拉，讯系金川勒乌围人，并供金川派兵约七百余，令头人带领相助小金川等语。是两路军营俱有贼兵自山梁潜来偷夺，如出一辙。必系金川之人暗为指使，其情甚为可恶。金川贼众既为小金川出力抗拒，或于两路潜派贼兵截我之后，以阻台站饷道，皆不可不防，今陕甘兵，已据温福奏正月十五日可至军营，而贵州兵，亦据王万邦报称十二月二十六日已抵成都，正月二十左右即可至桂林处。是两路续添官兵声势甚壮，正可合力夹击，捣穴擒渠。并各选派勇干弁兵，在后路严密防御，毋致贼人逞其伎俩，最关紧要。至我兵现攻之资哩、僧格宗两处，均系小金川要隘，金川助恶之兵更由何路径赴贼巢？则贼众潜趋美诺之来踪恐即为逆酋将来窜往金川之去路，不可不访问明确，预为伏兵堵截，以防僧格桑之脱走，方为妥协。至于索诺木竟敢显然助恶，更不必虑其知觉生疑。此时若仍佯为不知，转使贼人隐为得计。自应作为桂林之意，派明干之人前往金川，檄谕索诺木以僧格桑抗违教约，侵占邻疆，及至官兵压境，尚敢率众抗拒，罪在不赦。至尔金川本系无罪之人，即与僧格桑谊属姻亲，原无缘坐之例。且自尔父郎卡投诚以来，承受大皇帝恩惠二十余年。今我兵攻剿小金川，擒捕逆犯，罪有所归，与尔金川无涉。乃昨在卡丫山梁，望见小金川贼众内竟有尔金川头人在彼率众相助。而大兵所获贼番沙拉，讯系尔金川之人，并供金川派兵七百、头人二名往助小金川之语。则是尔金川竟显与小金川党恶，甚为非是。并据沙拉供：尔谕头人，止令看守山梁，不令与官兵打仗。今看此光景，尔兵既至小金川，即属助逆。是尔自谓诡狡，其实至愚。尔索诺木悖理妄行至此，非惟无益于人，并且贻害于己，实为自取罪戾。本督部堂念尔父郎卡向来恭顺奉法，不忍遽行声罪致讨，特差员弁赍檄传谕。尔索诺木奉到檄示之后，若即将派助小金川兵众迅速撤回，并将所占革布什咱之地尽行退还，或僧格桑畏罪逃入金川即行擒献，则平定小金川以后，原可不波及金川，仍得保守土境，乐业安居。尔若执迷不悟，则剿灭小金川后即便移兵问罪。现在各省精兵数万已集军营，并选发八旗劲旅数万合力攻击。小金川即尔榜样，官兵所至，剿洗无遗，彼时悔无及矣。特为明切檄谕，利害尔自择之。如此传檄，既可使其知所警畏，并可觇其举动若何，以便相机办理。但所遣之人须择晓明大义，勇干可任，令其前往，于事方为有益。如索诺木敢于抗违，则势难中止，又莫若早为筹办。桂林即当据实具奏，便可令京兵迅速起程赴川，及早集事。计汪腾龙所带之添调陕甘兵三千名，二月初旬外亦可至桂林军营，足资攻剿金川之用。若如桂林前此之咨令停止，又将另烦筹画。桂林此次办理军务，措置俱属合宜，惟停止陕甘兵丁一节未为得当，今亦不深责也。至章谷一带，既已札致阿尔泰严加防范，甚中肯綮。其余有似此应行防守之处，并宜一体留心。"

（高宗朝卷九〇一·页一三上～一六下）

○乾隆三十七年（壬辰）二月丙寅（1772.3.4）

（定边右副将军大学士温福等）又奏："两路官兵，现进攻贼巢，小金川可指日蒇事。剿定后应择小金川要隘设镇驻兵，控制金川。至金川索诺木袭据革布什咱将来如何退出，俟与桂林会合后筹办。"

得旨："此时正以剿小金川为要，馀俟成功再图可也。"

（高宗朝卷九〇二·页七上）

○乾隆三十七年（壬辰）二月丁卯（1772.3.5）

又谕："据桂林奏连日攻剿噶尔金前面山梁情形，并于夜间设伏击败偷营贼众及躧探路径绕越碉卡各情形，所办俱好。贼番屡次乘夜潜来偷劫，必系金川所为，甚为可恨。十五夜间截杀五十余贼，虽足稍挫其锋使知警畏，惜未能尽歼其众。即此帮助小金川一节，索诺木之罪已难轻逭。前谕桂林选派勇干之员持檄往谕，断不可少。至索诺木既与僧格桑勾通一气，亦未必不防官兵之并为剿击，固无虑此时之预泄事机致贼酋知觉准备也。现在温福攻剿资哩,已得其对面山梁,所有资哩贼寨计日可破。今桂林复寻觅间道进攻,果能得其要隘,两路俱可乘胜直入,攻剿美诺势如破竹。若即擒获僧格桑处以极刑,则诸番自然震慑,军务即可告蒇。但恐逆酋逃入金川,而索诺木竟敢负隅抗命,势不得不移兵征剿。现在陕甘、贵州等省续调、添调之兵俱陆续到营,惟觉满洲兵太少。朕意或将预派之京兵二千即令起程前往,自为得济。但派遣京兵即使兼程遄进,此时亦不能迅至军营供现在攻剿之用,且京兵行动声势甚大,以此朕心尚未能遽定。况用兵之事实非朕本怀,不特金川险僻不欲穷兵黩武,即办理小金川一节,朕初意即不肯加兵。是以于阿尔泰格外矜原。若其误全出于阿尔泰一人之意,则与向年讷亲之偾事何异?是阿尔泰早经正法,又岂能仅予罢斥旋复授为散秩大臣乎?著将此详谕温福、桂林,即将现在情形通盘筹画。若索诺木藏匿罪酋又不退还侵地,不可不声罪致讨。即当奏请京兵遄往,合力剿击。俟伊等复奏到日,以定行止。"

(高宗朝卷九〇二·页九下～一一上)

○ 乾隆三十七年(壬辰)二月癸未(1772.3.21)

定边右副将军大学士温福等奏:"接奉谕旨,以现剿之资哩、僧格宗俱小金川要隘,金川兵由何路赴贼巢,命确访伏兵预堵。查两金川境壤相接,据脱出之沃克什番民章喀尔等供,僧格宗南半日程为来章寨,来章南一日程为金川所属克舟九寨。克舟距噶拉依不远,金川兵从克舟至来章,从来章至僧格宗,再抵美诺。各该处均在美诺西南。官兵经过处,在美诺东北。俟攻抵美诺,访明各径,分兵严范。"报闻。

(高宗朝卷九〇三·页五上～下)

○ 乾隆三十七年(壬辰)二月丙戌(1772.3.24)

谕军机大臣等:"桂林奏分兵先复革布什咱一折,所见亦是。索诺木党恶帮兵,其情甚为可恶。将来之果否献凶退地,尚不可知。与其筹办于事后,自不若预发于几先。此时分兵直击革布什咱,使之猝不及防,尽取其地,既可慑索诺木之胆,令其稍知儆惧,兼可绝贼酋要求之心,且革布什咱既得,与章谷声势相连,我卡丫官兵后路粮饷、军台均可保无他虑。

而索诺本现帮小金川之兵，若闻我攻取革布什咱之信，自不暇复顾他人，必将撤兵自卫。金川之兵一撤，僧格桑失其所恃，各隘踞守必懈，官兵乘间进攻，自更易于得手。温福等可留心侦访，一闻金川撤兵之信，即加意攻击，自属极好机会。如此尤为一举两得。况现在所攻之东山梁及墨垄沟一带，地势险仄，不能容集多人。官兵在彼，徒为闲住，则分兵往袭革布什咱，更可及锋而用，于振励士气亦为有益。但恐绿营积习，因见现在攻剿山隘稍难，思另攻得新地以为掩抵，而于应行急剿之要隘，转致稍懈，于事甚有关系，桂林不可不知。今汪腾龙已到军营，自应同桂林由僧格宗一路进剿，迅期扫穴擒渠，而令宋元俊统兵收复革布什咱，方为妥协。至所称满洲劲旅实远胜绿营，但番地跬步皆山，非平地对仗可比云云，此必桂林见成都满洲兵无用，又未深知健锐营之兵所向无敌，实为得力，故有此言。今京兵且不起程，俟温福奏到时再定行止。但温福处尚有能带兵之满洲侍卫等，而桂林处现在无人。已令明亮及派出之带兵侍卫十六人由驿驰赴桂林军营，随同进剿。即用以督率绿营，亦属得力，总期克日奏功。至所请再调贵州兵三千名，已飞谕署抚图思德、提督拜凌阿即行选派，听候川省调取，速即起程。"

（高宗朝卷九〇三·页一三下～一五下）

○ 乾隆三十七年（壬辰）二月丁亥（1772.3.25）

定边右副将军大学士温福奏："前小金川僧格桑投禀，因情罪可恶未给回谕，并经奏明。兹金川索诺木投禀，以小金川与沃克什仇隙，欲与说和为词。查金川助逆，前奉旨令檄谕索诺木，经桂林处缮檄遣员前往。今索诺木来投禀，明欲掩帮兵之迹，直为揭破，恐坚党恶之心，竟佯为不知，不但与檄谕不符，转使隐为得计，酌以半疑半信之词暂为羁縻，似于攻剿情形有益。"

得旨："所办又姑息，令贼轻视矣。"

又奏："金川助逆，势须申讨。今奉谕旨，预备八旗劲旅二千前来。京兵行动，声势张大。调满兵二千，费抵绿营兵一万。且番境地非平旷，骑射利无所施。将来接办金川，请于陕西、甘肃、贵州再酌调兵数千。如三省调用过多，山西亦可酌调。"

得旨："已谕陕甘，预备三千兵矣。贵州复调兵三千，想已足用。山西远而无用，不可行也。"

（高宗朝卷九〇三·页一八上～一九上）

○乾隆三十七年（壬辰）二月己丑（1772.3.27）

又谕（军机大臣等）："据温福奏，伍岱在军营，种种乖张。若仍令其领兵，断然不可。此旨到时，阿桂即代伍岱领兵，将伍岱换至温福队内。如伍岱之意，以为难攻地方派其攻剿，亦未可知。今派阿桂统兵，阿桂若能攻克其处，伍岱更有何说？再，温福、阿桂将接到索诺木呈禀及复谕书稿一并呈览，阅其所谕索诺木言词既不严厉，而竟收索诺木之禀，实为错谬。索诺木果不助兵，遣人来营呈禀，尚可收接。今将禀拴于木上，全无恭顺情形，此即系轻视将军。不惟不应接收，即呈禀之人亦应拘留究办。今转遣人收取，是何意见？岂不为贼所轻耶？前温福等奏，伍岱遣人取僧格桑禀词一事，朕以温福等并不查核办理甚属非是。今复收索诺木之禀，更属错谬。著传旨申饬。"

（高宗朝卷九〇三·页二六上～二七上）

○乾隆三十七年（壬辰）二月癸巳（1772.3.31）

谕军机大臣等："温福等奏围剿资哩贼寨，派往北山兵四千数百名，派往南山兵三千数百名，现在中路攻打资哩之兵不过二千名等语。是温福一路之兵尚觉太少。今早据桂林奏，攻剿墨垄沟一带，山径逼仄，止容一人行走。贼番守住要口，我兵势难攀越。又据脱出之沃克什番人供，亦有'南路山径险窄，官兵进不来。小金川因把南路金川帮助的兵撤到这边来'之语。是桂林一路贼番明恃有险可凭，无须多贼防守，则桂林统兵虽多亦难并进。而资哩一带贼既悉众力拒，必系其地可攻之隙尚多。若能分派兵练，各处夹攻，自可相机剿破。但必须多集兵众，方足以供调遣。今温福军营止存兵二千，尚不敷用。已传谕图思德等，即将预备之贵州兵三千名，速令总兵李煦带领起程赴川，其行程虽迅亦须月余。而桂林处续派之甘凉兵一千名，已抵打箭炉附近存扎，听候收取革布什咱之用，此时亦系闲住。且桂林现有之兵已不为少，莫若即将此一千兵令其遄赴资哩军营应用，较为迅速。著汪腾龙即派堪以带兵之副、参一员，带领迅赴资哩。汪腾龙仍在桂林处协同进剿，以便宋元俊往取革布什咱。现据桂林奏后路所驻新旧官兵，已令勤加操练，听候调拨等语。宋元俊即可于此项兵丁内选派千余，带往革布什咱，亦属近便。又，温福奏底木达系泽旺所居，从前原拟从曾头沟一路直捣其地，嗣因三杂谷不能挑派土兵，而固原兵一千名尚不足资进剿，因而中止。今既添派贵州兵三千名，若先攻底木达擒获泽旺，再赴资哩一带军营，亦为两得。如事属可行，必需谙习带兵大员，方为有益。今阿桂现往北山梁换伍岱回营，计贵州兵调到时，色布腾、巴勒珠尔早至军营，即可往换阿桂，前赴底木达，统兵进剿。"

又谕："昨经降旨，令阿桂前往伍岱军营代其带兵行走。阿桂务须带领官兵，尽心攻击北山碉卡，以图迅破资哩。又，阅看温福等所进攻围资哩图形，我兵已将资哩寨落逼近围住，想不久即能攻破。但现在伍岱用炮力轰之山岩大石卡，看来设炮地方与大卡相对。伊等所贴签云：此座大卡甚为险要。官兵虽已占据山上，攻此卡时仍必先下而后上攻。如得大卡，再向下攻，则资哩即难存立等语。该处情形朕虽未能深悉，第据此图形势而计，朕意与其下山之后再上攻击，莫若派兵由西首旁边山梁直下至资哩寨尾，即可截其后路。若以为远而纡曲，即自设炮之地直下山根，如无陡险，亦可至资哩寨尾。如此，则攻取资哩，似为更易。虽下压时沿途亦有碉卡，然向下攻取，尚不致于费力。故于伊等所攻山岩突起大石卡处画以朱笔。此图仍著发回温福等，视朕所画之处，或由山梁进攻，或直下山攻取，惟相度地方情形，一面办理，一面奏闻。"

（高宗朝卷九〇三·页三〇下～三三下）

○乾隆三十七年（壬辰）三月壬寅（1772.4.9）

又谕（军机大臣等）曰："温福等奏攻资哩情形一折，虽数日间颇有斩获，而资哩贼寨尚未攻破，恐致师老而疲。前已屡次传谕，令于贼碉对面或结木架，或砌石台，架炮于上，俯临贼碉轰击。贼番虽匿处地穴，而我炮力自上击下易于直透，穴内之贼必不能当，势将惊溃，自属最善之策。不知温福接奉前谕曾筹办及此否？又，据脱出之沃克什番民供称，闻僧格桑欲往布朗郭宗，与泽旺商量，并金川遣大头人丹巴沃咱尔到美诺后，亦欲前往等语。逆酋欲同金川头人往其父处，自必商同由彼逃入金川。而索诺木又公然助兵党恶，将来问罪之举恐难中止。自当厚集兵力两路夹攻，一并扫荡贼巢，以靖边徼。昨已谕贵州巡抚、提督将预派之三千兵遄程赴川，并谕温福等，酌量两路分派。其文绶预备之陕甘兵三千亦令温福量为调取。若核计需兵尚多，即一面飞咨全调，总期于事有益。至现在攻围资哩兵数尚少，自未便锐意深入。若各省后调之兵到齐，则兵力更足，而色布腾巴勒珠尔又带同熟习领兵之侍卫、章京等前往军营，声势壮盛，将士亦必倍加厉勇。如彼时业已攻破资哩，正须为捣穴擒渠之计。若贼仍坚守抗拒，则当派兵分路剿击，使其疲于支拒。且贼番既潜匿地穴，正可选集精锐，乘其不觉，冲过贼碉。而大兵复在后为之声援，贼众自皆丧胆。若贼番从碉内逸出，即用鸟枪尽歼其众。我兵且行且击，亦属便利。再，据脱出之番人供称：'闻小金川言，现在官兵两路夹攻，一两月内尚可支持，日久不能抵御。'是贼现虽舍死拒守，其粮食已不能久供，又无暇兼务耕作，食尽之后难以复支。我兵即专务攻围，贼尚不能持久，何况添兵分进剿击不懈乎？温福等惟当相机妥办，克期集事。至袭取革布什咱一事，既可掣金川助兵之势，并可绝索诺木冀幸之心，自为两得。桂林惟当与宋元俊熟筹，妥协办理。"

（高宗朝卷九〇四·页一二下～一四下）

○乾隆三十七年（壬辰）三月癸卯（1772.4.10）

谕军机大臣等："昨温福奏，脱出之沃克什番人供词内有'闻僧格桑欲往布朗郭宗，与其父泽旺相商'，自系商同由彼处窜入金川。但逆酋情性狡诡，或见我兵分路攻剿，声势甚盛，知其罪难幸免，又未肯弃地竟逃，欲伊父代为恳求，希图宽宥，亦未可知。否则借伊父乞怜为名，冀缓我兵进讨，而贼酋在布朗郭宗、底木达等处抄出曾头沟、巴朗拉一带截我后路饷道，不可不虑。看来总不出此三者。若贼酋逃往金川，而索诺木又不献凶退地，即遵前旨，统集兵众，将金川一并剿平。或泽旺亲诣军门悔罪求原，亦不可稍存姑息。如能将计就计，擒获泽旺，所谓兵不厌诈，自为最妥。即或无懈可乘，断不可因此稍缓进攻，堕其狡计。逆酋恶同枭獍，久已拘禁其父，岂复知有顾恋。昨阅番人供词并有'金川头人丹巴沃咱尔亦同前往'之语。恐其别有所图，或截我后路，皆未可定。设未能妥协预防成何事体？温福等务当及早留心，设法防范，使贼人技无所施，方为妥善。再，向来称金川土酋系索诺木，昨所译出之禀则称应袭土司索诺奔们，似不止一人。今所译清文则系'莎罗奔及扎勒达克并我等二人'之语，是又明有两人，殊不可解。著温福随便查明金川土酋究竟是一是二，因何连名并称之故，一并复奏。"

（高宗朝卷九〇四·页一五下～一六下）

○乾隆三十七年（壬辰）三月乙巳（1772.4.12）

谕军机大臣等："温福奏到金川投诚番人彤锡供情。是僧格桑力不能支，不惜献地为饵，耸动金川助兵。索诺木实欲吞占各土司，令其诸弟分布，且有'即打到维州桥亦不难'之语，竟思侵扰内地，其情尤为可恶。僧格桑之敢于跳梁不法，实恃索诺木狼狈为奸。不但僧格桑必当剿灭，即索诺木亦不宜轻纵。若仍稍事因循，将来土司境壤必尽为金川蚕食，尚复成何事体？现在惟当并力攻击资哩各隘，务须擒获僧格桑，并预为调度，并办金川事宜。此时当先作将军、总督之意，使索诺木知僧格桑抗拒天朝罪在不赦，断不容其漏网。金川既自称恭顺土司，则于僧格桑逃至时缚献军门，便与金川无涉。但索诺木既已党恶，必不肯竟献凶渠。若僧格桑逃往金川，自当一面传檄索诺木严切索取，不必俟其回信，即一面分路统兵，出其不意攻剿金川，并擒索诺木，似觉更为便捷。前已谕令图思德等，将贵州所派之三千兵即令起程。今复传谕文绶，将陕甘预派之三千兵亦即遄程赴川。温福等可通盘筹画，何路需兵若干，檄知各该省领兵镇将，令其遵照前往备用。通计三省所调之兵前后已一万七千，合之川省所有兵练，可得三万余人，兵力不为不厚。两路分拨，已足敷用。是办理金川亦非难事。况番地遇冰雪时，跋涉或不免稍艰，今天气日暖，行走尤当省力。惟在温福等相机熟筹，实力妥办，以期迅速集事。至现在攻围资哩情形，既探得北山之路分兵控扼，资哩自可计日攻破。但攻得资哩后，阿喀木雅等处贼番自仍舍死守拒，惟当设法力攻，毋稍疏懈。丰升额昨派往军营审事，令其审结后，约住十日即行回京。今办理金川一事，统兵大员多多益善。丰升额向亦曾带兵行走，著授为参赞大臣，令温福酌量分定各路，一同进剿。"

（高宗朝卷九〇四·页二一下～二三上）

○ 乾隆三十七年（壬辰）三月庚戌（1772.4.17）

四川总督桂林奏："革布什咱已遵旨令宋元俊带兵前往收复，臣仍统将弁等由噶尔金一路进取。再，攻革布什咱须由约咱、章谷一带取道，若该处全复，不必回原路，即从革布什咱连界之布拉克底雪山等处直趋达乌、僧格宗，与臣等现攻东山梁、墨尔多山岭兵中途可合。已密饬宋元俊，复革布什咱后分兵由间道抄合来攻。"报闻。

（高宗朝卷九〇四·页三五上～下）

○ 乾隆三十七年（壬辰）三月壬子（1772.4.19）

谕曰："桂林奏，攻复革布什咱之木巴拉、博租、萨玛多坚、藏布觉等处，共得地方七十余里，收复碉寨甚多，招抚番民甚众等语。金川逆酋索诺木敢于侵占革布什咱地方，且敢添兵帮助小金川抗拒官兵，其情甚为可恶。不特革布什咱系内地土司，本应克复，即金川之狼狈为奸，党恶不法，亦当并为剿灭，不得谓之轻开边衅也。此次桂林分遣将备克期攻复，歼杀番众，兵气奋扬，足褫索诺木之魄。办理甚属可嘉。桂林、宋元俊及在事将备人等，均著交部议叙。"

谕军机大臣等："据桂林奏收复革布什咱之木巴拉、博租等处，所办极为妥速。其先投诚之头人旺勒丹通知该处番目在内策应，甚为恭顺出力，宜加奖赏，以示劝励。桂林竟当将发往之蓝翎赏其戴用，令彼益增感悦。其差往之策楞及帮助之嘉噶尔帮等亦属诚心效用，桂林并当酌量赏赉。再，前因桂林分路进兵攻剿，恐尚需添兵，已谕贵州派兵三千名赴川，听候温福、桂林酌拨应用。今桂林奏称现在之兵尚可通融抽拨，如有必需接应之处，再行奏闻咨调等语。是桂林一路尚非急需添兵，则贵州所调之兵，自当令其全赴温福军营备用。若桂林处亦需添拨，即酌留一千亦可。著传谕温福、桂林通盘筹画，将两路之兵作何妥协分拨，一面檄知该省领兵镇将遵照驰赴，一面具折奏闻。"

又谕："现在续调之陕甘、贵州兵各三千名，前已谕令温福等通盘筹画何路需兵若干，檄知各省领兵镇将，令其遵照前往。今据图思德等奏报，所派贵州兵三千名已于三月初三等日陆续起程赴川，计二十日内外可抵毕节。著再传谕温福，即速与桂林从长计议，何路尚需添兵若干，并将某省之兵就近派往某路若干之处详悉核定，速檄各该省领兵镇将，照所派定何路军营取道迤程前往，并移咨派兵各督、抚查核，仍一面具折奏闻。今距温福前次奏到之期又六七日，未知现在攻剿情形若何？看来资哩一带贼众虽悉力拒守，经我兵设法分剿自无难攻克。但恐僧格桑一失其险，即窜往金川，而索诺木又党恶不即擒献，且小金川即经平定，官兵撤回后，尚恐其复出滋事。是僧格桑若不就擒，金川实有不得不办之势。温福等当将应办进剿事宜逐一计议，庶临时更觉裕如。仍将作何筹办之处专折具奏。再，军营屡次所译番禀，虽音字讹舛者多，而文义大概尚合，想该处绿营音译之人于番字尚能谙习。著温福等即选派熟练音译番字者一人，由驿赴京备用。"

（高宗朝卷九〇五·页二下～五上）

○乾隆三十七年（壬辰）三月乙卯（1772.4.22）

又谕："阿喀木雅虽有贼人退守，未必能如资哩之凭险久拒。今既歼贼破碉，军势大振，足以慑贼人之胆。温福等自当乘胜急攻，使贼番措备不及，破之更易为力。且阅所获小金川贼目及脱出沃克什番人供词，小金川粮少食乏，力量已不能支。僧格桑徒以空言诱吓其众，人心渐相离异，且多以战守为苦。若于攻剿之余仍设法招致，或番众能将逆酋擒献，亦未可知。此事总以擒获僧格桑为主。温福等当思迅捣贼巢，速擒凶竖，以申国威而靖边檄。若罪酋既得，而革布什咱之地又渐次收复，即有未尽得之地，或可传檄索诺木令其及早退还，并亲诣军门叩头谢罪，立誓不敢复滋事端，则谕以金川自尔父郎卡投诚归化，安享升平。尔索诺木不遵尔父遗规，辄敢侵占内地土司疆界，罪本难逃。今尔既知退还侵地，立誓不敢再犯，尚不至执迷不悟。即尔帮给小金川之兵，亦因亲情私助，其情尚属可原。是以本将军等仰体大皇帝之心，不肯竭我兵威，宥汝已往。尔此后惟当守尔土地，安分奉法，不可稍有侵犯，自可长保世业。否则僧格桑即尔榜样。如此恩威并示，亦即可以完局。将此谕令温福、桂林，就所在机宜妥协筹办。若僧格桑逃往金川，索诺木并不擒献，则其事断难中止，致贻后患。今寄赏温福、桂林小荷包各四个，阿桂小荷包三个，宋元俊、马彪、牛天畀小荷包各二个，以奖其劳。益当奋勉立功，以待策勋之典。"

又谕曰："桂林筹办革布什咱一事甚为妥速，昨已交部议叙。桂林于前岁冬间由按察使陛见，朕看其人尚明白，且知系鹤年之子，昨岁春间遇有户部侍郎缺出，特加恩擢用，并著在军机处行走，俾得留心学习。至伊奉差赴川时，行走不过半年，从前又未曾充当军机章京，并非若温福、阿桂之曾经练习军务。而自擢任总督以来，措置悉为妥协。近日不肯坐待专攻墨垄沟，而分兵收复革布什咱，先发制人，攻其无备，尤合机宜。朕以无意中用之，不意其出息竟能如此，深为喜慰！桂林惟当益加奋勉，以受朕恩眷。办事之道与学问无异，不日进则日退。桂林若因朕屡次嘉奖稍存自满之念，则非朕所期望于彼者矣。至现已攻得革布什咱之木巴拉、博租、萨玛多坚、藏布觉各寨，其余金川所侵革布什咱之地，自亦无难收复。然既有此举动，则金川总在不能歇手之中。想索诺木此时未必即作准备。或可分兵直取金川，出其不意，即将索诺木擒获，则剿擒小金川逆酋更属易事。况今派有明亮往桂林军营，于带兵更为得力。设或急切不能进攻金川，而桂林统兵由布拉克底雪山一带，直取达乌、僧格宗，彼处无贼守险，自是最好。且系僧格桑窜往金川之路所必经，并可沿途邀截，更不虑其狡脱，尤为一举两得。但进兵之地距金川甚近，恐索诺木或派贼番断我军行后路饷道，此则甚有关系，不可不防。虽桂林昨奏令宋元俊星赴默资沟，堵截金川救兵，并令陈定国往约绰斯甲布占夺甲尔垄坝，以阻金川要路。筹备固属周到，但番地山蹊僻境处处相通，岂能信其必无他路潜越？而土司心怀两端者多，即如布拉克底昨岁虽曾出力收复明正土司，但近日曾闻其有差人往小金川之语，亦不可不留心密为防范。总期动出万全，方为妥善。至于行军机要本无定形，朕于六七千里外岂能一一悬揣。桂林惟当随机筹度，见何情形即作何妥办，朕惟专盼捷音矣。将此由六百里加紧传谕知之。"

（高宗朝卷九〇五·页九下～一三上）

○乾隆三十七年（壬辰）三月丁巳（1772.4.24）

又谕（军机大臣等）曰："桂林奏克复革布什咱之吉地官寨及默资沟地方，并据温福等奏攻得阿喀木雅情形。办理俱好。但金川所侵革布什咱之地既渐次为我收复，索诺木闻之自未遽肯甘心退让。今默资沟虽已占据，阻其应援，而甲尔垄坝，又预约绰斯甲布派兵堵截，自不虑索诺木之复来争夺，但所收革布什咱地方若驻兵镇守，最多亦不过四五百兵，按汛分派为数更少。将来大兵既撤，不能保逆酋之不复出而滋事。今宋元俊所统兵练甚多，莫若趁贼人防守未定之时，出其不意乘胜直捣其巢，并将索诺木擒获。果能将金川剪除，其余各土司自更畏威守法，方为一劳永逸。桂林当酌量该处情形，随机妥办，总以动出万全为要。至另折所奏墨垄沟山岭一带拟将枪炮暂缓施放，饬令各兵密于岩洞藏伏，贼番防御久疲，见此心必疏懈，我兵即可乘机夺隘。所办甚合机宜，亦属出奇制胜之策。其温福所奏分兵攻剿普尔玛、美美卡、木阑坝等处，自当乘势进攻，务期速得。至于西路贼人拒守资哩坚碉已阅数月，忽尔弃碉奔溃及退至阿喀木雅，正当死守，而我兵一至即仓皇惊窜，固系官兵势盛，贼众力难再支，或金川已知收复革布什咱之信，将所帮贼兵撤回自卫。小金川人心惶惧，不复能悉力抗拒，皆属情理所有。但贼诡谲多端，或因官兵深入，暂避勇锐之锋，将贼众撤避，另由间道抄袭我后以阻饷道、军台，于事甚有关系。温福当加意慎防，不可稍有疏懈。官兵既已深入，后路联络策应尤为紧要。温福更当时刻留心，随宜布置。朕亦不能于六七千里外一一悉为悬揣也。著传谕温福、桂林并令汪腾龙、铁保知之。"

（高宗朝卷九〇五·页一八下～二〇上）

○乾隆三十七年（壬辰）三月甲子（1772.5.1）

又谕（军机大臣等）曰："桂林奏攻得扎哇窠崖下碉卡情形。设法调度，深合机宜，不意其竟能如此，实嘉慰出于望外！至所奏攻复革布什咱之沙冲、党哩，亦俱妥速。今宋元俊督兵攻围丹东，并分兵攻取觉拉喇嘛寺，据称务于日内全行收复，克期竣事。其意似以收复革布什咱后，即并小金川，迅为扫穴擒渠，便可完局。此于善后之计尚未为周妥。索诺木敢于党恶不法，实属野性难驯，若不一并剿除，终难保无后患。且既将所侵革布什咱之地尽行攻得，又戮其留驻贼番，索诺木岂肯甘心不思报复？不能不驻兵防守。但大兵既撤之后，革布什咱一处不便仍驻重兵，倘索诺木出而争夺，少有损失，又复成何事体？自不若乘此并力剿定金川，将索诺木兄弟概行擒获，方为一劳永逸之计。温福、桂林务当通盘筹画，相机妥办，以期永靖边圉。"

（四川总督桂林）又奏："革布什咱地方，前经攻复吉地官寨等处。今据宋元俊报，参将常泰攻复党哩，都司李天贵攻复沙冲。仍分饬将备，急攻觉拉喇嘛寺，宋元俊自督兵围丹东。革布什咱大局已定，飞饬宋元俊统兵克期全行剿复，并力小金川，扫穴擒渠。"

得旨："嘉奖。"

（高宗朝卷九〇五·页三〇上～三二下）

○乾隆三十七年（壬辰）三月乙丑（1772.5.2）

定边右副将军大学士温福等奏："接奉谕旨，以前奏金川及梭磨两禀，经章嘉呼图克图译其文义不甚相合，命将莎罗奔及扎勒达克是一是二明晰具奏。遵即诘讯通晓番语兼能汉话之格特布及各通事，据称莎罗奔、扎勒达克皆非人名，番人称出家为莎罗奔，谓掌管印信为扎勒达克。至索诺木不于禀内列名，因承袭土司未给内地号纸注定名字，故不于禀内称名，但以掌管印信为词。其嫁僧格桑者，乃索诺木之姊。"报闻。

（高宗朝卷九〇五·页三三下～三四上）

驻藏大臣制度的完善与驻藏大臣及其他进藏官员的任免、奖惩

○乾隆十四年（己巳）十月丙申（1749.11.30）

又谕军机大臣等："从前藏地常派大臣二员驻扎办事，后乃裁去一员。朕思藏地关系甚要，彼处应办事件有二人相商，较为有益。且换班先后更替有一旧人，尤觉妥当。固原提督傅清从前曾经在藏，彼处事体谅属稔知。著赏给都统衔，前往与纪山公同办事。其钦差大臣关防，著傅清收掌，不必来京。可即由彼驰驿赴藏，将此传谕傅清知之。"

（高宗朝卷三五一·页七下～八上）

○乾隆十五年（庚午）四月丁丑（1750.5.10）

又谕（军机大臣等）："前因珠尔默特车布登觊觎西藏，妄图构衅，朕以纪山时运乖蹇，所至之地辄生事端，派侍郎拉布敦前往更换。拉布敦未到之先，珠尔默特车布登即已病故。现今西藏宁谧，应仍令纪山驻彼。但计降旨到藏之际，纪山业经起程，已属不及，纪山著照旧来京。至派拉布敦前行驻藏，原因有珠尔默特车布登之事。伊向曾驻藏，深悉彼处情形，是以派往。但拉布敦回京未久，旋复赴藏，理应派员往代，令其来京供职。著侍郎同宁前往更换，俟同宁到一二年后，谙悉彼处事宜，再派员将傅清更换回京，则新旧接替有人，于事实有裨益。"

（高宗朝卷三六二·页九上～下）

○乾隆十五年（庚午）四月戊戌（1750.5.31）

谕："……同宁自派往驻藏，看其形景，似不愿往，即往亦无益于事。著伊不必赴藏，即补放都隆额所遗凉州副都统员缺。驻扎青海之副都统职

衔班第赴藏换拉布敦。纪山赴青海，照副都统职衔班第之例，自备资斧，驻扎办事。"

（高宗朝卷三六三·页二一上～二二上）

○乾隆十五年（庚午）四月庚子（1750.6.2）

谕："前派同宁驻藏，因伊心不愿去，改放为凉州副都统。今日同宁具奏请罪，俱系巧辩。同宁身系宗室，今闻旨申饬，既知愧惧，理宜具奏叩请驻藏，不然，奉朕旨前往副都统任亦可。今乃奏请交部议罪，是不愿驻藏之意显然可见。著该部严行查议具奏。"

寻照部议革职。

（高宗朝卷三六三·页二五下）

○乾隆十五年（庚午）六月戊戌（1750.7.30）

户部议准："四川总督策楞疏称，四川、西宁两路进藏官员，同一沿途供应。西宁既无丰裕之项，则川省自应一体减除。嗣后凡由川进藏供应止给正项，其议加丰裕之处应裁。"从之。

（高宗朝卷三六七·页一六下）

○乾隆十五年（庚午）七月癸亥（1750.8.24）

谕军机大臣等："副都统衔纪山来京，问伊藏内之事，大约与从前所奏略同。但云珠尔默特那木扎勒秉性暴虐，众心怨怒，若不改悔，恐不免谋害等语。前纪山在彼办事，用意太过，致伊等生疑。可寄信傅清、拉布敦等，诸事以诚实示之，安详办理，不必访问伊等之事，免生疑虑。再，从前拉布敦更换纪山时，闻珠尔默特那木扎勒业已生疑，所有派副都统衔班第更换拉布敦之旨暂不必宣布，俟稍缓再行更换。至珠尔默特那木扎勒回藏后情形若何，令其详悉奏闻。"

（高宗朝卷三六九·页一二下～一三下）

○乾隆十五年（庚午）八月戊子（1750.9.18）

谕："副都统衔纪山著照前旨赴西宁办事。所有会盟赏赐、筵宴所用之物，著照班第例官为给与。纪山到西宁时，班第即赴藏更换拉布敦。"

谕军机大臣等："前曾降旨，派副都统衔班第赴藏更换拉布敦。嗣据拉布敦奏：'臣到任未久，若即行更换，恐藏内人生疑，拟暂仍驻藏。奉到谕旨，尚未宣布等因请旨。'朕已准其所请。又将库克淖尔扎萨克等所遣赴藏迎接萨木噜布都勒玛之使曾否闻知之处，寄信询问班第。今据班第奏此事藏内之人俱已闻知等语，若不令班第赴藏，伊等反生猜疑。著寄信傅清、拉布敦，令将前旨宣谕。"

（高宗朝卷三七一·页三下～四上）

○乾隆十五年（庚午）十一月甲寅（1750.12.13）

谕曰："驻藏都统傅清、左都御史拉布敦前因珠尔默特那木扎勒潜谋不轨，情迹显著，奏请相机剪除凶逆。朕以伊等孤悬藏地，未可轻举，并令俟班第到彼察看情形，降旨办理。乃傅清等未及奉到谕旨，以机有可乘，遂尔便宜行事。其逆渠已经授首，而傅清、拉布敦旋为逆党所害，为国捐躯，深用悯惜。除另颁旨加恩优恤外，其随二人捐躯弁兵，著策楞、岳钟琪查明，照阵亡例优恤。目今藏地，现虽抚辑宁谧，但善后事宜不可不专遣大臣前往办理。著四川总督策楞、提督岳钟琪统领官兵赴藏，绥辑地方，搜除逆党，总兵董芳随后统兵策应，尹继善著就近驰驿前往四川，料理一应粮饷军机，侍郎那木扎勒著赏银一千两整装，即驰驿前往，与班第一同驻藏。该部即遵谕速行。"

调右卫副都统舒明办理青海番子事务。调正红旗满洲副都统苏瑚济为右卫副都统。

（高宗朝卷三七六·页三二上～三七上）

○乾隆十五年(庚午)十一月乙卯（1750.12.14）

命侍郎兆惠赴藏，偕四川总督策楞等办理善后事宜。

（高宗朝卷三七七·页七上）

○乾隆十五年（庚午）十一月丙辰（1750.12.15）

谕（军机大臣等）曰："侍郎兆惠现有出差办理事件，舒赫德仍著在军机处行走。"

又谕曰："侍郎兆惠著驰驿速回。凡应办事件俱交努三办理。"

又谕曰："傅清加恩赏给之职，著伊长子明仁承袭，拉布敦赏给之职，著伊子根敦承袭，俱著赏翎。傅清之次子明义亦著赏翎。"

（高宗朝卷三七七·页七下）

○乾隆十五年（庚午）十一月丁巳（1750.12.16）

又谕（军机大臣等）曰："下五旗大臣军前效力年久者，原有抬旗之例。原任左都御史拉布敦除乱以靖地方，以国家之故忘身效力，特加恩将拉布敦之子及同在一旗之子弟俱抬入正黄旗满洲，以示朕酬功旌勋之至意。"

又谕达赖喇嘛、办理噶隆事公班第达："朕向因珠尔默特那木扎勒素不信奉达赖喇嘛，心怀仇隙，是以屡加训饬。岂知因朕谕而彼愈心疑，驻藏大臣傅清等亦因珠尔默特那木扎勒残暴性成，狂虐日甚，终恐不利于达赖喇嘛，是以奋不顾身，亟剪凶逆。凡此皆以为达赖喇嘛也。今达赖喇嘛肘腋之间除此隐患，佛地肃清，朕心深慰。及卓呢罗卜藏札什戕害驻藏大臣，经达赖喇嘛传谕，解散贼党，安抚难民，地方得以宁谧，朕甚嘉之。……总督策楞等到藏之日，会同达赖喇嘛，于彼处头人内晓事安分而番众素所信服者，再采择一人为噶隆，与班第达协同办事。其所属寻常细事，仍听噶隆二人照旧承办。至具折奏事及兵备驿递等重务，则令钦差驻藏大臣会同噶隆二人办理，钤用钦差大臣关防，永为定制。……朕治天下臣民，功过分明，轻重各当。班第达果能实心恭顺，进藏官兵，妥协接应，将来与新设噶隆同心一意，事事秉公办理，则为国家腹心之臣，可永享升平之福，承受恩典。用是开诚布公，特颁谕旨，明白晓示。班第达奉到此旨，何以奉行处即著速奏，并谕藏内番众知之。"

（高宗朝卷三七七·页一二上～一九上）

○乾隆十五年（庚午）十一月戊辰（1750.12.27）

谕军机大臣等："副都统衔班第原系自备鞍马效力赎罪，现在前往驻藏，一切行装、卫从体统攸关。可传谕总督策楞，俟班第到日，一切俱照副都统品级官为料理，不必令其自备。"

（高宗朝卷三七七·页三〇下～三一上）

○乾隆十五年（庚午）十二月辛卯（1751.1.19）

谕军机大臣等："据陈宏谋折奏：明岁南巡启銮后，凡有西藏、四川军机文报由陕西接递出境，请酌量程期，如启銮未久，仍由晋省递京转递，如已出直境，即由豫、东、江南一路就近递送行在等语。所见甚是。著将原折抄寄河南、江、浙各该督、抚等，令其酌量地方情形，安设腰站，派拨夫马，限定时刻，务使邮传相接，文报遄行，以免迟误。"

（高宗朝卷三七九·页一〇下）

○乾隆十六年（辛未）二月己卯（1751.3.8）

谕："据刑部将纪山由西宁拿解前来严行监禁等因具奏，著交在京总理事务王大臣会同该部审讯。从前朕因纪山原系驻藏办事之人，令伊前往于事有益，是以多方训饬发往。纪山到藏时，一切事宜并不据实陈奏办理，转将朕训饬之言泄漏于珠尔默特那木扎勒，且以珠尔默特那木扎勒听信伊言，感恩奋勉等因具奏。不知纪山如何向伊盟誓，致珠尔默特那木扎勒如此生事？此等缘由逐一研讯。至纪山所称，伊驻藏时珠尔默特那木扎勒曾馈送伊银一千两，伊若不受，反恐珠尔默特那木扎勒生疑，是以权宜存贮。而伊回京时，此项银两作何办理之处，并未言及，俱著审明定议具奏。"

（高宗朝卷三八二·页一四上～一五上）

○乾隆十六年（辛未）二月壬辰（1751.3.21）

加驻藏副都统班第都统衔。

（高宗朝卷三八三·页一三下）

○乾隆十六年（辛未）二月丙申（1751.3.25）

谕："据总督策楞参奏，泸州州同董恭办理拉里粮务，上年即捏病规避，详请更换，及藏内珠尔默特那木扎勒伏诛之后，又复畏葸庸懦，以追捕叛党之兵辄疑为复仇之众，妄行请兵，张皇虚谬，且扣克军饷，冒领名粮，放债渔利等情。董恭身在边隅，职司粮务，乃临时怯懦，即思托病规避。又复妄请发兵，讹言动众，贻笑番邦，种种罪状，莫此为甚！其扣克渔利，尚其罪之小者。夫人臣食君之禄，无论职分大小皆有致身之义。时当有事即捐躯徇国，实分所当然。如傅清、拉布敦之奋不顾身，为国家殄除恶逆，自足光耀伦常，标名青史。若董恭之狡诈退缩，视国事漠然如不相涉，惟思便其身图，其心实为可诛！岂以其身属文员，辄思退避，竟可置君臣大义于弗论？非立置重典，无以示戒！董恭著即于藏中正法示众。并宣谕中外知之。"

（高宗朝卷三八三·页一九上～下）

〇乾隆十六年（辛未）三月庚戌（1751.4.8）

谕军机大臣等："据侍郎那木扎勒将至藏接受钦差大臣关防之处奏闻。从前，班第系副都统职衔，那木扎勒系侍郎，又兼护军统领，钦差关防理宜那木扎勒掌管。嗣班第经朕加恩，赏给都统职衔，且较那木扎勒年长，关防仍应著班第掌管。尔等可寄信与班第、那木扎勒，并令其晓谕达赖喇嘛、公班第达等。再，藏内之事关系甚大。班第、那木扎勒凡事宜同心妥商办理，不可瞻顾推诿。"

（高宗朝卷三八四·页一五上～下）

〇乾隆十六年（辛未）三月乙丑（1751.4.23）

又谕曰："纪山前岁驻藏怯懦无能，事事顺从珠尔默特那木扎勒，任其恣意妄行，与之盟誓，以致逆谋益肆。此番西藏之事，纪山实为罪首，是以拿交刑部治罪，业照部议应斩监候，秋后处决。尚不意其悖谬妄乱，更有出于情理之外者。今据策楞、兆惠、班第、那木扎勒等奏称，纪山此番驻藏，令兵丁演戏，班名自乐。时与珠尔默特那木扎勒宴会观剧，日在醉乡，并送珠尔默特那木扎勒八轿，仍派轿夫前往教演番奴抬轿，以肆其志等语。伊在藏如此行为，及傅清、拉布敦至藏，乃以体制裁正珠尔默特那木扎勒，遂成嫌隙。设令纪山早能持正，珠尔默特那木扎勒亦必自知敛戢。是傅清、拉布敦之死，皆纪山之丧心无耻，曲意逢迎，有以致之也。

纪山之心盖希冀苟且度日，过此二年，得代回京，而于国家大体、藏地安危，一切置之度外。大臣如此存心，尚可问乎？大臣尚可倚任乎？此案策楞等四人合奏，证据明确，实可发指。纪山之父阵亡赐恤，朕所深知。纪山即犯赃私重辟，朕必原情曲宥。至关系军国重务，朕不容屈法，岂阵亡后裔遂可偷生附叛乎？纪山本应即肆市曹，仍念其先代阵亡，姑从宽赐其自尽。著在京总理王大臣传谕刑部尚书阿克敦、内大臣嵩寿赍旨前往监看。并示中外知之，折并发。"

谕军机大臣等："策楞等请将颇拉差赋五百余两赏给班第达之处，已谕令酌量赏给。班第等宣布明旨后，竟将颇拉差赋作伊等酌量赏给可也。再，驻藏大臣一切奖赏之费在所必需，其养廉公费银两目今何数？是否足敷用度？若不敷用，据实奏闻加给。著策楞、兆惠速为会同查办。"

寻奏："驻藏大臣如副都统等官自成都起程，一切行装折色向照丰裕例支给，即以此项余存为驻藏赏号、差遣路费之用。去岁经部核减，照西宁例给，仅敷办理行装。虽到藏后每月仍前支领折色银一百六十余两，并无赢余。遇奖赏番众、兵丁及差遣查汛，费均无出。请于西藏粮务军需项下每年支银五百两，半备赏需，半为差遣路费。"

得旨："如所议行。"

谕军机大臣等："策楞等所奏办理藏地事宜，朕已批照所奏允行。但藏地关系最要者尤在台站，此乃往来枢纽所在。观从前珠尔默特那木扎勒不令塘站递送文书，即至驿递断绝，及班第达传令递送，始复通行，皆由伊等主持。而驻藏大臣不能制其行止操纵，何以得其要领？此处最宜留心办理。朕前亦谆谆降旨，何以策楞等此奏内于此条反致未经议及？但此时甫经定议，又因此条有所更张，反致藏中诸人启疑。只可令班第、那木扎勒留心，俟一二年后再办理请旨可矣。又，现议内补放喋巴等官有管理地方、教养百姓之责，以后补放其权皆归达赖喇嘛、驻藏大臣等语。此种喋巴头目所管何事、何处地方？其里塘、巴塘一带塘站是否亦系此等头目所管？若即系此等头目所管，则权已归达赖喇嘛、驻藏大臣，不致复有塘站阻隔之事。此旨所问，即不必办理。再，兆惠由京中特遣前往，原为办理藏地一切机宜，自应俟诸事奏定准行接旨后，奏闻即日回京方是。乃甫经立议，不待批览，一面具折，即一面奏明起程，且有欲速之意。若云彼处情形则早已悉知，不待兆惠面奏始知。京中有何事，迫不及待若此耶？去时星速，是为志切急公；来复逡行，则心存内顾耳。著传旨申饬。"

（高宗朝卷三八五·页一二下～二〇下）

○乾隆十六年（辛未）四月戊寅（1751.5.6）

谕噶隆公班第达、扎萨克台吉策凌旺扎勒、色玉特色布腾、扎萨克喇嘛尼玛嘉木灿等曰："西藏广兴黄教，为清净善地。达赖喇嘛掌管西方佛教，广演经法。从前供养喇嘛，一切事务，原系噶隆四人。至珠尔默特那木扎勒，诸事专擅，不与众噶隆商议，负恩任性，潜怀异图，因此驻藏大臣将伊正法。今藏内已经平静，噶隆事务不可一人专办，特令总督策楞拣选贤能，仍照旧例，分设噶隆四员，公同办事。尔等当感戴朕恩，尊敬达赖喇嘛，和衷协力，黾勉供职。勿存私意，致生猜疑，勿分彼此，互相瞻顾。遇有紧要事务，禀知达赖喇嘛与驻藏大臣，遵其指示而行。尔等其感恩宣力，副朕与黄教安群生之至意。"

（高宗朝卷三八六·页一八上～一九上）

○乾隆十六年（辛未）四月己卯（1751.5.7）

吏部奏："西藏粮饷事务通判常明受伤身故，请照阵亡有顶带官员例授为云骑尉，照例袭替。"从之。

（高宗朝卷三八六·页一九上）

○乾隆十六年（辛未）四月辛巳（1751.5.9）

谕："前驻藏都统傅清、左都御史拉布敦，因珠尔默特那木扎勒逆谋显著，先事剪除，奋不顾身，忠诚卓越，俱已加恩赠恤，入贤良祠、照忠祠祀典，傅清并入伊家祠从祀。不知者或訾二人冒险邀功，且议朕为酬庸过厚也。今据驻藏策楞、班第等奏，珠尔默特那木扎勒自立名号，潜遣其心腹坚参扎锡等通款准噶尔，称策旺多尔济那木扎勒为汗，且求其发兵至拉达克地方，以为声援。幸值准夷内溃，所遣使人回藏被获，得其逆书，并馈献诸物。是其阴蓄异志，勾结准夷，罪不容诛。设非二臣协力同心，决计先发，则其贻害藏地，将不可言。是二臣之心甚苦，而有功于国家甚大。应特建双忠祠，合祀二人，春秋致祭，丕昭劝忠令典。傅清既有专祠，著不必从祀家庙。该部会同内务府查拨官房，营度以闻。"

寻奏："于崇文门内立祠。"

（高宗朝卷三八六·页二三上～下）

○乾隆十六年（辛未）五月丁未（1751.6.4）

临奠定安亲王及驻防西藏原任都统傅清、左都御史拉布敦。

（高宗朝卷三八八·页一三上）

○乾隆十六年（辛未）十月庚戌（1751.12.4）

吏部议准："四川总督策楞疏称，南路打箭炉出口至西藏所设里塘、巴塘、察木多、拉里等四处台员，例用同知、通判管理粮务军需，三年更换。该员非专管盐茶缉捕，即分驻弹压地方，三年内俱借用别员印，不足昭信守，请铸给关防。"从之。

（高宗朝卷四〇一·页二下）

○乾隆十六年（辛未）十二月甲辰（1752.1.27）

命副都统多尔济往代班第驻藏办事。

（高宗朝卷四〇四·页一七下）

○乾隆十七年（壬申）五月戊子（1752.7.9）

命副都统舒泰往代那木扎勒驻藏办事。

（高宗朝卷四一五·页二三上）

○乾隆十七年（壬申）十月壬辰（1752.11.10）

谕军机大臣等："据驻藏大臣那木扎勒等奏，审明阜和兵营谭林杀毙本营兵魏正明一案，将谭林照故杀律拟斩监候等语。西藏番夷错处，非内地情形可比，谭林系该处防兵，擅将同伙兵丁致毙，即应在彼正法，以示惩警，乃仅照内地例办理，甚属非是。那木扎勒、多尔济著饬行。"

（高宗朝卷四二四·页六下）

○乾隆十八年（癸酉）二月丁未（1753.3.25）

命户部侍郎兆惠赴藏办事。

（高宗朝卷四三三·页八上）

○乾隆十八年（癸酉）三月丁巳（1753.4.4）

谕军机大臣等："现命侍郎兆惠前往西藏，所有驻藏官兵如将届更代之期，应于川省各营内早为选派预备。其将领中如李中楷、马如龙辈亦即速调数员赴省，俟兆惠到时酌量带往。现在应行代还兵丁仍令暂留防所，不必撤回。应于何时撤回，听该侍郎会同驻藏大臣酌量办理。此系预筹密备之事，不可稍涉张皇，致骇众听。可传谕黄廷桂、岳钟琪知之。"

寻兆惠等奏："派换官兵共五百余员名，同时行走需用乌拉甚多，且换班之期尚早。今拟带副将李中楷，游击马如龙、本进忠、拴住，兵五十名先行出口，继令游击纪万年、李华带兵二百名随后起程，约于六月底抵藏。其余派换兵二百五十名，来岁二月酌派将弁带领，于四月抵藏，换回旧兵。并请嗣后换班兵五百名，均于春夏之际分两起赴藏交替。现在下班兵，俟到藏后察看情形，酌量撤回。"

得旨："如所议行。"

（高宗朝卷四三四·页二下～三下）

○乾隆十八年（癸酉）八月壬寅（1753.9.16）

又谕（军机大臣等）："据总督黄廷桂奏称审办私造无名揭帖，擅装递送封套内，控告游击邵建侯之台站兵丁吴重义、杨题年等，解送藏内一折。台站兵丁胆敢私造无名揭帖，控告本官，情殊可恶。此等恶习断不可长。伊等所犯亦系死罪，如审明后照例解送内地治罪，不惟彼处人不知儆惧，即唐古特等亦不得知内地国法。著寄信多尔济、舒泰，将吴重义、杨题年解送到藏审明，如系情实，将此二人在彼绞决示众，使藏内人等亦得知我内地国法之严。"

（高宗朝卷四四五·页六下～七上）

○乾隆十九年（甲戌）四月乙酉（1754.4.27）

又谕（军机大臣等）："副都统萨喇善派往驻藏办事，换多尔济来京。将此寄知萨喇善，著不必来京请训，速即前往。富僧阿未到之前，副都统印务著暂交黄廷桂，并寄知多尔济，令其速即预备，萨喇善一到，即便起身前来。"

（高宗朝卷四六〇·页八下～九上）

○乾隆二十二年（丁丑）五月乙卯（1757.7.10）

又谕："萨喇善著来京，副都统官保著驻藏办事。"

（高宗朝卷五三九·页二〇下）

○乾隆二十四年（己卯）四月乙亥（1759.5.21）

又谕："伍弥泰驻藏年久，著西宁副都统集福前往更换。"

（高宗朝卷五八五·页一三上）

○乾隆二十四年（己卯）六月甲寅（1759.6.29）

以西藏办事大臣伍弥泰为正蓝旗蒙古都统。

（高宗朝卷五八八·页九下）

○乾隆二十五年（庚辰）十二月己丑（1761.1.24）

定驻扎回部厄鲁特办事大臣等养廉。军机大臣议复："回部、厄鲁特驻扎大臣，事务繁杂，每岁请各给养廉银二千两。查西藏、西宁坐办事务之大臣均岁给养廉银三千两，未免过优。请于驻扎西藏大臣养廉内各减银五百两，驻扎西宁大臣养廉内，各减银一千五百两，归入驻扎西路办事养廉款内。"从之。

吏部等部议准："四川总督开泰奏，请以松潘同知，照杂谷理番同知例，改为直隶同知，归松茂道管辖。"从之。

（高宗朝卷六二七·页九下～一〇上）

○乾隆二十六年（辛巳）九月庚申（1761.10.22）

谕曰："傅景著前往西藏，更换集福，于明春起程。"

（高宗朝卷六四五·页一六上）

○乾隆二十七年（壬午）闰五月丁卯（1762.6.26）

谕曰："驻藏大臣原为照料达赖喇嘛，如遇蒙古王公等熬茶等项，仍照旧遵行。倘关系公事，应详报部院。虽达赖喇嘛、班禅额尔德尼，均不应干与。即使呈报驻藏大臣，亦应明白告知，此非我等应办之事，令其报部。前集福接青海郡王衮楚克达什呈诉，伊侄达什达尔济，系达赖呼图克图之呼毕勒罕，应令其出家，伊子索诺木多尔济，应令承袭王爵一事，集福代为具奏，甚属非是。因系初次，不知误奏，姑从宽贷。著传谕驻藏大臣，倘遇此等事件，伊等不必管理。嗣后往换之人，转相传谕遵行。"

（高宗朝卷六六二·页四上～下）

○乾隆二十八年（癸未）十二月丙申（1764.1.16）

兵部议准："驻藏副都统富鼐奏称，西藏三十九部番子头目各分游牧，头目缺出，西藏行文西宁办事大臣，转行报部给照，徒劳驿站，空缺久悬。请将西藏管辖之千户、百户长缺出袭职等事，即令驻藏大臣就近查明，咨部给照。"从之。

（高宗朝卷七〇〇·页一〇上）

○乾隆二十九年（甲申）二月丁亥（1764.3.7）

谕曰："福鼐驻藏办事，业经三载。著派副都统阿敏尔图前往更换。"

（高宗朝卷七〇四·页八下）

○乾隆二十九年（甲申）十一月辛亥（1764.11.26）

以科布多参赞大臣扎拉丰阿为正白旗满洲副都统，西藏办事大臣傅景为正白旗汉军副都统。

（高宗朝卷七二二·页八上）

○乾隆三十一年（丙戌）四月辛亥（1766.5.20）

谕曰："阿敏尔图在藏患病，著官保赴藏办事，更换阿敏尔图回京。"

（高宗朝卷七五八·页一一下）

○乾隆三十一年（丙戌）五月丁亥（1766.6.25）

谕："嗣后前往驻藏办事大臣，俱著出缺。"

（高宗朝卷七六一·页三上～下）

○乾隆三十一年（丙戌）五月癸巳（1766.7.1）

谕："据玛瑺奏阿敏尔图患病身故等语。阿敏尔图因公出差，在藏身故，著加恩赏给都统品级。其应得恤典，著该衙门察例具奏。"

（高宗朝卷七六一·页七上）

○乾隆三十一年（丙戌）十二月辛丑（1767.1.5）

谕："据玛瑺、官保等奏，审明办理西藏粮饷事务通判武元成擅动库项、私行贸易等情，理宜即行正法，缘西藏系属佛地，且达赖喇嘛年幼，因将武元成及伊家人、书吏等解送督臣办理等语。玛瑺等所办，甚属不晓事体。武元成系办理粮饷官员，乃擅动库项一万八千余两，贸易射利，其情甚属可恶。即应于彼处正法，使众知内地法度森严，可以生其儆惧之心，又何必计及佛地及达赖喇嘛年幼？今将武元成解送阿尔泰，倘中途自尽，是使重犯幸逃显戮矣。但既已解送，可传谕阿尔泰即派干员迎往，将武元成严加看守，速赴成都。将伊由何年贸易，共购买何等货物，并贸易过几次，一一讯明，一面奏闻，一面即行正法。此案失察大员非寻常可比，著阿尔泰将武元成于藏内贸易时，驻藏大臣内均系何人之处，查明具奏。至官员贸易，最为陋习，并传谕阿尔泰、官保、托云等，此后兵丁遇有出差稍置微物贸易者，犹可不加深问，若千总以上官员则断乎不可，务须严行禁止。如违即行参奏，从重治罪。"

命四川成都副都统托云驻藏办事，更换玛瑺来京。以正红旗满洲副都统宗室雅郎阿为成都副都统。

（高宗朝卷七七四·页四下～六上）

○乾隆三十二年（丁亥）二月戊申（1767.3.13）

谕："据玛瑺等奏，审拟吴元澄盗用库银贸易案内，将查出历任失察之大臣具奏等语。阿敏尔图、傅景俱系朕特简之员，驻藏均已三年，乃于盗用库银一案并未查出，非寻常失察可比。傅景著革去护军统领副都统，逐出乾清门，作为蓝翎侍卫在大门上行走。玛瑞仅失察一次，且曾在军营出力，著加恩革去前锋统领，作为二等侍卫，仍在乾清门行走。官保于途次悉心访查，到藏即经究出，甚属急公，著交部议叙。阿敏尔图若在，尚应从重治罪，但伊既身故，其吴元澄盗用银两，著令赔交十分之八，余著傅景交出。至玛瑞任内应赔之项，亦著阿敏尔图赔补。"

（高宗朝卷七七八·页三〇上～三一上）

○乾隆三十二年（丁亥）七月己丑（1767.8.21）

以正红旗蒙古都统新柱为盛京将军，西藏办事大臣官保为正红旗蒙古都统。

（高宗朝卷七八九·页六下）

○乾隆三十四年（己丑）七月乙巳（1769.8.26）

谕曰："常在著前赴西藏，更换托云来京。"

（高宗朝卷八三九·页一九下～二〇上）

○乾隆三十五年（庚寅）闰五月戊申（1770.6.25）

调镶红旗满洲副都统修龄为正红旗汉军副都统，以西藏办事大臣托云为镶红旗满洲副都统。

（高宗朝卷八六〇·页一〇下）

○乾隆三十六年（辛卯）三月癸丑（1771.4.26）

谕："据莽古赉奏称副都统衔常在病故，动库银三百两送回灵柩等语。常在在藏病故可悯，著照所奏办理，并施恩加赏都统衔。"

（高宗朝卷八八〇·页一四下）

○乾隆三十七年（壬辰）二月戊辰（1772.3.6）

谕军机大臣等："据桂林奏，准驻藏大臣咨称，民人杜华饮酒身死不明一案，通判苏恩植、游击永明互相推诿不办，应由内地另行派员往办等语。西藏距内地甚远，故特派大臣前往办事，遇案件理宜即行审拟完结。

如属员推诿不办，亦应一面参奏，一面办理，岂有调取内地官员往办之理乎？在莽古赉从前惟管旗务，谓不谙事体犹可。索琳由军机章京擢用布政使，办事有年，又屡经差遣，并曾在军机处行走，熟聆朕旨，何事未经，自非莽古赉可比。此等举动，甚属不堪。莽古赉、索琳俱著严行申饬。其杜华身死不明一案，仍著莽古赉、索琳办理。并令将因何不办，咨行桂林调取内地官员之处，明白回奏。"

（高宗朝卷九〇二·页一三下～一四上）

朝贡与封赐

七世达赖

○ 乾隆十六年（辛未）四月癸未（1751.5.11）

四川总督策楞等奏："向例达赖喇嘛进贡正、副使俱达赖喇嘛派遣，自郡王颇罗鼐以来，遂以正使为达赖喇嘛之贡使，副使为该郡王之贡使，今应照旧例，二使均归达赖喇嘛派遣。其四噶隆等所进丹书克，即交该二使附奏。"报闻。

（高宗朝卷三八七·页四下～五上）

○ 乾隆十六年（辛未）七月甲申（1751.9.9）

谕军机大臣等："据办理青海夷情事务副都统舒明奏折，郭罗克贼人抢劫班禅额尔德尼使人，致有杀伤，后询知颁发敕谕并赏赐达赖喇嘛物件随经给还等语。是郭罗克尚知畏惮天朝威德，其心尚属可原。但该处系进藏要路，常有信使往来，岂可使中途频有抢劫之事。著将原折抄寄策楞、岳钟琪阅看，令其酌量情形妥协办理。务期明白开导，俾知输诚贴服，既足以申国家之宪典，而亦不致操之太急，激成衅端，方合驾驭远人之道。将此详悉传谕知之。"

（高宗朝卷三九五·页一一上～一二上）

六世班禅

○ 乾隆二十五年（庚辰）正月庚午（1760.3.11）

又谕（军机大臣等）："据官保、集福奏称，班禅额尔德尼札商第穆

呼图克图遣使进贡，请由喀木一路入打箭炉，自成都前来等语。著照所请办理，并令移咨该督酌量护送。其所遣使人到京时，正值朕万寿节，念经之际临时再行赏赉。著晓谕班禅额尔德尼、第穆呼图克图，并传谕开泰知之。"

（高宗朝卷六〇五·页八下）

○乾隆二十五年（庚辰）四月丁酉（1760.6.6）

谕军机大臣等："据官保奏到班禅额尔德尼、第穆呼图克图等因朕万寿遣使前来祝嘏，具见悃忱。伊等使人至成都时，如携带有零星货件，著加恩与贡物一并官为资送。"

（高宗朝卷六一一·页八上～下）

○乾隆三十年（乙酉）九月庚子（1765.11.10）

又谕曰："班禅额尔德尼年齿长成，经典淹洽，复教导达赖喇嘛经卷，理宜加恩册封。著交该院照例办理。"

（高宗朝卷七四五·页一九下）

摄政第穆呼图克图

○乾隆二十五年（庚辰）四月丁酉（1760.6.6）

谕军机大臣等："据官保奏到班禅额尔德尼、第穆呼图克图等因朕万寿遣使前来祝嘏，具见悃忱。伊等使人至成都时，如携带有零星货件，著加恩与贡物一并官为资送。"

（高宗朝卷六一一·页八上～下）

西藏其他僧俗贵族

○乾隆十六年（辛未）十月癸亥（1751.12.17）

谕军机大臣等："驻藏大臣班第等奏，后藏章罗晋巴所遗戴琫员缺，达赖喇嘛欲将章罗晋巴之子索诺木敦多布补授，请俟年壮，再令袭职等语。戴琫系后藏要缺，不便久悬。章罗晋巴前因失睦于珠尔墨特那木扎勒求入内地，本属可嘉。兹又据达赖喇嘛申请，伊子已年及十七，著照所请，索诺木敦多布补授后藏戴绀，仍交达赖喇嘛饬令该噶隆等善为教育。"

（高宗朝卷四〇一·页二一上～下）

○乾隆二十八年（癸未）十二月辛卯（1764.1.11）

以故扎萨克头等台吉噶布伦车凌旺扎勒孙索诺木旺扎勒袭职。

（高宗朝卷七〇〇·页六下～七上）

○乾隆三十年（乙酉）九月庚子（1765.11.10）

又谕："雍和宫之堪布喇嘛阿旺楚勒提木系统领四寨桑，教习大众之大喇嘛，因其教导有方，加恩赏给诺们汗名号。著该院照库抡诺们汗例铸给银印。"

（高宗朝卷七四五·页一九下～二〇上）

○乾隆三十一年（丙戌）七月丙戌（1766.8.23）

以故西藏扎萨克一等台吉噶布伦旺对子索诺木喇什袭职。

（高宗朝卷七六五·页三下）

四川、甘青土司，头人

○乾隆十四年（己巳）九月戊辰（1749.11.2）

兵部议准："四川总督策楞奏，里塘正、副土司汪结、康郐江错先后病故。前因办理军务未经补人，请将里塘额外副土司安本补正土司，康郐江错之侄四郎彭楚补副土司，大金川土舍汪尔结补额外副土司。"从之。

（高宗朝卷三四九·页八下～九上）

○乾隆十四年（己巳）十月己卯（1749.11.13）

兵部议准："四川总督策楞、提督岳钟琪奏称：'革布什咱土司丹津诺尔布故，应伊子扎什诺尔布承袭。'查扎什诺尔布自出兵来，督率部番，颇为恭顺。若照例取具印甘各结，未免经时，请破格即准先袭。"从之。

（高宗朝卷三五〇·页一一上）

○乾隆十四年（己巳）十月丁酉（1749.12.1）

谕："此次金川之役，杂谷土司苍旺等兄弟三人同心效力，甚属可嘉。著加授苍旺为杂谷闹宣慰司，勒尔悟为梭磨安抚司，娘尔吉为卓克基长官司，各给印信，以昭朕怀远酬庸之意。该部即遵谕行。"

（高宗朝卷三五一·页八下～九上）

○乾隆十五年（庚午）十月戊寅（1750.11.7）

以故甘肃西宁卫土指挥使陈梦熊孙玉范、四川沈边长官司余世统孙洪泽袭职。

（高宗朝卷三七四·页一二上～下）

○乾隆十五年（庚午）十二月辛巳（1751.1.9）

以故青海土隆坝族百户纳木塞子达什三住布、格尔吉族百户拉旺子朋楚克达尔济袭职。

（高宗朝卷三七八·页一九上）

○乾隆十六年（辛未）三月辛酉（1751.4.19）

以故四川林葱安抚司俄木林琴子工布达吉、拈估寨土百户阿邦子旺乍袭职。

（高宗朝卷三八五·页九下）

○乾隆十六年（辛未）六月甲辰（1751.7.31）

甘肃巡抚鄂昌题："洮州土司杨冲霄原袭骑都尉已历三世，呈请缴销敕书，另换指挥佥事新敕。"下部知之。

（高宗朝卷三九二·页一五上）

○乾隆十六年（辛未）六月壬戌（1751.8.18）

四川中羊峒郎塞［寨］土目竹坝笑故，以其孙仲住袭职。又，羊峒顿塞［寨］土目革甲故，以其孙阿亚袭职。

（高宗朝卷三九三·页一八下～一九上）

○乾隆十六年（辛未）十二月乙巳（1752.1.28）

以故四川革布什咱土司札什诺尔布子纳旺、寒盼塞［寨］土千户增巴笑子按蚌、辖幔寨土百户额旺子折论札舍、下作革寨土百户阿弄子郎加笑等各袭职。

（高宗朝卷四〇四·页一七下）

○乾隆十七年（壬申）六月癸丑（1752.8.3）

以故纳克书达格鲁克族百户索诺木批尔弟索诺木绷袭职。

（高宗朝卷四一七·页一三下）

○乾隆十七年（壬申）八月己丑（1752.9.8）

（前略）德尔格忒宣慰司喇嘛彭错丹巴故，以喇嘛鲁朱江错袭职。

（高宗朝卷四二〇·页二下）

○乾隆十八年（癸酉）五月己未（1753.6.5）

以故四川松茂道属祈命寨土千户拔各笑子阿革袭职。

（高宗朝卷四三八·页八上）

○乾隆十九年（甲戌）十二月癸丑（1755.1.20）

以故四川松茂道属磨下寨土百户的那子阿旺……袭职。

（高宗朝卷四七八·页一二下）

○乾隆二十年（乙亥）十一月丙子（1755.12.9）

以故四川松茂道属阿思洞寨土千户拆加笑子阿双……袭职。

（高宗朝卷五〇〇·页一七下）

○乾隆二十一年（丙子）九月甲申（1756.10.12）

以故四川建昌道属达玛土百户八玛策结子扎什江错、里塘副土司四郎彭楚子彭错工布……均袭职。

（高宗朝卷五二一·页四下～五上）

○乾隆二十一年（丙子）九月己丑（1756.10.17）

以故四川瓦述曲登长官司丹正邦弟思德袭职。

（高宗朝卷五二一·页一〇上）

○乾隆二十一年（丙子）九月癸巳（1756.10.21）

以故四川上八义土百户扎什南全子阿旺……袭职。

（高宗朝卷五二一·页一三上）

○乾隆二十三年（戊寅）十一月乙未（1758.12.12）

四川毛革阿按寨土千户王乍故，以其孙沙架袭职。

（高宗朝卷五七四·页二六上）

○乾隆二十三年（戊寅）十二月己巳（1759.1.15）

甘肃岷州土百户马绣、青海琼布纳克鲁族百户隆珠旺扎等故，以其子映星、纳旺四朗等各袭职。

（高宗朝卷五七七·页九上～下）

○乾隆二十四年（己卯）七月庚午（1759.9.13）

授四川党坝土舍测旺为长官司。从总督开泰、提督岳钟璜请也。

（高宗朝卷五九三·页一七上）

○乾隆二十七年（壬午）四月壬午（1762.5.12）

以故四川建昌道属瓦述更平长官司白马七立子格戎七立袭职。

（高宗朝卷六五九·页六下）

○乾隆二十七年（壬午）五月丁未（1762.6.6）

以故四川松茂道属松坪土百户韩联英子喜袭职。

（高宗朝卷六六〇·页一七下）

○乾隆二十七年（壬午）六月戊午（1762.8.16）

以故四川建昌道属下临卡石土百户纳期弟林青扎什袭职。

（高宗朝卷六六五·页一四上）

○乾隆二十七年（壬午）十月丁未（1762.12.3）

以故四川松茂道属党坝土长官测旺子仓朗……袭职。

（高宗朝卷六七三·页七上）

○乾隆二十七年（壬午）十一月辛酉（1762.12.17）

以故四川建昌道属郭布土百户工布交子工布林庆、上苏阿土百户达结子纳松各袭职。

（高宗朝卷六七四·页五上）

○乾隆二十九年（甲申）五月庚辰（1764.6.28）

四川总督阿尔泰、提督岳钟璜奏："打箭炉口外，上瞻对土司堪卓与其胞叔撒墩土千户索诺木向系分管番民。本年三月内，堪卓与土千户索诺木因争番民起衅，互相放枪，堪卓被枪伤毙。除查办情由外，堪卓之子衮布诺尔布年十二，不能管理土司印信，现令伊弟索诺木诺尔布代办。俟衮布诺尔布年岁合例，再行请袭。"报闻。

（高宗朝卷七一一·页一七上～下）

○乾隆三十二年（丁亥）六月壬寅（1767.7.5）

以四川松茂道属商巴寨土千户路六笑叔那木拉亚克袭职。

（高宗朝卷七八六·页一一上）

○乾隆三十三年（戊子）三月辛亥（1768.5.9）

以……四川建昌道属中渡哑出卡土百户阿杂拉子噶尔藏策凌袭职。

（高宗朝卷八○七·页一一上）

○乾隆三十三年（戊子）十一月己丑（1768.12.13）

以故四川建昌道属上八义土百户阿旺弟陈累嘉木错……袭职。

（高宗朝卷八二二·页一〇下）

○乾隆三十四年（己丑）二月戊寅（1769.4.1）

以故四川松茂道属松冈长官司衮却兑嘉布子纳木耳甲、建昌道属黎溪州土千户自诚明子得道……袭职。

（高宗朝卷八二九·页一六下~一七上）

○乾隆三十四年（己丑）三月癸卯（1769.4.26）

以……故西宁洞巴族百长策冲喇他尔子索诺木吹扎……袭职。

（高宗朝卷八三一·页八上~下）

○乾隆三十四年（己丑）四月甲子（1769.5.17）

以故纳克书拉克什族百户衮楚克索达纳木子丹津袭职。

（高宗朝卷八三二·页一七下）

○乾隆三十四年（己丑）十二月戊辰（1770.1.16）

以故甘肃洮州厅属土千户杨绍祖子班爵、四川建昌道属咱哩土千户古闻远子应洪、鲁密木滚土百户拉布子桑济丹巴、白路土百户阿施子申租……袭职。

（高宗朝卷八四九·页一四上）

布鲁克巴头人

○乾隆十七年（壬申）二月丙辰（1752.4.8）

谕军机大臣等："据班第等奏称，布鲁克巴之额尔德尼第巴博罗特色勒都卜闻朕加恩于达赖喇嘛，抚定土伯特众生，抒诚内向，进贡方物等语。布鲁克巴乃遐荒部落，闻朕安抚西藏众生，倾心悦服，奏请朕安，甚属可嘉。著施恩赏赉，以示褒奖。"

（高宗朝卷四〇九·页七下~八上）

拉达克汗

○乾隆二十四年（己卯）九月甲戌（1759.11.16）

又谕（军机大臣等）："据官保等奏，拉达克汗请转奏谢恩，并报明探信人等未能前去，朕已具悉。昨因叶尔羌等处归附，仍降旨晓谕。今将军等奏报霍集占等逃入巴达克山，被伊部落人等擒获，俟其献出时，再行降旨。嗣后拉达克汗处不必遣人探信。著官保等传谕知之，仍赐拉达克汗缎二端。"

（高宗朝卷五九七·页二七上）

○乾隆二十五年（庚辰）正月辛未（1760.3.12）

参赞大臣舒赫德等奏："据萨纳珠卡座送到土伯特使人达什佳木撮等十人称系拉达克汗所遣赍书呈送。臣会同大臣、官员等传见，达什佳木撮云：'我系管辖右界五千户头目，闻大兵平定回部，特奉书称贺，请通贸易，以番缎回带为贽。'臣等宣慰筵宴讫，授以复拉达克汗书及蟒锦缎匹，并分赏来使缎布，令其起程。"

（高宗朝卷六〇五·页一〇上～下）

赈灾、免赋

○ 乾隆十六年（辛未）八月戊戌（1751.9.23）

又谕（兵部侍郎等）："据云贵总督硕色等奏请，将云南剑川等州、县地震被灾较重之户地丁暂行缓征，并请将被灾兵丁再借饷银一月等语。兵民当地震之后，虽已得邀抚恤，但恐甫经被灾，元气未能骤复。著将剑川、鹤庆、浪穹、丽江等四州、县被灾较重之户，所有本年应征地丁银米缓作两年带征，以苏民困。其被灾兵丁亦著再借给饷银一月，分作四季扣还，以恤兵艰。该部即遵谕行。"

（高宗朝卷三九六·页八上～下）

○ 乾隆十九年（甲戌）七月丙申（1754.9.5）

又谕（军机大臣等）："川省郭罗克穷番三百余户从前所借牛羊、籽种，原议收获，孳生后照数缴还，但念该番等僻处徼外，生计维艰，若勒限催追愈致拮据，著加恩将乾隆九年借给穷番牛羊、籽种、银二千九百余两概行豁免，以示体恤。著该督黄廷桂即行晓谕知之。"

（高宗朝卷四六九·页五上～下）

○ 乾隆二十年（乙亥）十二月壬子（1756.1.14）

赈恤甘肃皋兰、河州、渭源、隆德、静宁、宁夏、宁朔、西宁、碾伯、高台等十州、县本年被雹水灾饥民，并缓征新旧钱粮。

（高宗朝卷五〇二·页三七上）

○ 乾隆二十二年（丁丑）十一月戊午（1758.1.9）

赈恤甘肃皋兰、狄道、金县、渭源、靖远、平凉、华亭、镇原、庄浪、泾州、灵台、安化、环县、合水、抚彝、张掖、平番、中卫、平罗、碾伯、西宁、高台等二十二厅、州、县夏秋二禾被霜雹等灾贫民，分别蠲缓有差。

（高宗朝卷五五一·页二九下）

○乾隆二十三年（戊寅）四月乙酉（1758.6.5）

四川总督开泰奏："里塘土司安本等禀称：所属番民多赖牲畜为生，上年瘟疫流行，牛羊倒毙，又青稞歉收价昂，通计五千三百余户内乞食邻封者四百余户，无力耕种者一千九百余户，现在设法安抚等情。查土司所属原无议赈定例，但里塘为进藏要路，该番民节年供应差使甚为小心。虽称现在安抚，诚恐秋收尚远，遇有差务未免周章。请照乾隆十二年秋间被霜奏明每户给赈银五钱例，酌赏银三钱，于本年盐茶耗羡项下，归款核销。"

得旨："如所请赏给。"

（高宗朝卷五六一·页三二下～三三上）

○乾隆二十四年（己卯）四月乙丑（1759.5.11）

赈恤甘肃狄道、河州、靖远、陇西、岷州、安定、会宁、泾州、盐茶厅、环县、正宁、平番、宁朔、宁夏、中卫、平罗、灵州、花马池、摆羊戎、西宁、大通、秦州、清水二十三厅、州、县、卫乾隆二十三年旱灾、雹灾饥民，并给葺屋银两。

（高宗朝卷五八四·页三二上～下）

○乾隆二十四年（己卯）八月壬午（1759.9.25）

赈贷甘肃皋兰、金县、靖远、河州、狄道、渭源、陇西、宁远、伏羌、会宁、安定、漳县、岷州、平凉、崇信、静宁、泾州、灵台、隆德、镇原、庄浪、固原、安化、宁州、合水、环县、山丹、武威、古浪、平番、永昌、中卫、灵州、西宁、碾伯、大通、庄浪同知、盐同知、东乐县丞、花马池州同等四十厅、州、县、卫本年旱灾饥民。

（高宗朝卷五九四·页七下～八上）

○乾隆二十四年（己卯）十月乙未（1759.12.7）

豁免甘肃狄道、河州、靖远、岷州、安定、会宁、泾州、盐茶、环县、正宁、平番、宁朔、宁夏、中卫、平罗、灵州、花马池、摆羊戎、西宁、大通、秦州、清州等二十二厅、州、县、卫乾隆二十三年被雹、被水、被旱灾地额赋。

（高宗朝卷五九九·页九下～一〇上）

○乾隆二十五年（庚辰）十一月戊午（1760.12.24）

抚恤甘肃洮州、古浪、灵州、中卫、摆羊戎、西宁、皋兰、金县、河州、渭源……二十七厅、州、县、卫本年水灾饥民。

（高宗朝卷六二五·页六下～七上）

○乾隆二十六年（辛巳）八月丁亥（1761.9.19）

户部议准："甘肃巡抚明德疏称：'环县、中卫、灵州、摆羊戎、西宁、碾伯等六厅、州、县上年被雹、水偏灾，应免银粮草束。'查甘省乾隆二十五、六两年额赋节奉恩旨蠲免，请俟壬午年补豁。"从之。

（高宗朝卷六四三·页一一下）

○乾隆二十八年（癸未）六月壬辰（1763.7.16）

赈恤甘肃狄道、渭源、皋兰、河州……镇番、平番、灵州、花马池、中卫、平罗、摆羊戎、西宁等三十厅、州、县乾隆二十七年分水、旱、霜、雹灾饥民，并缓应征额赋。

（高宗朝卷六八八·页八下～九上）

○乾隆二十八年（癸未）十二月丁亥（1764.1.7）

蠲赈甘肃皋兰、抚彝、张掖、山丹、庄浪、武威、永昌、镇番、古浪、中卫、西宁、碾伯等十二厅、县旱灾饥民。

（高宗朝卷七〇〇·页三下）

○乾隆二十九年（甲申）正月甲寅（1764.2.3）

又谕（大学士等）："甘省皋兰等属上年夏、秋俱有偏灾较重之处，虽经该督、抚等照例抚赈，灾黎自可不致失所。第念该省土瘠民贫，生计维艰，时届春和，若使饔飧不继，何以课其尽力田畴。著再加恩将夏、秋两次被灾之永昌、西宁、碾伯三县，无论极次贫民俱各展赈两个月。……以及抚彝厅、山丹、庄浪厅、武威、镇番、古浪、平番、中卫，秋禾被灾之狄道、河州、靖远、平凉、华亭、固原、隆德、盐茶厅、摆羊戎厅等十九厅、州、县，无论极次贫民俱各展赈一个月，以资接济。该督、抚等董率属员，妥协经理，务俾灾黎均沾实惠，副朕爱养黎元至意。该部遵谕速行。"

（高宗朝卷七〇二·页二下~三下）

○乾隆二十九年（甲申）十一月壬子（1764.11.27）

赈恤甘肃皋兰、金县、渭源、靖远、平凉、固原、盐茶、张掖、山丹、庄浪、武威、永昌、镇番、古浪、平番、中卫、西宁、红水县丞、沙泥州判、东乐县丞等二十厅、州、县旱灾贫民，缓征新旧额粮有差。

（高宗朝卷七二二·页八上~下）

○乾隆二十九年（甲申）十一月丙辰（1764.12.1）

赈恤甘肃河州、渭源、安定、清水、静宁、平凉、灵台、抚彝、张掖、山丹、平番、巴燕戎格、西宁、碾伯、高台等十五厅、州、县被风、雹、水灾贫民，缓征本年额粮及各年籽种、口粮有差。

（高宗朝卷七二二·页一四上）

○乾隆三十年（乙酉）正月丁未（1765.1.21）

又谕："去岁甘省夏、秋偶被偏灾各州、县，业经降旨令该督等加意抚绥，照例给赈，并蠲免本年额赋，以示优恤。但念该处地土瘠薄，当此青黄不接之时，例赈将停，麦秋未逮，小民口食恐尚不免拮据，著加恩将……稍重之漳县、固原、张掖、武威、镇番、平番、古浪、永昌、西宁、中卫、静宁、隆德、庄浪、灵州、花马池州同等十五州、县，无论极次贫民概行展赈一个月。该督其董率属员实心查办，毋令胥吏侵蚀中饱，务俾贫民均沾实惠，以副朕轸念边氓之至意。该部遵谕速行。"

（高宗朝卷七二六·页三下～四上）

○乾隆三十年（乙酉）四月丙午（1765.5.20）

赈恤甘肃河州、渭源、陇西、会宁、安定、漳县、通渭、平凉、静宁、华亭、隆德、泾州、灵台、镇原、庄浪、固原、张掖、山丹、平番、灵州、花马池州同、巴燕戎格厅、西宁、碾伯、三岔州判、高台等二十六厅、州、县乾隆二十九年分雹、水、旱、霜灾民粮一十二万四百八十石，折赈银二十七万六千一百七十两有奇。

（高宗朝卷七三四·页二上～下）

○乾隆三十年（乙酉）十一月辛卯（1765.12.31）

赈甘肃河州、狄道、陇西、泾州、安化、宁州、永昌、平番、中卫、巴燕戎格厅、西宁、碾伯等十二厅、州、县本年冰雹、霜灾饥民，并蠲应征钱粮。缓征狄道、渭源、金县、岷州、秦州、静宁、正宁、灵州、碾伯、大通等十厅、州、县本年额赋及旧欠钱粮。

（高宗朝卷七四九·页六上～下）

○乾隆三十一年（丙戌）十一月辛巳（1766.12.16）

赈恤甘肃循化、河州、镇原、环县、戎格、西宁、碾伯、岷州、文县、山丹、中卫、陇西、徽县等十三厅、州、县本年被雹、被水、被虫偏灾贫民，蠲免额赋如例。

（高宗朝卷七七二·页二一下）

○乾隆三十二年（丁亥）闰七月癸卯（1767.9.4）

蠲免甘肃皋兰、金县、河州、陇西、宁远、通渭、安定、漳县、会宁、伏羌、平凉、隆德、固原、泾州、庄浪、崇信、静宁、灵台、镇原、盐茶厅、华亭、安化、宁州、合水、环县、张掖、永昌、平番、宁夏、宁朔、灵州、中卫、花马池州同、巴燕戎格厅、西宁、碾伯等三十六厅、州、县灾地四万九千六百五十四顷五十八亩有奇额赋。

（高宗朝卷七九〇·页七下）

○乾隆三十二年（丁亥）十一月壬寅（1768.1.1）

抚恤甘肃平凉、灵台、庄浪、合水、环县、西宁、碾伯、大通、河州、泾州、平罗、安化、武威、宁夏、宁朔、灵州、肃州、高台、花马池、漳县、狄道、伏羌、安定、西和、洮州、崇信、静宁、隆德、固原、宁州、抚彝、古浪、中卫、敦煌等三十四州、县、厅本年旱、雹灾民，并蠲缓额赋有差。

（高宗朝卷七九八·页一六上～下）

○乾隆三十三年（戊子）三月庚戌（1768.5.8）

赈甘肃平凉、灵台、庄浪、安化、合水、环县、平罗、西宁、碾伯、大通、肃州、高台等十二州、县乾隆三十二年水灾饥民。

（高宗朝卷八〇七·页一〇下）

○乾隆三十三年（戊子）十月己未（1768.11.13）

免甘肃平凉、灵台、庄浪、安化、合水、环县、平罗、西宁、碾伯、大通、肃州、高台等十二州、县乾隆三十二年冰雹、水、霜灾地银五百两有奇，粮三千五百石有奇，草三万九百束有奇。

（高宗朝卷八二〇·页一一上～下）

○乾隆三十四年（己丑）三月戊申（1769.5.1）

赈恤甘肃皋兰、金县、狄道、渭源、靖远、陇西、安定、会宁、通渭、平凉、华亭、灵台、固原、盐茶厅、安化、宁州、合水、张掖、武威、古浪、平番、宁夏、宁朔、灵州、中卫、巴燕戎格厅、西宁、碾伯、宿州等二十九州、县、厅乾隆三十三年分水、旱、霜、雹灾民。

（高宗朝卷八三一·页一五上）

○乾隆三十四年（己丑）八月辛未（1769.9.21）

赈恤甘肃皋兰、河州、渭源、金县、靖远、循化厅、沙泥驿州判、红水县丞、安定、洮州厅、张掖、山丹、东乐县丞、古浪、平番、巴燕戎格厅、西宁、碾伯、大通、肃州、高台二十一厅、州、县本年被旱贫民，缓征新旧额赋。

（高宗朝卷八四一·页一〇上）

明清实录藏族史料类编丛书

○乾隆三十五年（庚寅）三月癸卯（1770.4.21）

豁除甘肃西宁、大通二县被水冲压地十四顷十一亩有奇额赋。

赈抚甘肃狄道、河州、渭源、金县、陇西、宁远、伏羌、安定、会宁、平凉、静宁、泾州、灵台、镇原、隆德、庄浪、盐茶、宁州、环县、正宁、古浪、平番、宁夏、宁朔、灵州、中卫、平罗、巴燕戎格厅、西宁、大通、秦州、通渭、花马池州同等三十四厅、州、县乾隆三十四年水、旱、霜、雹等灾贫民，缓征额赋。

（高宗朝卷八五五·页二一上）

○乾隆三十五年（庚寅）十一月辛酉（1771.1.4）

赈恤甘肃伏羌、会宁、通渭、岷州、平凉、崇信、灵台、隆德、镇原、固原、盐茶厅、礼县、徽县、平番、庄浪、陇西、漳县、静宁、正宁、东安、中卫二十一厅、州、县、卫本年水、旱、雹、霜等灾贫民，并蠲缓额赋。

（高宗朝卷八七三·页七上）

○乾隆三十五年（庚寅）十一月壬戌（1771.1.5）

加赈甘肃陇西、宁远、伏羌、通渭、漳县、静宁、庄浪、中卫等州、县、西固州同属本年旱、雹、霜灾贫民，并蠲缓额赋有差。

（高宗朝卷八七三·页八上～下）

○乾隆三十六年（辛卯）正月丁未（1771.2.19）

谕："川省民番赋粮不一，有征收米、豆、杂粮者，有认纳贝母、青稞折征米石者。其各厅营土司，又有番民认纳夷赋银两及按例完纳本折贡马等项。曾于丙寅年降旨，同地丁钱粮一体蠲免，兹复加恩普蠲正赋。该省今年值轮免之期，仍著加恩照上届之例，将辛卯年宁远、叙州二府属州、县、卫、所、建昌镇标各营应征米豆，龙安府茂州、松潘镇营所属番寨折征米石……建昌镇标、会川、会盐、南坪、打箭炉各厅营新抚各土司番民认纳夷赋银两，各土司完纳本折贡马等项，统行蠲免。以示朕优恤边方，格外施恩至意。该部遵谕速行。"

（高宗朝卷八七六·页四下～五上）